Das bietet Ihnen die CD-ROM

■ Checklisten, Formulare und Mustervorlagen

Checkliste/Formular: Betriebskostenabrechnung	Muster: Aufforderung zur Übersendung von Rechnungskopien zur Betriebskostenabrechnung
Übersicht: Welche Kosten dürfen nicht umgelegt werden?	ToDo: Wie gehe ich vor, wenn ich Zweifel an der Richtigkeit der Abrechnung habe?
Übersicht: Welche Kosten können nach der neuen Betriebskostenverordnung umgelegt werden?	Muster: Aufforderung zu einer Betriebskostenabrechnung
Checkliste: Sind wirklich nur die Kosten, die nach der neuen Betriebskostenverordnung umgelegt werden dürfen, verrechnet?	

■ Urteile
Die wichtigsten Entscheidungen der Rechtsprechung zum Thema „Betriebskosten"

■ Gesetzestexte und Verordnungen

Betriebskostenverordnung	Verordnung über wohnungswirtschaftliche Berechnungen (Zweite Berechnungsverordnung – II. BV)
Bürgerliches Gesetzbuch	
...verordnung	...verordnung
	Wohnraumförderungsgesetz
...verordnung	Wohnungsbindungsgesetz
	Zivilprozessordnung

Bibliografische Information Der Deutschen Bibliothek
Die Deutsche Bibliothek verzeichnet diese Publikation in der
Deutschen Nationalbibliografie; detaillierte bibliografische Daten
sind im Internet über http://dnb.ddb.de abrufbar.

ISBN 3-448-06780-6   Best.-Nr. 06258-0003

1. Auflage 2003 (ISBN 3-448-05549-2)
2. Auflage 2004 (ISBN 3-448-06134-4)
3., aktualisierte Auflage 2005
© 2005 Rudolf Haufe Verlag GmbH & Co. KG,
Niederlassung Planegg/München
Postanschrift: Postfach, 82142 Planegg
Hausanschrift: Fraunhoferstr. 5, 82152 Planegg
Telefon (0 89) 8 95 17-0, Telefax (0 89) 8 95 17-250
E-Mail: online@haufe.de, Internet: http://www.haufe.de
Redaktion: Jasmin Jallad
Lektorat und DTP: Text+Design Jutta Cram, 86391 Stadtbergen
Alle Rechte, auch die des auszugsweisen Nachdrucks, der fotomechanischen
Wiedergabe (einschließlich Mikrokopie) sowie der Auswertung durch Daten-
banken oder ähnliche Einrichtungen vorbehalten.
Umschlaggestaltung: 102prozent design, Simone Kienle, Stuttgart
Druck: Bosch-Druck GmbH, 84030 Ergolding
Zur Herstellung der Bücher wird nur alterungsbeständiges Papier verwendet.

Betriebskosten in der Praxis

von
Birgit Noack und Martina Westner

Haufe Mediengruppe
Freiburg · Berlin · München · Zürich

Inhaltsverzeichnis

	Vorwort	**9**
	Abkürzungs- und Literaturverzeichnis	**11**
A	**Was versteht man unter „Betriebskosten"?**	**13**
1	Betriebskosten gemäß § 1 Abs. 1 Betriebskostenverordnung	13
1.1	Was sind Betriebskosten?	13
B	**Wie Sie die Betriebskosten auf die Mieter umlegen können**	**15**
1	Gesetzliche Grundlagen für die Umlage der Betriebskosten?	15
1.1	Was gilt im Wohnraummietrecht?	15
1.2	Was gilt im Gewerberaummietrecht?	16
2	So schaffen Sie die vertragliche Grundlage	16
2.1	Wie Sie die Mietstruktur gestalten können	17
2.2	Betriebskostenvereinbarung	20
2.3	Auswirkungen der Schuldrechtsreform und Transparenzgebot	21
2.4	Fälle aus der Rechtsprechung	23
3	Wenn Sie die Mietstruktur ändern wollen	26
3.1	Was gilt bei gewerblichen Mietverhältnissen?	27
3.2	Was gilt bei Wohnraummietverhältnissen?	27
3.3	Änderung der Mietstruktur durch schlüssiges Verhalten	34
4	Wenn Sie Betriebskosten neu einführen wollen	38
C	**Betriebskostenpauschale**	**41**
1	Anpassung bei gewerblichen Mietverhältnissen	42
2	Anpassung bei Wohnraummietverhältnissen	42
2.1	Erhöhung der Betriebskostenpauschale	43
2.2	Ermäßigung der Betriebskostenpauschale	52
D	**Betriebskostenvorauszahlung**	**55**
1	Wie Sie eine Betriebskostenvorauszahlung vereinbaren	55
2	Beispiele aus der Rechtsprechung	56

2.1	Vereinbarung von Vorauszahlungen	57
2.2	Kommt durch konkludentes Handeln eine Änderung einer vertraglich nicht vereinbarten Abrechnung zustande?	58
2.3	Wann ist eine Vorauszahlung angemessen?	60
3	Wann sind die Vorauszahlungen fällig?	63
4	Wie Sie Vorauszahlungen anpassen können	64
5	Was geschieht mit der Mehrwertsteuer?	66
E	**Die Abrechnung**	**69**
1	Form	69
2	Welche Inhalte muss die Abrechnung haben?	70
2.1	Aufstellung der Gesamtkosten	71
2.2	Angabe und Erläuterung des Verteilerschlüssels	73
2.3	Abzug der Vorauszahlungen	75
3	Wann ist der Abrechnungssaldo fällig?	76
F	**Welcher Verteilerschlüssel kommt zum Einsatz?**	**79**
1	Grundsätzlich frei vereinbar	79
2	Die wichtigsten Umlageschlüssel im Einzelnen	80
2.1	Wohn- und Nutzfläche	80
2.2	Personenzahl	81
2.3	Miet- oder Wohneinheiten	82
2.4	Verbrauchs- und Verursachungserfassung	83
2.5	Miteigentumsanteile	83
3	Vorwegabzug	84
4	Leerstand	86
5	Welcher Verteilerschlüssel für welche Betriebskosten?	87
5.1	Grundsteuer	87
5.2	Wasser und Abwasser	88
5.3	Lift	89
5.4	Weitere Betriebskosten	90
6	Wann Sie den Umlageschlüssel ändern können	93
6.1	Wann sind Sie zur Änderung verpflichtet?	93
G	**Abrechnungsfrist und Ausschlussfrist**	**95**
1	Abrechnungspflicht	95
2	Abrechnungszeitraum	95
2.1	Wenn Verbrauchs- und Abrechnungszeitraum auseinander fallen (Leistungs- und Abflussprinzip)	96

Inhaltsverzeichnis

2.2	Besonderheiten bei Wohnungseigentum	99
3	Welche Abrechnungs- und Ausschlussfristen gelten?	100
3.1	Was bedeutet die Ausschlussfrist?	101
4	Rückforderungsansprüche des Mieters bei fehlender Abrechnung	107

H	**Wenn der Mieter Einwendungen hat**	**109**
1	Einwendungsfrist und Ausschlussfrist	109
2	Einsichtsrecht des Mieters	111
3	Fotokopien	112
4	Wenn der Vermieter keine Einsicht gewährt	113

I	**Parteiwechsel**	**115**
1	Wenn der Vermieter wechselt	115
1.1	Vermieterwechsel aufgrund von Zwangsvollstreckung	116
1.2	Insolvenzverfahren	117
2	Wenn der Mieter wechselt	118

J	**Die Verjährung bzw. Verwirkung von Ansprüchen**	**121**
1	Wann verjähren Ansprüche des Vermieters?	121
2	Wann verjähren Ansprüche des Mieters?	123
3	Wie Sie die Verjährungsfrist berechnen	123
4	Wann wird die Verjährung unterbrochen bzw. gehemmt?	124
4.1	Neubeginn der Verjährung	124
4.2	Hemmung der Verjährung	125
4.3	Beispiele/Verjährungstabelle	126
5	Wann verwirkt ein Anspruch?	128
6	Wann ergibt sich ein Recht zur Aufrechnung bzw. Zurückbehaltung?	132

K	**Das Gebot der Wirtschaftlichkeit**	**137**
1	Welche Betriebskosten kann der Vermieter an den Mieter weitergeben?	138
2	In welcher Höhe darf der Vermieter Betriebskosten in Rechnung stellen?	139
2.1	Beispiel: Hausmeister oder Hauswart	140
2.2	Welche Höhe ist angemessen?	142

Inhaltsverzeichnis

2.3	Wirtschaftlichkeitsgebot bei der Veränderung der Betriebskosten	142
3	Rechtsfolgen bei einem Verstoß	143

L	**Einzelne Probleme der Heiz- und Warmwasserkostenabrechnung**	**145**
1	Pflicht zur Verbrauchserfassung	145
2	Wie werden die Kosten umgelegt?	146
3	Wie kann der Verbrauch erfasst werden?	148
3.1	Wann gilt ein Kürzungsrecht des Mieters?	149
4	Bei Mieterwechsel: Zwischenablesung	150
4.1	Wenn keine Zwischenablesung möglich ist	150
4.2	Wer trägt die Kosten der Zwischenablesung?	152

M	**Betriebskostenabrechnung bei preisgebundenen Wohnungen**	**153**
1	Vermieter zur Betriebskostenabrechnung verpflichtet	153
2	Einzelheiten der Abrechnung	155
2.1	Welcher Umlageschlüssel kommt in Frage?	157

N	**Prozessrechtliche Fragen**	**159**
1	Welches Gericht ist zuständig?	159
2	In manchen Bundesländern obligatorisch: das Schlichtungsverfahren	159
3	Welche Ansprüche kann der Vermieter geltend machen?	161
4	Welche Ansprüche kann der Mieter geltend machen?	164

Stichwortverzeichnis	**169**

Anhang 1: Die Betriebskostenarten im Einzelnen	**173**
1. Die laufenden öffentlichen Lasten des Grundstücks	173
2. Die Kosten der Wasserversorgung	174
3. Die Kosten der Entwässerung	176
4. Die Kosten der Heizung	177
a. Die Kosten des Betriebs der zentralen Heizungsanlage einschließlich der Abgasanlage	177
b. Die Kosten des Betriebs einer zentralen Brennstoffversorgungsanlage	181

Inhaltsverzeichnis

c. Die Kosten der gewerblichen Lieferung von Wärme/
Wärmecontracting — 182
d. Die Kosten der Wartung von Etagenheizung und Gaseinzelfeuerstätten — 183
5. Die Kosten der Warmwasserversorgung — 183
6. Die Kosten verbundener Heizungs- und Warmwasserversorgungsanlagen — 184
7. Die Kosten des Betriebs des Personen- und Lastenaufzuges — 184
8. Die Kosten der Straßenreinigung und Müllbeseitigung — 186
9. Die Kosten der Gebäudereinigung und Ungezieferbekämpfung — 189
10. Die Kosten der Gartenpflege — 190
11. Die Kosten der Beleuchtung — 192
12. Die Kosten der Schornsteinreinigung — 193
13. Die Kosten der Sach- und Haftpflichtversicherung — 193
14. Die Kosten für den Hauswart — 194
15. Die Kosten für Antenne oder Kabelanschluss — 196
a. Die Kosten des Betriebs der Gemeinschaftsantennenanlage — 196
b. Die Kosten des Betriebs der mit einem Breitbandkabelnetz verbundenen privaten Verteileranlage — 196
16. Die Kosten des Betriebs der Einrichtungen für die Wäschepflege — 197
17. Sonstige Betriebskosten — 198
Einzelne sonstige Betriebskosten — 199
Nicht umlagefähige Betriebskosten — 202

Anhang 2: Wohn- und Nutzfläche — **203**
1 Allgemeines — 203
2 Einzelheiten — 204
3 Auswirkungen der Flächenangaben auf die Miete und die Betriebskosten — 210
4 Beispiele aus der Rechtsprechung — 211

Anhang 3: Die WoFlV — **213**

Vorwort

Aus unserer langjährigen Beratungspraxis wissen wir, dass das Thema „Betriebskosten" Anlass zu zahlreichen Streitigkeiten zwischen Vermieter und Mieter sein kann.
Vor wenigen Jahrzehnten war das Thema noch von untergeordneter Bedeutung, da außer den Heizkosten kaum Betriebskosten anfielen. Zumindest war die Höhe der Betriebskosten kaum der Rede wert. Aus dieser Zeit stammen zumeist noch die Mietverträge, die die Umlage und Abrechnung der Betriebskosten gar nicht erst vorsahen. Die Verträge älteren Datums beinhalteten in der Regel nur eine Vereinbarung über eine Inklusiv- bzw. Bruttomiete.
Erst durch das massive Ansteigen der Betriebskosten in den vergangenen zehn bis 15 Jahren sahen sich die Vermieter gezwungen, die Betriebskosten an die Mieter weiterzugeben. Da bei bestehenden Mietverhältnissen für die Änderung der Mietstruktur das Einverständnis des Mieters notwendig ist, war der Konflikt zwischen Vermieter und Mieter unausweichlich.
Die Betriebskosten werden gerne als **zweite Miete** tituliert. Was die Höhe der Betriebskosten anbelangt, stimmt die Bezeichnung. Ansonsten ist der Begriff „zweite Miete" missverständlich. Für den Vermieter sind die Betriebskosten keine Einnahmen, sondern reine Durchlaufposten, die er an die jeweiligen Behörden oder Lieferanten weiterzuleiten hat.
Enthält der Mietvertrag keine Vereinbarung über die Umlage und Abrechnung der Betriebskosten, kann der Vermieter weder Betriebskosten abrechnen noch Betriebskostensteigerungen vornehmen. Die Rechtsprechung hat zudem strenge Regeln an eine wirksame Betriebskostenvereinbarung aufgestellt. Werden diese Anforderungen nicht erfüllt, geht dies zulasten des Vermieters.
Der Gesetzgeber hat seit In-Kraft-Treten der Mietrechtsreform am 1. September 2001 erstmals Vorschriften zum Recht der Betriebskosten in das Bürgerliche Gesetzbuch aufgenommen. Allerdings werden durch diese gesetzlichen Neuregelungen die mietvertraglichen Ver-

einbarungen nicht entbehrlich. Nach wie vor muss der Mietvertrag eine wirksame Betriebskostenvereinbarung enthalten, damit die Betriebskosten umgelegt und abgerechnet werden können.

Die vorliegende Neuauflage beinhaltet die Neuerungen und Veränderungen, die sich durch die jeweils am 1.1.2004 in Kraft getretenen Betriebskostenverordnung und Wohnflächenverordnung ergeben haben.

Vornehmliches Ziel dieses Praxisratgebers ist es, Ihnen zu zeigen, wie eine wirksame Betriebskostenvereinbarung aussieht und was Sie bei einer Betriebskostenabrechnung beachten müssen.

Des Weiteren soll Ihnen dieses Handbuch eine Hilfestellung bei vielen alten und neuen Streitfragen wie

- Grundsatz der Wirtschaftlichkeit,
- Kostentrennung bei gemischt genutzten Gebäuden oder
- Ausschluss- und Einwendungsfrist

geben.

Unser Beratungsalltag hat gezeigt, dass es ratsam ist, sich vorab zu informieren, sodass Sie bereits bei Abschluss des Mietvertrags die richtigen Weichen gestellt haben.

Aufgrund der neuen Ausschlussfristen kann sich der Vermieter bei der „ungeliebten" Betriebskostenabrechnung auch nicht mehr unbegrenzt Zeit lassen. Da er im Zweifel das Risiko der verspäteten Abrechnung trägt, werden sich die Neuregelungen auch zwangsläufig auf das Verhältnis des vermietenden Wohnungseigentümers zum Verwalter auswirken.

Abkürzungs- und Literaturverzeichnis

II. BV	Zweite Berechnungsverordnung
a. A.	anderer Ansicht
a. a. O.	am angegebenen Ort
a. F.	alte Fassung
Abs.	Absatz
AG	Amtsgericht
AGB	Allgemeine Geschäftsbedingungen
AGBG	Gesetz zur Regelung des Rechts der Allgemeinen Geschäftsbedingungen
Art.	Artikel
BayObLG	Bayerisches Oberstes Landesgericht
BetrKV	Betriebskostenverordnung
BGB	Bürgerliches Gesetzbuch
BGBl.	Bundesgesetzblatt
BGH	Bundesgerichtshof
d. h.	das heißt
DWW	Deutsche Wohnungswirtschaft (Zeitschrift)
EGBGB	Einführungsgesetz zum BGB
EGZPO	Einführungsgesetz zur Zivilprozessordnung
EichG	Eichgesetz
EnEV	Energieeinsparverordnung
ff.	folgend/folgende
GE	Grundeigentum (Zeitschrift)
ggf.	gegebenenfalls
GVG	Gerichtsverfassungsgesetz
HeizkV	Heizkostenverordnung
HS	Halbsatz
i. d. F.	in der Fassung
InsO	Insolvenzordnung
i. S. d.	im Sinne der/des
Kap.	Kapitel
KG	Kammergericht
LG	Landgericht

Langenberg	Betriebskostenrecht der Wohn- und Gewerberaummiete, 3. Auflage (Kommentar) 2002
MDR	Monatsschrift für Deutsches Recht
MHG	Miethöhegesetz
MM	MieterMagazin (Berlin)
MÜG	Mietenüberleitungsgesetz
n. F.	neue Fassung
NJW	Neue Juristische Wochenschrift
NJW-RR	Neue Jusistische Wochenzeitschrift, Rechtsprechungsreport
NMV	Neubaumietenverordnung
NZM	Neue Zeitschrift für Miet- und Wohnungsrecht
o. Ä.	oder Ähnliches
OLG	Oberlandesgericht
Pfeifer	Nebenkosten, 4. Auflage 2004
RE-Miet	Rechtsentscheid für Mietsachen
Rn	Randnummer
S.	Satz, Seite
s. a.	siehe auch
s. u.	siehe unten
Schmid	Handbuch der Mietnebenkosten, 7. Auflage 2002
Stürzer/Koch	Vermieterlexikon, 8. Auflage 2004
u. Ä.	und Ähnliches
U. v.	Urteil vom
v.	von
vgl.	vergleiche
WEG	Wohnungseigentumsgesetz
WoBauG	Wohnbaugesetz
WoBindG	Wohnungsbindungsgesetz
WoFlV	Wohnflächenverordnung
WoFG	Wohnraumförderungsgesetz
WuM	Wohnungswirtschaft und Mietrecht (Zeitschrift)
z.	zum
z. B.	zum Beispiel
ZMR	Zeitschrift für Miet- und Raumrecht
ZPO	Zivilprozessordnung
ZVG	Zwangsvollstreckungsgesetz

A Was versteht man unter „Betriebskosten"?

Die Begriffe „Nebenkosten" und „Betriebskosten" werden in der Praxis oft parallel zueinander verwendet. Während jedoch die Nebenkosten sämtliche Bewirtschaftungskosten umfassen, handelt es sich bei den Betriebskosten um alle neben der Miete (genauer: Grund- oder Nettomiete) entstehenden Kosten. Die Betriebskosten sind also nur ein Teil der Nebenkosten. *Begriffsbestimmung*

Wollen Sie die Betriebskosten auf den Mieter umlegen, müssen Sie das im Mietvertrag **ausdrücklich vereinbaren**, § 556 Abs. 2 BGB. Soweit der Mietvertrag keine Vereinbarung über die Betriebskosten enthält, wird unterstellt, dass sie in der Miete enthalten sind (vgl. Kap. B).

1 Betriebskosten gemäß § 1 Abs. 1 Betriebskostenverordnung

1.1 Was sind Betriebskosten?

In § 556 Abs. 1 Satz 1 BGB heißt es: „Die Vertragsparteien können vereinbaren, dass der Mieter Betriebskosten im Sinne des § 19 Abs. 2 des Wohnraumförderungsgesetzes (kurz: WoFG) trägt."

In § 19 Abs. 2 WoFG wurde die Bundesregierung ermächtigt, durch Rechtsverordnung eine Vorschrift über die Aufstellung zu erlassen. Bis zum Erlass dieser Rechtsverordnung war hinsichtlich der Betriebskosten § 27 II. BV und deren Anlage 3 maßgeblich.

Am 25.11.2003 wurden schließlich die Betriebskosten- und die Wohnflächenverordnung (BGBL I, S. 2346) verabschiedet, welche am 1.1.2004 in Kraft getreten sind.

Gemäß § 1 Abs. 1 Betriebskostenverordnung (kurz: BetrKV) sind Betriebskosten

A Was versteht man unter „Betriebskosten"?

§ 1 Abs. 1 BetrKV

> „die Kosten, die dem Eigentümer oder Erbbauberechtigten durch das Eigentum oder Erbbaurecht am Grundstück oder durch den bestimmungsmäßigen Gebrauch des Gebäudes, der Nebengebäude, Anlagen, Einrichtungen und des Grundstücks laufend entstehen."

Unter Betriebskosten versteht man gemäß § 1 BetrKV

Kosten für Fremdleistungen
- die Kosten des Eigentümers, die vornehmlich durch die Inanspruchnahme von Fremdleistungen entstehen. Kosten, die der Mieter durch die Benutzung der Wohnung laufend zu tragen hat, zählen nicht zu den Betriebskosten (z. B. Stromkosten innerhalb der Wohnung, wenn der Mieter selbst Vertragspartner der Stromwerke ist);

Kosten für Eigenleistungen
- die Eigenleistung des Vermieters: Wenn Sie in Ihrem Mietshaus selbst Arbeiten verrichten, sodass Sie beispielsweise keinen Hausmeister benötigen, dürfen Sie für diese Sach- oder Arbeitsleistungen Kosten ansetzen, wie sie für eine gleichwertige Leistung eines Dritten angesetzt werden, allerdings ohne die Umsatzsteuer des Dritten, § 1 Abs. 1 Satz 2 BetrKV;

Objektbezogene Kosten
- objektbezogene Kosten: Hier können Sie nur solche Kosten heranziehen, die durch den bestimmungsmäßigen Gebrauch des Gebäudes, der Nebengebäude, Anlagen, Einrichtungen oder des Grundstücks verursacht werden. Bestimmungsmäßiger Gebrauch liegt vor, wenn die Gebäudekosten einer ordentlichen Bewirtschaftung entsprechen. Beachten Sie den nun in § 556 Abs. 3 S. 1 BGB gesetzlich verankerten Grundsatz der Wirtschaftlichkeit (vgl. Kap. K);

Laufende Kosten
- laufende, d. h. turnusmäßige Kosten: Die anzusetzenden Kosten müssen weder in derselben Höhe noch in denselben Zeitabständen, z. B. jährlich, anfallen. Es kommt nur auf eine gewisse Regelmäßigkeit an. Auch Kosten, die alle zwei bis drei Jahre (z. B. Wartung von Durchlauferhitzern oder TÜV-Gebühr für den Lift) entstehen, zählen zu den Betriebskosten.

B Wie Sie die Betriebskosten auf die Mieter umlegen können

1 Gesetzliche Grundlagen für die Umlage der Betriebskosten?

Der Gesetzgeber hat in den §§ 556, 556a und 560 BGB Rechtsgrundlagen für die **Vereinbarung, Abrechnung und Veränderung von Betriebskosten** geschaffen.

Sie können die Betriebskosten in unterschiedlicher Weise an die Mietpartei übertragen. Grundsätzlich unterscheidet man zwischen

- der Betriebskosten**pauschale** (s. Kapitel C) und
- der Betriebskosten**vorauszahlung** bzw. -**abschlagszahlung** mit der Verpflichtung der jährlichen Rechnungslegung (s. Kapitel D).

Pauschale oder Voraus- bzw. Abschlagszahlung

Viele Vermieter halten es für selbstverständlich, dass der Mieter die im Zusammenhang mit der Nutzung des Mietobjekts entstehenden Kosten automatisch zu tragen habe, dass hier eine Art Gewohnheitsrecht bzgl. der Kostenübernahme bestehe. Aus dem Gesetzestext selbst jedoch ergibt sich keine direkte Verpflichtung der Mietpartei, die Betriebskosten, soweit sie tatsächlich anfallen, auch zu zahlen.

Kein Gewohnheitsrecht

1.1 Was gilt im Wohnraummietrecht?

Im Bereich des sozialen Wohnungsbaus finden sich die entsprechenden Vorschriften über die Betriebskosten in den §§ 20 ff. Neubaumietenverordnung (NMV) (s. Kapitel M „Betriebskostenabrechnung bei preisgebundenen Wohnungen").

Sozialer Wohnungsbau

Welche Betriebskosten Sie im Einzelnen dem Mieter übertragen können, ergibt sich aus der Aufzählung des § 2 der Betriebskostenverordnung (BetrKV).

B Wie Sie die Betriebskosten auf die Mieter umlegen können

Voraussetzung: vertragliche Vereinbarung

Um die in § 2 BetrKV aufgeführten Positionen auf die Mietpartei übertragen zu können, müssen Sie eine entsprechende vertragliche Vereinbarung getroffen haben.

Für den Bereich des Wohnraummietrechts sind die in § 2 BetrKV aufgezählten Betriebskosten abschließend, d. h. Sie können auch durch vertragliche Vereinbarungen keine weiteren, in § 2 BetrKV nicht genannten Positionen an den Mieter weitergeben.

Beispiel

Es kommt häufig vor, dass eine Vertragsklausel den Mieter z. B. auch zur Tragung von Verwaltergebühren oder Rücklagen verpflichtet. Vereinbarungen dieses Inhalts sind jedoch nicht möglich. Die Mietpartei muss andere als in § 2 BetrKV enthaltene Betriebskostenarten nicht zahlen.

1.2 Was gilt im Gewerberaummietrecht?

Auch weiter gehende Übertragungen möglich

Dem **Mieter von Gewerberäumen** können Sie hingegen neben den in § 2 BetrKV aufgezählten Positionen weitere Kosten übertragen. Dies setzt ebenfalls eine entsprechende vertragliche Vereinbarung voraus. So können Sie z. B. einen Mieter gewerblicher Räume vertraglich verpflichten, auch die Verwaltergebühren zu tragen.

Hinweis

Eine gesetzliche Verpflichtung, wonach der Mieter sämtliche mit dem Betrieb der Immobilie zusammenhängenden Kosten unmittelbar zu tragen hat, gibt es nicht.

2 So schaffen Sie die vertragliche Grundlage

§ 535 Abs. 2 BGB verpflichtet den Mieter, dem Vermieter die **vereinbarte** Miete zu entrichten. Der Gesetzgeber überlässt es somit den Vertragsparteien, eine entsprechende **vertragliche Regelung** auch im Hinblick auf die Betriebskosten zu finden, die dem jeweiligen Interesse der Parteien und den Umständen gerecht wird. Der

So schaffen Sie die vertragliche Grundlage **B**

Gesetzgeber unterlässt es für den Bereich des preisfreien Wohnungsbaus ausdrücklich, den Parteien Vorgaben zur Gestaltung der Miete und deren Struktur (z. Begriff s. B 2.1) zu machen.

Anders stellt sich die Rechtslage im sozialen Wohnungsbau dar. Hier müssen Sie für die Ermittlung der Kostenmiete u. a. auch die Betriebskosten als Teil der Bewirtschaftungskosten ansetzen.

Sozialer Wohnungsbau

Die Verordnung über die verbrauchsabhängige Abrechnung der Heiz- und Warmwasserkosten (HeizkV) bestimmt, dass der Gebäudeeigentümer die Kosten für den Betrieb einer zentralen Heizungs- und Warmwasserversorgungsanlage sowie der eigenständigen gewerblichen Lieferung von Wärme und Warmwasser **verbrauchsabhängig** auf die Nutzer verteilen muss. Nach der HeizkV ist daher die Vereinbarung einer sog. Bruttowarmmiete (z. Begriff s. B 2.1) grundsätzlich unzulässig. Die Kosten für den Betrieb einer zentralen Heizungs- und Warmwasseranlage müssen Sie grundsätzlich bei allen Mietverhältnissen neben der Miete gesondert umlegen. (Einzelheiten zur Abrechnung über Heiz- und Warmwasserkosten s. Kapitel L.)

Heiz- und Warmwasserkosten

Es kommt also für die Frage der Umlegbarkeit der Betriebskosten auf die Mietpartei ganz entscheidend darauf an, welche **vertraglichen Vereinbarungen** Sie mit dem Mieter getroffen haben. Ob und in welchem Umfang Sie Betriebskosten an den Mieter weitergeben können, ist ausschließlich eine Frage der Vertragsgestaltung und daher für beide Parteien von großer Bedeutung.

2.1 Wie Sie die Mietstruktur gestalten können

Es gibt in der Praxis eine Vielzahl von Gestaltungsmöglichkeiten der Mietstruktur. Entsprechend haben sich auch unterschiedliche **Mietbegriffe** entwickelt:

- **Bruttowarm- oder Inklusivmiete**: Hier wird als Miete ein einziger Betrag ausgewiesen; für Betriebskosten einschließlich derer für Heizung und Warmwasser wird keine gesonderte Zahlung als Pauschale oder Vorschuss vereinbart. Beachten Sie, dass die Vereinbarung einer Bruttowarmmiete gegen die Heizkostenverordnung verstößt, sofern diese Anwendung findet (siehe hierzu Kapitel L „Heiz- und Warmwasserkostenabrechnung").

Ein einziger Betrag

B Wie Sie die Betriebskosten auf die Mieter umlegen können

Alle Betriebskosten außer Heizung und Warmwasser

Beispiel:

Miete	550,00 €

- **Bruttokaltmiete:** Mit Ausnahme der Betriebskosten für Heizung und Warmwasser sind in der vereinbarten Miete alle übrigen Betriebskosten enthalten und werden nicht durch eine Pauschale oder Vorauszahlung neben der Miete erhoben.

Beispiel:

Miete	500,00 €
Vorauszahlung für die Heiz- und Warmwasserkosten	50,00 €

Vorauszahlungen oder Pauschalen für alle Betriebskosten

- **Nettokaltmiete:** Neben der Miete werden für sämtliche anfallenden und umlegbaren Betriebskosten Vorauszahlungen oder Pauschalen erhoben, § 556 Abs. 2 BGB.
    - Entweder wird hier eine **Vorauszahlung** für alle Betriebskosten, auch für Heizung und Warmwasser, bezahlt, oder
    - für die Heiz- und Warmwasserkosten wird eine Vorauszahlung angesetzt und zusätzlich wird für die übrigen Betriebskosten eine **Pauschale** oder zusätzliche Vorauszahlung vereinbart.

Beispiel:

Miete	500,00 €
Vorauszahlung auf die Heiz- und Warmwasserkosten	50,00 €
Vorauszahlung auf die übrigen Betriebskosten gem. § 2 BetrKV	50,00 €
oder:	
Miete	500,00 €
Vorauszahlung auf sämtliche Betriebskosten gem. § 2 BetrKV	100,00 €
oder:	
Miete	500,00 €
Vorauszahlung auf die Heiz- und Warmwasserkosten	50,00 €
Pauschale für die übrigen Betriebskosten gem. § 2 BetrKV	50,00 €

Hierzu zählen auch diejenigen Fälle, in denen der Mieter nicht mit dem Vermieter, sondern **direkt** mit einem Versorgungsunternehmen **abrechnet**, z. B. wenn er Müllplaketten bei der Gemeinde kauft oder mit einem Versorgungsunternehmen über Fernwärme einen eigenen Vertrag geschlossen hat.
Die Versorgung des Mietobjekts mit Strom dagegen wird in den meisten Fällen von den Versorgungsunternehmen direkt mit den Verbrauchern abgerechnet.

- **Teilinklusiv- oder Teilbruttokaltmiete**: Hier werden zwar neben der Miete Betriebskosten gesondert geltend gemacht, jedoch werden nicht wie bei der Nettokaltmiete sämtliche anfallenden Positionen dem Mieter weiter berechnet. In der Regel werden diejenigen Kosten, die vom Verbrauch abhängig sind, wie z. B. Wasser, Schmutzwasser, Strom oder auch Müllbeseitigung, dem Mieter gegenüber gesondert in Rechnung gestellt, die übrigen Betriebskosten sind dann in der Miete enthalten, d. h. mit Zahlung der Miete abgegolten.

Nur die verbrauchsabhängigen Kosten gesondert berechnet

Beispiel:

Miete	500,00 €
Vorauszahlung auf die Heiz-und Warmwasserkosten	50,00 €
Vorauszahlung auf die Kosten für Wasser, Abwasser und Müllbeseitigung	20,00 €
oder:	
Miete	500,00 €
Vorauszahlung auf die Heiz- und Warmwasserkosten	50,00 €
Pauschale für Wasser, Abwasser und Müllbeseitigung	50,00 €

In der Praxis führt die Vereinbarung einer Teilinklusivmiete zu den häufigsten Streitigkeiten zwischen den Mietvertragsparteien. Zumeist enthalten ältere Mietverträge Teilinklusivmieten und die Parteien streiten darum, ob und welche Betriebskosten vom Mieter zu tragen sind, oder ob es sich um eine Pauschale oder Vorauszahlungsvereinbarung handelt.

2.1.1 Regelungen für die neuen Bundesländer

Betriebskostenumlage-Verordnung

Für die **neuen Bundesländer** galt bis 11.6.1995 die **Betriebskostenumlage-Verordnung**. Damit hatte der Vermieter die Möglichkeit, bei Mietverhältnissen, die vor dem 11.6.1995 abgeschlossen wurden, die vereinbarte Mietstruktur einseitig zu ändern und künftig die Betriebskosten auf den Mieter umzulegen. Außerdem konnte er Vorauszahlungen verlangen. Diese Möglichkeit der einseitigen **Umstrukturierung** endete jedoch zum 31.12.1997.

Mietenüberleitungsgesetz

Für Verträge, die nach dem In-Kraft-Treten des Mietenüberleitungsgesetzes (MÜG, abgedruckt in WuM 1995, 359 ff.) am 11.6.1995 abgeschlossen werden, gelten die allgemeinen Bestimmungen, d. h. für die Übertragung der Betriebskosten auf die Mietpartei bedarf es einer eindeutigen vertraglichen Regelung.

2.2 Betriebskostenvereinbarung

Sie können mit dem Mieter vereinbaren, dass er die Betriebskosten entweder als monatliche **Pauschale** oder als **Vorauszahlung** schuldet (vgl. auch ausführlicher Kap. C und D). Haben Sie keine Vereinbarung über die Weitergabe der Betriebskosten getroffen, so schuldet der Mieter deren Zahlung auch nicht.

Pauschale Zahlung

- Enthält der Mietvertrag eine Klausel, wonach der Mieter für die Betriebskosten eine monatliche **pauschale Zahlung** zu leisten hat, können Sie als Vermieter über die im vergangenen Jahr tatsächlich entstandenen und angefallenen Betriebskosten dem Mieter gegenüber **nicht abrechnen** (zur Möglichkeit, eine Betriebskostenpauschale anzupassen s. Kapitel C).

Voraus- oder Abschlagszahlung

- Schuldet der Mieter hingegen eine **Betriebskostenvoraus- bzw. -abschlagszahlung,** so haben Sie nicht nur das Recht, sondern auch die **Verpflichtung**, über die Betriebskosten des abgelaufenen Abrechnungszeitraums Rechnung zu legen. Der Mieter hat Ihnen gegenüber einen **Anspruch auf Erstellung der Abrechnung.**

In Zeiten, in denen die Betriebskosten als sog. „zweite Miete" enorm gestiegen sind, ist es für die Parteien von großer Bedeutung, ob eine Abrechnung erfolgen kann oder nicht. Gerade im Hinblick auf die kostenintensiven Verbrauchskosten wie Wasser, Abwasser oder Müllgebühren, ist die Beantwortung der Frage, wer letztendlich die Kosten zu tragen hat, relevant.

Überlegen Sie daher genau, wie Sie Ihren Mietvertrag gestalten: ob und, wenn ja, in welchem Umfang er eine wirksame Übertragung der Zahlung der Betriebskosten auf den Mieter enthält.

Für den Mieter muss sich aus den vertraglichen Vereinbarungen eindeutig ergeben, welche Kosten er zusätzlich zur Grundmiete zu zahlen hat. Die vereinbarte Mietstruktur muss erkennen lassen, dass der Mieter die Nebenkosten ganz oder anteilig neben der Grundmiete tragen soll (OLG Düsseldorf, 11.2.1982, 10 U 118/81, ZMR 84, 20). Ist die Vereinbarung über die Tragung der Betriebskosten nicht eindeutig und unmissverständlich formuliert, schuldet der Mieter die Zahlung von Betriebskosten nicht.

K are Vereinbarung

2.3 Auswirkungen der Schuldrechtsreform und Transparenzgebot

Mit Wirkung zum 1.1.2002 ist das Gesetz zur Modernisierung des Schuldrechts in Kraft getreten. Nach einer Übergangszeit von einem Jahr findet es mit Wirkung ab **01.01.2003** auch auf sämtliche **Dauerschuldverhältnisse**, zu welchen auch Wohnraum- und Gewerberaummietverträge zählen, uneingeschränkt Anwendung. Als Vermieter müssen Sie daher die neuen Bestimmungen des BGB ebenfalls beachten, Art. 229, § 5 S. 2 EGBGB.

Ab 2003 auch für Mietverträge gültig

Für den Bereich des Mietrechts ergeben sich insbesondere

- aus den geänderten Bestimmungen zur Verjährung (s. Kapitel J „Verjährung/Verwirkung") und
- aus der Eingliederung der bisherigen Bestimmungen des Gesetzes zur Regelung des Rechts der Allgemeinen Geschäftsbedingungen (AGB-Gesetz) in das BGB

weit reichende Folgen.

Bisher mussten Sie die Wirksamkeit **vorformulierter Vertragsklauseln** an den Vorgaben des AGB-Gesetzes prüfen. Nunmehr sind diese Regelungen in das BGB aufgenommen worden und finden sich mit geringen Änderungen in den §§ 305 ff. BGB. Die Wirksamkeit

Vorformulierte Vertragsklauseln prüfen

vorformulierter Betriebskostenvereinbarungen müssen Sie daher künftig an den Vorgaben dieser Bestimmungen messen.

Transparenzgebot

Von großer Bedeutung ist das **Transparenzgebot,** das nunmehr ausdrücklich in das Gesetz aufgenommen wurde, § 307 Abs. 1 S. 2 BGB (§ 9 AGBG a. F.). Danach kann sich eine unangemessene Benachteiligug des Vertragspartners, in Ihrem Fall also des Mieters, daraus ergeben, dass eine Bestimmung eines Formularvertrags nicht klar und verständlich ist. Verstößt eine vorformulierte Vertragsklausel gegen das Transparenzgebot, so führt dies zu deren **Unwirksamkeit**, § 307 Abs. 1 S. 1 BGB.

> **Hinweis**
>
> Die Forderung nach klaren und eindeutigen Formulierungen war bereits in der Vergangenheit Leitgedanke bei der Überprüfung vorformulierter Vertragsklauseln und wurde als „ungeschriebener Rechtssatz" von der Rechtsprechung stets angewandt.

Sie müssen also aus der Sicht eines juristisch unkundigen Vertragspartners prüfen, ob die Vertragsklausel verständlich ist. Ergeben sich **Unklarheiten** oder **verschiedene Auslegungsmöglichkeiten**, ist dem Transparenzgebot nicht Genüge getan und die Klausel ist ungültig.

Keine überzogenen Anforderungen

Andererseits dürfen aber an den Inhalt einer Vertragsklausel nicht **überzogene Anforderungen** gestellt werden. Vereinbarungen müssen nur im Rahmen des tatsächlich Möglichen verständlich abgefasst sein (BGH v. 3.6.1998, VIII ZR 317/97, NZM 98, 710).

Fraglich ist, ob das Transparenzgebot durch seine Aufnahme in das Gesetz nunmehr eine andere Wertung und Beachtung erfährt als vor In-Kraft-Treten der Schuldrechtsreform. Nach der Begründung zum Gesetzesentwurf sollten die Bestimmungen des AGB-Gesetzes inhaltlich übernommen werden, ohne dass wesentliche materiellrechtliche Änderungen damit verbunden sein sollten (vgl. Heinrichs in NZM 2003, 6 ff.). Dies bedeutet grundsätzlich, dass für die Vereinbarung von Betriebskosten nach wie vor die von der Rechtsprechung bisher entwickelten Grundsätze angewendet werden können. Dies ist insbesondere für die diejenigen Mietverträge von Bedeutung, in denen bei der Übertragung der Betriebskosten auf den Mie-

So schaffen Sie die vertragliche Grundlage B

ter inhaltlich auf § 2 BetrKV (bis 31.12.2003 Anlage 3 zu § 27 der Zweiten Berechnungsverordnung) verwiesen wird, ohne die einzelnen Betriebskostenarten aufzuzählen.

Nach überwiegender bisheriger Rechtsprechung, (s. hierzu unten B 2.4), genügte ein **vertraglicher Hinweis** auf diesen Gesetzestext selbst dann, wenn der Gesetzestext im Wortlaut dem Vertrag nicht beigefügt wurde oder weitere Erläuterungen nicht erfolgt sind (OLG Frankfurt, v. 10.5.2000, 20 RE-Miet 2/97, WuM 2000, 411).

Es gab und gibt durchaus **kritische Stimmen**, die eine Betriebskostenvereinbarung, die lediglich auf einen Gesetzestext verweist, ohne die Besonderheiten des Einzelfalls zu berücksichtigen, für unwirksam halten (Schumacher, NZM 2003, 13 ff.). Zum Teil wird die Ansicht vertreten, dass der Gesetzestext, sei es § 2 BetrKV oder die Zweite Berechnungsverordnung, nicht für jedermann allgemein verständlich und klar und daher für jeden Mietvertrag eine **gesonderte Auflistung** der abzurechnenden Betriebskosten erforderlich sei.

Es bleibt abzuwarten, wie die Rechtsprechung auf die ausdrückliche Normierung des Transparenzgebots reagieren wird.

> **Experten-Tipp:**
> Achten Sie bei Betriebskostenvereinbarungen in jedem Fall auf eine inhaltlich eindeutige Formulierung. Zu empfehlen ist, den gesamten Wortlaut des § 2 BetrKV dem Mietvertrag als Anlage beizufügen.

2.4 Fälle aus der Rechtsprechung

Im Folgenden finden Sie einige Beispiele aus der Rechtsprechung zu den verschiedenen Möglichkeiten, die Betriebskosten auf den Mieter zu übertragen. Sie sollen Ihnen eine gewisse Richtschnur für den Abschluss Ihrer Verträge bieten.

- Eine vertragliche Vereinbarung, wonach der Mieter verpflichtet wird, die **Betriebskosten gemäß Anlage 3 zu § 27 II. BV** zu tragen, reicht aus. Eine zusätzliche Aufzählung der einzelnen Betriebskostenarten ist nicht erforderlich (OLG Hamm, RE v. 22.8. 1997, 30 REMiet 3/97, WuM 1997, 542, OLG Karlsruhe, RE

Keine zusätzliche Aufzählung erforderlich

B Wie Sie die Betriebskosten auf die Mieter umlegen können

v. 18.10 1985, 3 REMiet 1/85, WuM 86, 9, OLG Düsseldorf, 14.12.2000, 10 U 134/98, ZMR 2001, 882).

Eindeutigkeit auch bei Gewerbemietverhältnissen erforderlich

- Sowohl bei preisfreiem Wohnraum als auch bei Gewerberaum bedarf die Umlage von Betriebskosten auf die Mieter einer **inhaltlich eindeutigen Vereinbarung.** Die Begriffsbestimmung in der Zweiten Berechnungsverordnung, Anlage 3 zu § 27 Abs. 2, kann auch bei gewerblichen Mietverträgen als **Auslegungsrichtlinie** verwendet werden (OLG Jena, v. 16.10.2001, 8 U 392/01, NZM 02, 70).

Sämtliche Betriebskosten mit Ausnahme der Grundsteuer

- Eine **Formularklausel** in einem Mietvertrag, wonach der Mieter sämtliche Betriebskosten mit Ausnahme der Grundsteuer direkt trägt, ist unklar und im Zweifel dahin gehend auszulegen, dass der Mieter die Grundsteuer nicht zu übernehmen hat (KG Berlin, v. 8.2.2001, 8 U 7527/99, GE 2001, 849).

- Auch eine Mietvertragsklausel, wonach der Mieter „**anteilig alle mit dem Mietobjekt verbundenen Betriebskosten**" zu tragen habe, enthält keine eindeutige Kostentragungspflicht bzgl. der Grundsteuer, (OLG Jena, v., 16.10. 2001, 8 U 392/01, NZM 2002, 70).

- Die vertragliche Abrede, der Mieter habe alle nicht aufgeführten Kosten in Ansehung des Mietobjekts zu tragen, ist unwirksam (OLG Düsseldorf v. 14.5.2002, 24 U 142/01).

- Ist in einem **gewerblichen Mietvertrag** vereinbart, dass sämtliche Betriebskosten anteilig zulasten des Mieters gehen und hierfür monatliche Vorauszahlungen geleistet werden, ohne dass im Vertrag an der vorgesehenen Stelle eine entsprechende Summe eingetragen wurde, so stellt diese Klausel wegen **fehlender inhaltlicher Bestimmtheit** keine wirksame Betriebskostenvereinbarung dar (OLG Düsseldorf, v. 26.9.2002, 10 U 170/01).

Nur ausdrücklich benannte Kostenarten abrechenbar

- Kostenarten, die nicht ausdrücklich im Mietvertrag benannt sind, sind **im Zweifel** auch **nicht** gegenüber dem Mieter **abrechenbar**, sondern bereits mit der Zahlung der vereinbarten Miete abgegolten (OLG Düsseldorf, 19.7.2000, 10 U 116/99, DWW 2000, 196). Denn haben die Parteien als Miete ohne nähere Bestimmung einen **einheitlichen Betrag vereinbart**, so werden dadurch im Regelfall auch die an sich umlagefähigen Betriebskosten mit eingeschlossen, die jedoch im Außenverhältnis vom Vermieter gegenüber den Lieferanten oder Versorgungsunternehmen zu tragen sind (OLG Stuttgart, B. v. 13.7.1983, 8 RE-Miet 2/83, WM 83, 285).

- Wird in einem Vertrag vereinbart, dass zur Deckung der Nebenkosten eine Vorauszahlung in bestimmter Höhe zu leisten ist, ohne dass die Kostenarten einzeln ausgewiesen sind oder eine Bezugnahme auf den Betriebskostenkatalog der Anlage 3 zu § 27 II. BV erfolgt, so ist nach einer Entscheidung des OLG Düsseldorf (U. v. 23.5.2002, 10 U 96/01, GuT 2002, 136) eine nicht abzurechnende Nebenkostenpauschale vereinbart (s. a. AG München, 30.6.1998, 413 C 8965/98, NZM 99, 415). *Vorauszahlung als Pauschale*

- Eine Vereinbarung des Inhalts, der Mieter habe alle Nebenkosten zu tragen, ist nach Ansicht des LG Aachen mangels **hinreichender Bestimmtheit** unwirksam (U v. 23.2.2001, 5 S 360/00, NZM 2001, 707). *Alle Nebenkosten*

- Ist in einem Wohnraummietvertrag vereinbart, dass **alle Nebenkosten vom Mieter getragen** werden, gilt dies nur insoweit, als der Verbrauch für Strom, Wasser und Abwasser durch Zähler ermittelt werden kann und vom Mieter daher diese, aber keine darüber hinausgehenden Kosten zu tragen sind (LG Saarbrücken, 19.12.97, 13 B S 244/97, NZM 99, 458).

In der Regel werden für den Vertragsabschluss bei Wohnraummietverträgen **vorformulierte Vertragsmuster** verwendet. Hier kommt es leider allzu oft vor, dass im Vertrauen auf die inhaltliche und formelle Richtigkeit der Formulare entsprechende Lückentexte, Ankreuzungen o. Ä. nicht vollständig und richtig ausgefüllt werden. Gerade wenn Verträge eine Aufzählung der einzelnen Betriebskostenarten enthalten, ist das Risiko groß, dass bestimmte Positionen im Vertragstext gar nicht erst aufgeführt sind. Auch das korrekte Ausfüllen von Lückentexten und Ankreuzungen kann zu widersprüchlichen Vereinbarungen führen, mit der Folge, dass Sie die Betriebskosten dem Mieter nicht oder nur zum Teil weitergeben können. *Vorsicht bei vorformulierten Vertragsmustern!*

B   Wie Sie die Betriebskosten auf die Mieter umlegen können

> **Experten-Tipp:**
> Unterziehen Sie jeden vorformulierten Vertragstext vor Unterzeichnung einer genauen inhaltlichen Überprüfung, im Zweifel auch unter Zuhilfenahme des Gesetzestextes von § 2 BetrKV.
>
> Achten Sie auch auf die begriffliche Unterscheidung zwischen „Pauschale" und „Abschlags-" bzw. „Vorauszahlung".

Nur aufgezählte Betriebskosten umlegbar

Das LG Frankfurt hatte einen Fall zu entscheiden, dem ein Formularmietvertrag mit einer Klausel zugrunde lag, wonach der Mieter **„folgende Betriebskosten im Sinne der 2. BV § 27 zu tragen"** habe. Daran schloss sich eine Auflistung einzelner, jedoch nicht aller im Sinne der II. BV umlegbaren Betriebskosten an. Das LG hatte hier nur die einzeln aufgelisteten Betriebskosten als umlegbar angesehen (U. v. 30.8.1985, 2/17 S 178/85, WuM 1986, 93). Diejenigen Betriebskosten, die nicht ausdrücklich im Vertragstext benannt waren, konnten dem Mieter nicht weitergegeben werden.

Unklarheiten zulasten des Vermieters

Ungenauigkeiten und Unklarheiten des Vertragstextes gehen in der Regel zulasten des Vermieters.

> **Experten-Tipp:**
> Achten Sie bei Vertragsschluss unbedingt auf eine exakte, verständliche Formulierung des Mietbegriffs.

3   Wenn Sie die Mietstruktur ändern wollen

Grundsatz: einvernehmliche Vereinbarung

Eine nachträgliche Änderung der Mietstruktur können Sie grundsätzlich nur durch eine **einvernehmliche Vereinbarung** mit dem Mieter herbeiführen. Eine Ausnahme besteht jedoch für die sog. Bruttowarmmiete. Nach den Bestimmungen der HeizkV, hier § 2, können Sie den Heiz-und Warmwasserkostenanteil einseitig aus der Gesamtmiete herausnehmen und künftig als Vorauszahlung festlegen. Der Mieter hat Ihnen gegenüber einen entsprechenden Anspruch, § 4 Abs. 4 HeizkV.

3.1 Was gilt bei gewerblichen Mietverhältnissen?

Bei gewerblichen Mietverhältnissen können Sie eine Veränderung der Mietstruktur gegebenenfalls durch eine sog. **Änderungskündigung** erreichen. Dabei kündigen Sie den Mietvertrag unter Einhaltung der gesetzlichen oder vertraglichen Kündigungsfrist und bieten dem Mieter den Abschluss eines neuen Vertrags zu dann geänderten Konditionen an.

Änderungskündigung

> **Hinweis:**
> Eine gesetzliche Grundlage, wonach Sie bei einem bestehenden Mietverhältnis die Änderung der Mietstruktur erreichen können, gibt es im Gegensatz zu Wohnraummietverhältnissen (s. u.) für den Bereich des Gewerbemietrechts nicht.

3.2 Was gilt bei Wohnraummietverhältnissen?

Für Wohnungen im **frei finanzierten Wohnungsbau** besteht eine **gesetzliche Ausnahme** von dem Grundsatz, dass eine Änderung vertraglicher Bestimmungen nur einvernehmlich zwischen den Parteien erfolgen kann.

Gesetzliche Ausnahme

§ 556a Abs. 2 BGB bestimmt, dass Vermieter Betriebskosten abweichend von getroffenen Vereinbarungen **künftig** nach einem Maßstab umlegen dürfen, der dem erfassten unterschiedlichen Verbrauch oder der unterschiedlichen Verursachung Rechnung trägt.

Bei einer **Erfassung des individuellen Verbrauchs** einer Mietpartei, z. B. durch Wasserzähler, können Sie also diese Kosten dem Mieter in Rechnung stellen – selbst dann, wenn Sie sie bisher überhaupt nicht, z. B. bei einer Brutto- oder Teilbruttomiete, oder nur mit einer Pauschale angesetzt haben.

Erfassung des individuellen Verbrauchs

Handelte es sich bisher um eine sog. **Inklusivmiete**, d. h. musste der Mieter z. B. die Wasserkosten nicht extra neben der Miete zahlen, so können Sie eine **Umstrukturierung** der Miete nur unter gleichzeitiger Herabsetzung der Inklusivmiete vornehmen.

Inklusivmiete

Waren beispielsweise die Wasserkosten bisher mit einer **Pauschale** angesetzt, so können Sie künftig auf verbrauchsabhängige Abrech-

Pauschale

nung umstellen. Einer Reduzierung der Grundmiete bedarf es in diesem Fall nicht, denn Sie können die bisherige Pauschale als Vorauszahlung ansetzen.

3.2.1 Wie funktioniert die gesetzliche Umstrukturierung gemäß § 556a Abs. 2 BGB?

Voraussetzung: Verbrauchs- bzw. Verursachungsermittlung

Durch die Mietrechtsreform wurde der bis 31.8.2001 geltende § 4 Abs. 5 MHG durch § 556a Abs. 2 BGB ersetzt. Die beiden gesetzlichen Bestimmungen sind inhaltlich vergleichbar. Sah der § 4 Abs. 5 MHG a. F. bisher eine Umstrukturierung nur für die Positionen der Wasserversorgung, der Entwässerung sowie der Müllabfuhr vor, so ist § 556a Abs. 2 BGB **auf alle** diejenigen **Positionen** anwendbar, bei denen eine Verbrauchs- bzw. Verursachungsermittlung erfolgen kann.

a) Verbrauchsermittlung
Um die Voraussetzung der Verbrauchsermittlung zu erfüllen, ist in erster Linie an die Installation von Zählern zu denken.

Wasserkosten: Zähler an jeder „Zapfstelle"

Bei der **Verbrauchsermittlung** der Wasserkosten sind z. B. **Zähler** in der jeweiligen Mieteinheit an jeder „Zapfstelle" erforderlich. Fraglich ist hierbei, ob es genügt, nur einzelne Wohnungen mit entsprechenden Zählern auszustatten und eine Abrechnung dann nur gegenüber diesen Mietparteien vorzunehmen. Das ist insbesondere dann von Bedeutung, wenn es sich bei einer Mietpartei z. B. um eine Großfamilie handelt, die naturgemäß einen höheren Wasserverbrauch hat als ein Einpersonenhaushalt.

Teilweise Umlage

Für diese Vorgehensweise spricht der Wortlaut des Gesetzestextes, wenn von einer **„teilweisen" Umlage** die Rede ist. Auch die Tatsache, dass in einem Mietshaus Mietverträge mit verschiedenen Konditionen und Strukturen geschlossen werden können (Grundsatz der Vertragsfreiheit), zeigt, dass eine Gleichbehandlung aller Mieter im Hinblick auf die Betriebskostenumlagen nicht gewährleistet werden muss und kann. Dies führt zu der Annahme, dass auch eine nur teilweise, d. h. gegenüber einzelnen Mietparteien, verbrauchsabhängige Weitergabe der Betriebskosten möglich sein muss. So hat es auch das LG Berlin gesehen, das entschieden hatte, dass in einer Wohnung, die mit **Kaltwasserzählern** ausgestattet ist, die Kosten nach Verbrauch auch dann umgelegt werden müssen, wenn in anderen Wohnungen kein Wasserzähler vorhanden ist (U. v. 24.6.1999, 76 S 546/98, MM 2000, 150, GE 99,1052).

Andererseits ist bei dieser Vorgehensweise zu berücksichtigen, dass diejenigen Mieter, deren Verbrauch nicht konkret erfasst wird, mit den Kosten belastet werden, die sich daraus ergeben, dass der Hauptzähler gegebenenfalls einen höheren Verbrauch anzeigt als die Summe der Verbrauchsdaten der installierten Einzelzähler (s. Langenberg „Betriebskostenrecht", F 21).

Grundsätzlich sind Sie als Vermieter **nicht verpflichtet,** in ein bestehendes Haus Wasserzähler einbauen zu lassen. Auch kann die Mehrheit der Mieter Sie nicht durch Abstimmung zum Einbau von Erfassungsgeräten zwingen. Hat die Mehrheit der Mieter auf eigene Kosten Wasserzähler installiert, so sind Sie auch nicht verpflichtet, Ihre von Ihnen selbst bewohnte Einheit ebenfalls damit auszustatten. Auch hat ein Mieter keinen Anspruch auf verbrauchsabhängige Abrechnung der Wasserkosten bei einer eigenmächtig von ihm installierten Wasseruhr (AG Wedding, U. v. 26.6.2002, AZ; 16 C 473/01 GE 2002,536). *Keine Verpflichtung zum Einbau von Wasserzählern*

> **Achtung:**
> In einigen Bundesländern sind Vermieter bei Neubauten verpflichtet, diese mit Wasserzählern auszustatten, so z. B. in Hamburg.

b) Vorerfassung

Von der Verbrauchserfassung zu unterscheiden ist die sog. **Vorerfassung.** Befindet sich im Anwesen ein Gewerbebetrieb, der bedingt durch seine Betriebsart höhere Betriebskosten verursacht, z. B. ein Bäcker, ein Friseur oder eine Wäscherei, so muss zur Vermeidung **unbilliger Mehrbelastungen** der Wohnungsmieter eine **Vorerfassung** der durch den Gewerbebetrieb verursachten Mehrkosten durch Zwischenzähler erfolgen. Die so ermittelten Mehrkosten sind sodann von den Gesamtkosten des Hauses in Abzug zu bringen. Der Restbetrag ist dann auf die übrigen Mieter des Anwesens entsprechend den vertraglichen Bestimmungen zu verteilen (s. Kapitel F). *Gewerbebetrieb mit höherem Verbrauch im Anwesen*

B Wie Sie die Betriebskosten auf die Mieter umlegen können

c) Verursachungsermittlung

Abfall, Liftanlagen etc.
Neben den Positionen für Wasser, Abwasser und Strom, deren Verbrauch durch Zähler ermittelt werden kann, kommt insbesondere die **Erfassung der Verursachung** von Müll bzw. Abfall, oder auch die Benutzung von Liftanlagen in Betracht. Zu denken wäre hier an eine künftige **Verteilung nach**

- **Kopfzahl** (bei Müll) oder
- **Stockwerkslage** der Wohnung (bei einer Liftanlage),

wenn bisher diese Betriebskostenpositionen gar nicht oder nach dem Verhältnis der Wohn- und Nutzflächen des Anwesens abgerechnet wurden.

Erfasste Verursachung
Der Gesetzgeber hat jedoch bewusst den Begriff der „**erfassten Verursachung**" gewählt. Auch wenn im Einzelfall die Abkehr von der Verteilung der Kosten nach der Wohnfläche zu einer Umlage nach Personenanzahl oder einem anderen Verteilerschlüssel zu mehr Gerechtigkeit führen kann, ist gerade diese Vorgehensweise vom Gesetzestext nicht gedeckt, § 556a Abs. 2 BGB. Der Wechsel eines Umlageschlüssels, ohne dass künftig der Verbrauch oder die Verursachung der betreffenden Betriebskostenart ermittelt werden können, ist nicht zulässig (LG Augsburg, U. v. 17.12.03, 7 S 3983/03, ZMR 04/269).

Eine mietvertragliche Vereinbarung, wonach Betriebskosten auf die einzelnen Parteien eines Mehrfamilienhauses nach dem Verhältnis der **Wohn- und Nutzf**lächen umgelegt werden, gilt nach einem neuen Urteil des BGH auch für solche Betriebskosten, die sich der Wohnung **konkret** zuordnen lassen (z. B. Grundsteuer bei Eigentumswohnungen oder Kabelgebühren). Diese Rechtsprechung kann dem Vermieter bei der Betriebskostenabrechnung erhebliche Schwierigkeiten bereiten, da er dann z. B. die auf die Wohnung entfallende Grundsteuer nicht mehr nach dem jeweiligen Grundsteuerbescheid ansetzen darf, sondern die Summe der Grundsteuerbeträge aller Wohnungen des Anwesens ermitteln müsste, um anschließend wieder eine Verteilung nach den Wohn- und Nutzflächen vorzunehmen.

In den Mietvertrag sollte daher eine eindeutige Regelung aufgenommen werden, wonach Betriebskosten, die **konkret** zugeordnet werden können, z. B. durch Verbrauchserfassung, Kabelgebühren, Grundsteuer bei Eigentumswohnungen, vom allgemeinen Umlageschlüssel ausgenommen sind und mit ihrem konkreten Betrag in der Betriebskostenabrechnung angesetzt werden (BGH U. v. 26.5.2004, VIII ZR 169/03, WuM 04, 403).

Bei älteren Mietverträgen, in denen diese Rechtsprechung noch nicht berücksichtigt werden konnte, ist dem Vermieter zu empfehlen, von seinem **Recht auf Umstrukturierung** gem. § 556a Abs. 2 BGB Gebrauch zu machen.

3.2.1.2 Wie Sie die Verursachung erfassen können

Wie können Sie nun die Verursachung von Betriebskostenarten einzeln und gerecht erfassen, wenn die Installation von Zählern nicht weiterhilft?

Die moderne Technik macht es möglich, z. B. bei der Benützung von Müllcontainern mit entsprechenden Gewichtsmessungen des Abfalls unter Verwendung von Chipkarten, die Verteilung der Kosten auf die Mieter nach der Menge des entsorgten Abfalls vorzunehmen. Ein entsprechendes Kartensystem wäre auch bei der Verteilung der Aufzugskosten, je nach Häufigkeit der Benutzung und Fahrzeit durch die Mieter, denkbar. Solche Erfassungsmöglichkeiten setzen jedoch seitens des Vermieters zum Teil enorme technische Installationen voraus, die mit nicht unerheblichen Kosten verbunden sind.

Einsatz moderner Technik

Auf die Fragen, die sich im Hinblick auf die Installation solcher Erfassungsgeräte ergeben, insbesondere die eventuelle Duldungspflicht des Mieters zum Einbau, § 554 BGB, oder die Möglichkeit seitens des Vermieters, eine Mieterhöhung wegen Modernisierung durchzusetzen, § 559 BGB, soll hier nicht näher eingegangen werden.

3.2.1.3 Wie Sie die Umstrukturierung erklären

Zur Umstrukturierung eines Mietvertrags müssen Sie als Vermieter eine **einseitige, empfangsbedürftige Erklärung** in **Textform** abgeben, **§ 126b BGB**. „Textform" bedeutet: Sie müssen diese Erklärung nach § 556a Abs. 2 BGB **nicht eigenhändig** unterzeichnen. Vielmehr genügt es, wenn die Erklärung

Erklärung in Textform

- in Schriftzeichen lesbar ist,
- die Person des Erklärenden erkennen lässt und

B Wie Sie die Betriebskosten auf die Mieter umlegen können

- der Abschluss der Erklärung entsprechend erkennbar gemacht wird, § 126b BGB.

Hauptanwendungsfall der Textform ist die Übermittlung von Erklärungen durch **Telefax** oder auch die **Übermittlung von Kopien**.

> **Achtung:**
> Beachten Sie, dass Sie gleichwohl den Nachweis dafür erbringen müssen, dass der Erklärungsempfänger, also der Mieter, diese Erklärung erhalten bzw. von ihr Kenntnis genommen hat. Die Erklärung in Textform entbindet Sie nicht von der Verpflichtung, im Zweifel den **Zugang** dieser Erklärung beim Mieter zu beweisen.

Die Wirksamkeit der Erklärung ist jedoch **nicht von der Zustimmung** der Mietpartei **abhängig**.

Welche Inhalte muss die Erklärung haben?

Erläuterung des Grundes
In der Erklärung müssen Sie den **Grund** für die Umstrukturierung **nennen und erläutern.** Insbesondere müssen Sie die Betriebskostenart, über die künftig nach Verbrauch oder erfasster Verursachung abgerechnet werden soll, benennen, ebenso die Art der künftigen Verbrauchserfassung. Das gilt auch, wenn Sie mehrere Betriebskostenpositionen künftig nach Verbrauch oder Verursachung umlegen wollen. Dann müssen Sie dies für jede Betriebskostenart getrennt erläutern.

Die gesetzliche Umstrukturierung betrifft nicht nur Betriebskosten, die Mieter bisher als Pauschale schuldeten, sondern auch solche, die bisher in der Miete mit enthalten waren (sog. Brutto- bzw. Teilbruttomiete).

Reduzierung der Miete
Wollen Sie von einer bisherigen **Bruttomiete** auf teilweise Abrechnung umstellen, so sind die nun künftig per Abrechnung geltend zu machenden Kosten bisher in der Gesamtmiete enthalten. Diese Kosten müssen Sie nun rechnerisch erfassen und die bisher gezahlte Miete entsprechend reduzieren. Denn bleibt die Miethöhe unverändert und verlangen Sie zusätzlich eine Vorauszahlung auf die künftig abzurechnende Betriebskostenposition, führt dies unweigerlich zu

einer Mieterhöhung und somit Schlechterstellung des Mieters, § 556a Abs. 2 S. 3 BGB.

Den **Umfang der Reduzierung** können Sie z. B. anhand einer Abrechnung unter Zugrundelegung der aktuellen Verbrauchszahlen oder Kosten des Anwesens ermitteln. Liegen ausnahmsweise keine Verbrauchszahlen vor, so können Sie auch eine vernünftige Schätzung der Kostenpositionen, die künftig abgerechnet werden sollen, für die Höhe der Mietsenkung in Ansatz bringen. Jedenfalls müssen Sie vermeiden, dass Sie sich durch die Umstrukturierung bereichern. Um künftig eine verbrauchs- bzw. verursachungsabhängige Abrechnung wirtschaftlich sinnvoll erstellen zu können, ist es für Sie als Vermieter von Bedeutung, dass Sie neben der Miete auch eine **Voraus- bzw. Abschlagszahlung** vom Mieter verlangen können. Zwar ergibt sich dieses Recht nicht ausdrücklich aus dem Gesetz, ein entsprechender Anspruch auf Zahlung von Vorschüssen ist Ihnen jedoch nach Sinn und Zweck dieser Vorschrift zuzugestehen. Wenn nämlich die Änderung der Mietstruktur zu einer Reduzierung der Bruttomiete führt, ohne dass Sie daneben Vorauszahlungen verlangen können, wären Sie als Vermieter benachteiligt. Sie könnten zwar nach Ablauf des Abrechnungszeitraums die tatsächlich angefallenen Betriebskosten abrechnen, für die Zeit bis zur Erstellung der Abrechnung und der Zahlung der Betriebskosten müssten Sie jedoch in Vorlage treten. Daher können und dürfen Sie sinnvollerweise Vorauszahlungen auf die Betriebskosten in der Höhe fordern, um die Sie die Bruttomiete reduziert haben.

Welche Fristen müssen Sie beachten?
Nach § 556a Abs. 2 S. 2 BGB können Sie die Erklärung zur Umstrukturierung der Betriebskosten nur **vor Beginn eines Abrechnungszeitraums** abgeben. Eine rückwirkende Änderung der Mietstruktur oder eine solche, die für die laufende Abrechnungsperiode Geltung haben soll, ist unwirksam (so auch OLG Frankfurt/Main, U. v. 12.3.2003, ZMR 04/182, wonach auch bei Änderung des Verteilerschlüssels dies dem Mieter vor Beginn der Abrechnungsperiode mitgeteilt werden muss).

Eine **gesetzliche Frist** für die Abgabe und das Wirksamwerden der Änderungserklärung gibt es nicht, vielmehr hat die Erklärung die

Wirkung, dass im **darauf folgenden Abrechnungszeitraum** nunmehr eine entsprechende Abrechnung erfolgen kann und muss.

Beispiel:
Ist das Abrechnungsjahr mit dem Kalenderjahr identisch, so können Sie als Vermieter grundsätzlich bis spätestens zum 31. Dezember eines Jahres für das nächste Kalenderjahr die Umstrukturierung erklären. Dabei müssen Sie auf eine ordnungsgemäße Zustellung und die Möglichkeit des Mieters zur Kenntnisnahme Rücksicht nehmen.

Kein Anspruch des Mieters auf Umstrukturierung

Eine gemäß den Vorgaben des § 556a Abs. 2 BGB abgegebene Erklärung begründet aus Sicht des Mieters einen **Anspruch auf Abrechnung** für das nächste Abrechnungsjahr. Dem Mieter steht jedoch **kein Anspruch auf Umstrukturierung** zu. Ob eine Verbrauchserfassung oder Verursachungsermittlung erfolgt oder nicht, obliegt allein der Entscheidungsgewalt des Vermieters.

Hinweis:
Die gesetzliche Umstrukturierung findet auf alle Mietstrukturen Anwendung. Von Bedeutung ist die Umstrukturierung jedoch bei Brutto- bzw. Inklusivmieten sowie bei Teilinklusivmieten. Für die Umstrukturierung einer Bruttowarm- in eine Bruttokaltmiete enthält die Heizkostenverordnung die spezielleren und daher vorrangigeren Bestimmungen.

Eine formularvertragliche Vereinbarung, wonach es im Ermessen des Vermieters steht, Bruttokaltmieten auf Nettokaltmieten mit Vorauszahlungen und umgekehrt umzustellen, stellt eine unangemessene Benachteiligung des Mieters i. S. d. § 9 AGBG (a. F.) dar und ist daher unwirksam (AG Tempelhof-Kreuzberg, U. v. 8.4.2002, AZ: 6 C 523/00, MM 02/230).

3.3 Änderung der Mietstruktur durch schlüssiges Verhalten (Gewohnheitsrecht)

Liegen die Voraussetzungen für die gesetzliche Umstrukturierung nach § 556a Abs. 2 BGB nicht vor oder findet § 556a Abs. 2 BGB keine Anwendung (z. B. bei Gewerbemietverträgen), so kann sich dennoch im Einzelfall eine Änderung der Mietstruktur während der Dauer des Mietverhältnisses ergeben. Hat nämlich der Mieter jahrelang Betriebskosten bezahlt, obwohl er hierzu vom Wortlaut des Vertrags her gar nicht verpflichtet gewesen wäre, kann ebendies zu einer Zahlungsverpflichtung führen.

- Stellen Sie als Vermieter Nebenkosten in Rechnung, die vertraglich nicht geschuldet sind, und zahlt der Mieter **widerspruchslos** oder nimmt er **vorbehaltlos** eine Rückzahlung entgegen, so **kann** durch dieses **schlüssige Verhalten** (man spricht hier von „**konkludentem" Verhalten**) eine Änderung der vertraglich verankerten Mietstruktur herbeigeführt werden.
- Verwenden Sie jahrelang einen **anderen Verteilerschlüssel** als im Mietvertrag vereinbart und moniert der Mieter diesen Abrechnungsmodus nicht, so kann hier ebenfalls durch konkludentes Verhalten eine Vertragsänderung herbeigeführt werden.
- Werden entgegen vertraglichen Vereinbarungen Betriebskosten nicht abgerechnet oder umgekehrt pauschal angesetzte Betriebskosten abgerechnet, so kann durch jahrelange Übung eine Strukturänderung eintreten (BGH v. 7.4.2004).

Konkludentes Verhalten

Hintergrund: Willenserklärungen können nicht nur ausdrücklich, mündlich oder schriftlich abgegeben werden, sondern auch, soweit keine Formvorschriften entgegenstehen, durch schlüssiges Verhalten (Palandt/Heinrichs BGB, 61. neub. Aufl. Einf. zu § 116 Rdnr. 6). Dabei kommt es entscheidend darauf an, wie der Erklärungsempfänger das Verhalten werten durfte. Maßgeblich ist daher nicht unbedingt, wie der Handelnde sein Verhalten verstanden haben wollte, sondern wie es der Erklärungsempfänger verstehen durfte.

Die Rechtsauffassungen, die in den vorbezeichneten Fällen eine **Änderung der Mietstruktur** zulassen, sind im Einzelfall sehr **umstritten**. Gleichwohl ist grundsätzlich anerkannt, dass der Mieter sich nicht ausdrücklich bereit erklären muss, künftig Zahlungen zu leisten, die er eigentlich nicht schuldet. Schon sein Verhalten kann dazu führen, dass aus Sicht des Vermieters eine Änderung der vertraglich geschuldeten Leistungen erfolgt.

Umstrittene Auffassungen im Einzelfall

B Wie Sie die Betriebskosten auf die Mieter umlegen können

Kontroverse Rechtsprechung

Die hierzu ergangene Rechtsprechung ist höchst unterschiedlich und kontrovers. Allerdings hat der BGH mit aktuellen Entscheidungen die Rechtsauffassungen abgelehnt, die generell eine Änderung der Mietstruktur durch schlüssiges Verhalten ablehnen.

- Mit Urteil vom 7.4.2004 (VIII 146/03, NZM 04/418) hat der BGH seine bisherige Rechtsprechung fortgesetzt (BGH, U. v. 29.5.2000, s. u.) und für den Fall einer Betriebskostenabrechnung entschieden, dass die jahrelange Einstellung einer Betriebskostenart in die Abrechnung, die ursprünglich vertraglich nicht geschuldet war, durch jahrelanges widerspruchsloses Zahlen des Mieters zu einer konkludenten Betriebskostenumlagevereinbarung führt.
- Auch nach Vertragsabschluss neu entstandene Betriebskosten können im Wege einer konkludenten Vereinbarung (widerspruchslose Berechnung) umgelegt oder zum Gegenstand einer Vorauszahlung gemacht werden (BGH U. v. 21.1.2004, VIII ZR 99/03, NZM 04, 253).
- Der BGH hat in seiner Entscheidung v. 29.5.2000 (XII ZR 35/00, NZM 2000, 961) klargestellt, dass eine Vereinbarung der Mietvertragspartner über die Umlegung zunächst nicht umgelegter Betriebskosten auch durch jahrelange Zahlung stillschweigend getroffen werden kann. Der BGH sah es als erwiesen an, dass die über einen langen Zeitraum hinweg, hier sechs Jahre, erfolgten Zahlungen als konkludent abgegebene Willenserklärungen zu werten seien, mit der Folge einer entsprechenden Vertragsänderung.
- Anderer Auffassung ist jedoch das AG Mannheim (U. v. 8.11.2001, 16 C 260/01, DWW 1-2, 2002, 36), das eine jahrzehntelange Zahlung nicht geschuldeter Betriebskostenpositionen nicht ausreichen lässt, um eine geänderte Mietstruktur zu begründen. Allein der Ausgleich von Forderungen durch den Mieter stelle keinen rechtsgeschäftlichen Willen zur Abänderung der vertraglichen Vereinbarung dar.
- So auch LG Itzehoe (U. v. 17.4.1984, 1 S 252/83, WuM 85, 367), das eine rechtsgeschäftlich gewollte Bindung des Mieters auch

bei jahrelanger Zahlung nicht geschuldeter Betriebskosten nicht annahm.

Die Rechtsmeinungen, die eine Vertragsänderung durch konkludentes Verhalten ablehnen, begründen dies zumeist mit dem **fehlenden Erklärungsbewusstsein** des Handelnden im Hinblick auf die eintretenden Rechtsfolgen.

Erklärungsbewusstsein

Dem kann man vom Grundsatz her jedoch nicht unbedingt folgen, da sich der Handelnde sein Verhalten grundsätzlich zurechnen lassen muss, wenn man zudem aus der Sicht des Erklärungsempfängers auf einen Willen zur Vertragsänderung schließen kann (s. BGH v. 7.4.2004, a. a. O.).

- Das LG Mannheim verwehrte dem Vermieter einen Zahlungsanspruch, wenn er eine nicht als umlagefähig vereinbarte Betriebskostenposition in die Abrechnung mit aufnimmt und der Mieter hiergegen keine Einwände erhebt und zahlt. Das gelte selbst dann, wenn dieses Verfahren seit mehr als zehn Jahren praktiziert wurde (LG Mannheim, 27.1. 1999, 4 S 141/98, NZM 99, 365). Das LG Mannheim hätte für die Annahme eines **Rechtsbindungswillens** und eine entsprechende Vertragsänderung zumindest eine Aussprache der Vertragspartner über die Weitergabe der neuen Positionen vorausgesetzt.
- Entgegen BGH (29.5.2000, a. a. O.) ist nicht ohne weiteres eine stillschweigende Vertragsänderung anzunehmen, wenn ein Mieter über mehrere Jahre Betriebskostennachforderungen gemäß der Abrechnung zahlt, obgleich darin Kostenarten berechnet sind, die nach dem Mietvertrag nicht umgelegt werden können (LG Landau/Pfalz, v. 28.2.01, 1 S 354/00, WuM 01, 613).
- Dagegen wertet es das LG Berlin als **konkludente Zustimmung**, wenn der Mieter einen Nachzahlungsbetrag entrichtet oder ein Abrechnungsguthaben entgegengenommen hat (LG Berlin, v. 28.2.2002, 62 S 333/01, MM 02, 183).
- Nach Ansicht des AG Speyer (U. v. 26.4.2001, 34 C 76/01, NZM 01, 708) kann allein in der Nachlässigkeit des Vermieters, nicht alle umlagefähigen Betriebskosten abzurechnen, keine vertragsabändernde Erklärung von seiner Seite gesehen werden.

B Wie Sie die Betriebskosten auf die Mieter umlegen können

Diese Urteile machen deutlich, dass es nach wie vor entscheidend auf die Bewertung eines jeden Einzelfalls ankommt.

4 Wenn Sie Betriebskosten neu einführen wollen

Mit Vertragsabschluss haben Sie die Mietstruktur festgelegt. Im Laufe eines Mietverhältnisses können sich jedoch Änderungen ergeben, die die **Neueinführung von Betriebskosten** erforderlich machen.

Beispiele:

Schließen Sie beispielsweise erst nach Abschluss des Mietvertrags eine Versicherung ab oder können Sie die Hausmeisterarbeiten nicht mehr selbst durchführen und wollen einen Hausmeister einstellen, stellt sich die Frage, wie Sie diese Betriebskosten dem Mieter weiterberechnen können.

Auch die Durchführung von Modernisierungsmaßnahmen, z. B. Einbau eines Aufzugs oder Installation von Kabelfernsehen, lassen neue Betriebskosten entstehen.

Hinweis

Als neu entstandene Betriebskosten sind die Kosten einer Gebäudeversicherung dann nicht umlagefähig, wenn das versicherte Risiko bereits bei Abschluss des Mietvertrages vorhanden, vom Vermieter aber nicht versichert worden war (AG Neustadt/Weinstr. v. 7.3.97, 1 C 1450/96, WuM 99, 46).

Vorbehaltsklausel

Neben der Möglichkeit der **einvernehmlichen Anpassung** der vertraglichen Vereinbarungen können Sie neue Betriebskosten nur dann an den Mieter weitergeben, wenn im **Vertrag** ein entsprechender **Vorbehalt** formuliert ist bzw. die Umlage der Betriebskostenposition schon dem Grunde nach vereinbart war (LG Frankfurt/M v. 31.1.97, 2/17 S 295/96, WuM 99, 46).

So hatte es auch das OLG Frankfurt bei einem gewerblichen Mietverhältnis gesehen, für das eine rückwirkende Erhöhung der Grundsteuer aufgrund einer Neufestsetzung des Grundsteuermessbetrags erfolgte. Eine Erhöhung der Grundsteuer kann nur dann weitergegeben werden, wenn eine **Anpassungsklausel** im Vertrag vereinbart wurde (OLG Frankfurt v. 10.2.99, 17 U 210/97, NZM 2000, 243).

Darüber hinaus können Sie als Vermieter einer Gewerbeimmobilie im Wege der sog. Änderungskündigung eine Vertragsanpassung erreichen.

Sieht der Mietvertrag keine Möglichkeit der Weitergabe neu eingeführter Betriebskosten vor, so kann sich ausnahmsweise ein Anspruch auf Umlage der neuen Position im Wege der **ergänzenden Vertragsauslegung** ergeben: Haben Sie bauliche Veränderungen bzw. Modernisierungen durchgeführt, die zu Betriebskosten führen, die sich erst im Zusammenhang mit der Neuerung ergeben, z. B. beim Einbau eines Aufzugs die regelmäßigen Prüf- und Überwachungskosten, so sollen Sie diese Kosten auch dem Mieter berechnen können, selbst dann, wenn ein vertraglicher Vorbehalt fehlt (OLG Köln v. 13.7.94, 16 U 9/94, ZMR 95, 69). Die Duldungspflicht des Mieters zur Modernisierung umfasst auch die Pflicht zur Vereinbarung der Abrechnung der neu entstandenen Betriebskosten (LG Frankfurt v. 18.12.98, 16 S 185/98, WuM 99, 403).

Ergänzende Vertragsauslegung

So auch BGH, wonach der Vermieter neu entstehende Betriebskosten, hier Aufzugskosten, mittels einer entsprechenden Erklärung nach § 560 Abs. 1 BGB auf den Mieter umlegen kann. In einem weiteren Urteil hat der BGH ausgeführt, dass solche neu eingeführten Betriebskosten ausnahmsweise die Erhöhung der Miete rechtfertigen können, da solche Betriebskosten von einer Teilinklusivmiete nicht erfasst sind (U. v. 21.1.2004, VIII ZR 99/03, NZM 04,253).

Viele Formularverträge sehen sog. Mehrbelastungsklauseln vor; hier ist jedoch Vorsicht geboten, denn Klauseln wie „soweit zulässig, ist der Vermieter bei Erhöhung bzw. Neueinführung von Betriebskosten berechtigt, den entsprechenden Mehrbetrag vom Zeitpunkt der Entstehung an umzulegen" sind unwirksam. Zum einen erlaubt diese Klausel auch die Umlage von Betriebskosten, die nicht in § 2 BetrKV aufgezählt sind, um zum anderen wäre danach eine unbeschränkte rückwirkende Umlage von neuen Betriebskosten möglich. Diese weit reichende Mehrbelastung des Mieters verstößt jedoch gegen gesetzliche Bestimmungen.

B Wie Sie die Betriebskosten auf die Mieter umlegen können

Sind im Mietvertrag die im Mietobjekt anfallenden Betriebskosten im Einzelnen aufgeführt und umlagefähig vereinbart, können neue später entstehende Betriebskosten nur aufgrund mietvertraglichen Vorbehalts oder zu treffender Vereinbarung der Parteien umgelegt werden (AG Bonn, U. v. 23.11.2004, 6 C 441/04, WuM 05,61).

C Betriebskostenpauschale

Sie können die Betriebskosten neben der Grundmiete als Betriebskostenvorauszahlung oder als **Betriebskostenpauschale** auf den Mieter abwälzen, § 556 Abs. 2 BGB. Eine Betriebskostenpauschale liegt dann vor, wenn der Mieter einen **festen monatlichen Betrag** für die Betriebskosten bezahlt, ohne dass hierüber nach Ablauf des Abrechnungszeitraums eine Abrechnung erfolgt.

> **Hinweis:**
> Für die Heiz- und Warmwasserkosten können Sie eine Pauschale nicht vereinbaren. § 6 der Heizkostenverordnung sieht zwingend eine verbrauchsabhängige Abrechnung vor. Eine Ausnahme gilt nur für das vom Vermieter selbst bewohnte Zweifamilienhaus. Hier ist durch Individualvereinbarung eine Pauschale bzw. Bruttowarmmiete möglich (s. Kapitel L).

Die Vereinbarung von Pauschalen hat für den Vermieter grundsätzlich den Vorteil, dass er sich am Ende eines Abrechnungszeitraums die Erstellung der Betriebskostenabrechnung erspart und auch Streitigkeiten mit dem Mieter über eventuelle Betriebskostennachzahlungen aus dem Weg gehen kann. *(Fester Bestandteil der Miete)*

Andererseits trägt der Vermieter grundsätzlich das Risiko steigender Betriebskosten. Der Mieter seinerseits muss damit rechnen, dass die Höhe der tatsächlich angefallenen Betriebskosten unter dem von ihm gezahlten Pauschalbetrag liegen.

Auch wenn die Vereinbarung einer Pauschale für die Betriebskosten einen Verzicht auf die Weitergabe der tatsächlich angefallenen Betriebskosten seitens des Vermieters bedeutet, heißt das nicht, dass die Höhe der vertraglich festgesetzten Pauschale für die gesamte Dauer des Mietverhältnisses unveränderbar ist. Sowohl eine **Erhöhung** als auch eine **Ermäßigung** der Pauschale sind möglich.

C Betriebskostenpauschale

1 Anpassung bei gewerblichen Mietverhältnissen

Änderungs-kündigung

Bei **Gewerbemietverträgen** können Sie die Pauschale bei gestiegenen Betriebskosten entweder einvernehmlich mit dem Mieter anpassen oder aber eine Änderungskündigung aussprechen, mit der Sie eine Erhöhung erzwingen.

Umgekehrt wird ein Mieter bei sinkenden Betriebskosten Sie als Vermieter zu einer Reduzierung der Pauschale veranlassen können, falls Sie schlechter gestellt wären, wenn der Mieter den Mietvertrag statt einer Reduzierung der Pauschale kündigt.

Da Gewerberaummietverträge in der Regel auf eine bestimmte Laufzeit abgeschlossen werden, werden Sie als Vermieter zumeist keinen Gebrauch vom Ausspruch einer **Änderungskündigung** machen können, da diese als **ordentliche Kündigung** einen auf unbestimmte Zeit abgeschlossenen Vertrag voraussetzt.

Anpassungs-vorbehalt

Es empfiehlt sich daher für beide Vertragsparteien, bei Abschluss eines Gewerberaummietvertrags darauf zu achten, dass eine entsprechende **Vertragsgrundlage** geschaffen wird, mit der auch bei einer fest vereinbarten Vertragslaufzeit die Betriebskostenpauschale, sowohl nach oben als auch nach unten, angepasst werden kann. Man spricht hier von einem sog. **Anpassungsvorbehalt.**

Beispiel:

„Der Vermieter ist berechtigt, Erhöhungen der Betriebskosten im Sinne des § 2 BetrKV auf den Mieter umzulegen, sofern Vorauszahlungen auf Betriebskosten ganz oder teilweise nicht vereinbart sind (Bruttokalt- bzw. Teilbruttokaltmiete)".

2 Anpassung bei Wohnraummietverhältnissen

Durch die Mietrechtsreform wurde in § 560 BGB nunmehr die gesetzliche Grundlage für die **Anpassung von Betriebskostenpauschalen** für den Bereich des preisfreien Wohnraumrechts geschaffen.

Anpassung bei Wohnraummietverhältnissen **C**

> **Achtung:**
> Der Geltungsbereich von § 560 BGB betrifft nicht den sozialen Wohnungsbau. Für preisgebundenen Wohnraum stellt § 20 Abs. 3 und Abs. 4 NMV die Rechtsgrundlage für die Weitergabe erhöhter Betriebskosten dar (s. u. Kapitel M).

§ 560 BGB regelt sowohl die **Erhöhung** von Betriebskostenpauschalen, § 560 Abs. 1, 2 BGB, als auch deren **Ermäßigung**, § 560 Abs. 3 BGB.

2.1 Erhöhung der Betriebskostenpauschale

Voraussetzung 1: Betriebskostenpauschale neben der Miete
Schuldet der Mieter die Zahlung einer Betriebskostenpauschale, sind Sie als Vermieter berechtigt, Erhöhungen der Betriebskosten durch Erklärung in Textform (zur Textform s. S. 31, B 3.2.1.2) anteilig auf den Mieter umzulegen, soweit dies mietvertraglich vereinbart ist.

Einseitige Erhöhung durch Erklärung in Textform

Prüfen Sie daher zunächst, ob im Mietvertrag eine **pauschale Zahlung** für Betriebskosten **neben** der Grundmiete vereinbart ist. Ist lediglich eine **Inklusiv- bzw. Teilinklusivmiete** mieterseits vereinbart (vgl. S. 17, B 2.1), so reicht dies nicht aus. Die Neuregelung des § 560 Abs. 1 BGB fordert ausdrücklich eine **neben** der Grundmiete zu zahlende Pauschale und lässt eine Erhöhung nur für diese Form der Mietstruktur zu.

Ist daher in einer vereinbarten Pauschale nur ein Anteil der Betriebskosten enthalten – dies werden zumeist die verbrauchsabhängigen Positionen sein –, so kann auch nur für diesen Teil eine Anpassung erfolgen. Alle übrigen Betriebskosten, die nicht extra aufgeführt sind, sind bereits mit der Mietzahlung abgegolten. Eine Anpassung dieser Positionen ist nicht möglich.

> **Hinweis:**
> Bis In-Kraft-Treten der Mietrechtsreform am 31.8.2001 war es gemäß dem bis dahin geltenden § 4 Abs. 2 S. 1 MHG a. F. grundsätzlich möglich, Erhöhungen der Betriebskosten auch dann dem Mieter weiterzugeben, wenn es sich um eine Inklusiv- oder Teilinklusivmiete (Brutto-

Betriebskostenpauschale

kalt- bzw.Teilbruttokaltmiete) handelte, die Betriebskosten also nicht mit einem separaten Betrag neben der Grundmiete zu zahlen waren.

Voraussetzung 2: Vereinbarung eines Erhöhungsvorbehalts

<small>Vertragliche Vereinbarung: Anpassungsklausel</small>

Als weitere Voraussetzung fordert § 560 Abs. 1 BGB, dass Sie die **Erhöhungsmöglichkeit vertraglich vereinbart haben**. Erhöhte Kosten können Sie also nur dann an den Mieter weitergeben, wenn der Mietvertrag einen **Erhöhungsvorbehalt** enthält. Allein die gesetzliche Grundlage des § 560 Abs. 1 BGB begründet für sich gesehen keinen Anspruch auf eine Erhöhung der Pauschale.

Folgende Formulierung im Mietvertrag könnte Ihnen einen Anspruch auf Erhöhung der Pauschale sichern:

> **Beispiel:**
>
> „Der Vermieter ist berechtigt, Erhöhungen der Betriebskosten im Fall der Vereinbarung einer Grundmiete mit Betriebskostenpauschale anteilig durch schriftliche Erklärung auf den Mieter umzulegen."
>
> Alternativ:
>
> „Erhöhen sich nach Vertragsabschluss einzelne der vereinbarten Betriebskosten so weit, dass die Umlage nicht mehr zu deren Deckung ausreicht, so schuldet der Mieter die auf ihn entfallenden Erhöhungsbeträge unter Beachtung der Bestimmungen des § 560 BGB" (s. Pfeifer, Nebenkosten, 4. Aufl. 1994, S.126, Formulierungsvorschlag zu § 4 Abs. 3 MHG a. F.).

> **Hinweis**
>
> Bei der Auslegung von Erhöhungsvorbehalten sind die Bestimmungen der §§ 133, 157, 242 sowie die §§ 305 ff. BGB zu beachten. Letztere wurden durch Art. 1 SchuModG v. 26.11.2001 (BGBl. I, S. 3138) eingeführt und sind an die Stelle der bis zum 31.12.2001 geltenden Bestimmungen des AGB-Gesetzes (Gesetz zur Regelung des Rechts der Allgemeinen Geschäftsbedingungen) getreten.

Bei der Formulierung von Erhöhungsvorbehalten müssen Sie die Bestimmung des § 560 Abs. 6 BGB beachten, die zum Nachteil des Mieters abweichende Vereinbarungen für unwirksam erklärt. Dies ist z. B. dann der Fall, wenn eine Klausel eine rückwirkende Erhöhung vorsieht oder eine Anpassung erlaubt, ohne dass die Voraussetzung des § 560 Abs. 2 S. 2 BGB vorliegen.

Keine für den Mieter nachteiligen Vereinbarungen

- Eine Erhöhungsvereinbarung, die dem Vermieter gestattet, „soweit zulässig bei Erhöhung oder Neueinführung von Betriebskosten den entsprechenden Mehrbetrag vom Zeitpunkt der Entstehung an umzulegen", ist jedenfalls unwirksam (BGH v. 20.1.1993, VIII ZR 10/92, NJW 93, 1061).
- Das OLG Celle hat ebenfalls eine Formularklausel für unwirksam erklärt, die für die Zahlungsverpflichtung des Mieters den Zeitpunkt der Entstehung der Mehrbelastung bestimmt (U. v. 29.12.1989, 2 U 200/89, WM 1990, 103).
- Enthält ein Mietvertrag einen Vorbehalt dergestalt, dass die Miete nachträglich in einen Kaltmietteil und einen abzurechnenden Betriebskostenanteil aufgespalten werden kann, kann der Vermieter hieraus keinen Anspruch auf Vertragsänderung herleiten (LG München I, v. 24.9.97, 14 S 4962/97, WuM 99, 46).

Unwirksame Klauseln

2.1.1 Wenn keine Betriebskostenpauschale ausgewiesen ist

Wie sind nunmehr die Fälle zu bewerten, in denen eine Betriebskostenpauschale nicht ausgewiesen ist, jedoch ein Erhöhungsvorbehalt vertraglich vereinbart wurde? Hier ist zu unterscheiden:

a) **Verträge**, *die* **ab dem 1.9.200**1 *– dem Zeitpunkt des In-Kraft-Tretens der Mietrechtsreform – neu vereinbart wurden, Neuverträge:*
Für diese Verträge gilt ausnahmslos neues Recht, mit der Folge, dass Sie als Vermieter trotz Erhöhungsvorbehalt keine Rechtsgrundlage zur Anhebung der Betriebskostenpauschale haben.

Neuverträge

Ansonsten müsste nämlich der Mieter erhöhte Betriebskosten zahlen, ohne dass ihm der Kostenanteil der Betriebskosten im Verhältnis zur Grundmiete bekannt wäre. Eine ursprünglich günstige Inklusivmiete würde sich somit bei einer Erhöhung im Nachhinein zulasten des Mieters ins Gegenteil wenden.

C Betriebskostenpauschale

Der Gesetzgeber wollte für den Mieter mehr **Transparenz** im Bereich der Betriebskosten erreichen. Daher sind abweichende Vereinbarungen gem. § 560 Abs. 6 BGB unwirksam.

Im Ergebnis ist dem zu folgen, da es ja dem Vermieter freisteht, bei Vertragsabschluss die Vorgaben des § 560 BGB zu beachten. In Zeiten, in welchen die Betriebskosten als „zweite Miete" einen erheblichen Kostenfaktor mit steigender Tendenz darstellen, darf dem Mieter der Ansatz bzw. die Kalkulationsgrundlage für die Betriebskosten nicht verborgen bleiben (s. Langenberg „Betriebskostenrecht", 3., erw. Aufl. 2002, C 8).

*b) **Verträge**, die **vor dem 1.9.2001** vereinbart wurden, Altverträge:*

Altverträge

Für die Zeit vor In-Kraft-Treten der Mietrechtsreform stellte § 4 Abs. 2 MHG a. F. die Rechtsgrundlage für die Weitergabe erhöhter Betriebskosten dar. Danach war es dem Vermieter grundsätzlich möglich, auch bei einer **Inklusivmiete** die Erhöhung von Betriebskosten durch einseitige Willenserklärung an den Mieter weiterzugeben.

Würde man auf diese sog. Altverträge neues Recht unmittelbar anwenden, so wäre dies zum Nachteil der Vermieter, die bei Vertragsabschluss noch auf die alte Rechtslage vertrauen durften. Art. 229 § 3 Abs. 4 EGBGB bestimmt daher, dass auf Mietverhältnisse, die bereits am 1.9.2001 bestanden haben und bei denen die Betriebskosten ganz oder teilweise in der Miete enthalten sind, bezüglich einer Betriebskostenerhöhung § 560 Abs. 1, 2, 5 und 6 BGB in der ab 1.9.2001 geltenden Fassung anzuwenden sind, soweit im Mietvertrag vereinbart ist, dass der Mieter Erhöhungen der Betriebskosten zu tragen hat.

> **Achtung:**
> **Fehlt** ein entsprechender **Erhöhungsvorbehalt**, ist eine Umlage auch bei Altverträgen nicht möglich.

Liegen die Voraussetzungen für die Weitergabe erhöhter Betriebskosten i. S. d. § 560 BGB nicht vor, können Sie nur durch den Ausspruch eines Mieterhöhungsverlangens gemäß § 558 BGB (Mieterhöhung bis zur ortsüblichen Vergleichsmiete) eine Steigerung der Miete erreichen.

Letzte Möglichkeit: Mieterhöhungsverlangen aussprechen

Damit können Sie dann unter Umständen die seit Vertragsabschluss gestiegenen Betriebskosten auffangen. Liegt die ortsübliche Vergleichsmiete jedoch über der von Ihnen maximal auszusprechenden Mieterhöhung, tragen Sie das Risiko dafür, dass Sie mit Ihrer Miete hinter dem ortsüblichen Niveau zurückbleiben und in angemessener Zeit eine Angleichung nicht erreichen können. Die Kappungsgrenze von derzeit 20 Prozent innerhalb von drei Jahren hindert Sie nämlich daran, regelmäßige Anpassungen vorzunehmen, auch wenn die ortsübliche Miete noch nicht erreicht ist, § 558 Abs. 3 BGB.

2.1.2 Erklärung unter Angabe von Gründen

Weitere Wirksamkeitsvoraussetzung für die Umlage erhöhter Betriebskosten ist, dass Sie in Ihrer Erhöhungserklärung den **Grund für die Umlage** bezeichnen. Die **Erklärung** kann **in Textform** erfolgen, Sie müssen sie also nicht eigenhändig unterzeichnen, **§ 126b BGB**. Für den Nachweis der Zustellung tragen Sie die Beweislast (vergl. hierzu S. 31, B 3.2.1.2).

Und so gehen Sie vor:

1. Für die Angabe des Grundes müssen Sie zunächst eine **Gegenüberstellung der bisherigen und neuen Betriebskosten** vornehmen.
2. Dann müssen Sie für jede sich erhöhende Kostenart den Unterschiedsbetrag darstellen.
3. Ergibt sich eine **Erhöhung des Gesamtbetrags,** kann eine Weitergabe an den Mieter erfolgen.

Vorgehen

Haben sich zwar einzelne Positionen erhöht, andere jedoch reduziert, sodass die Gesamtbelastung im Ergebnis zu keiner Mehrbelastung führt, können Sie die Pauschale nicht erhöhen. Sie müssen auf jeden Fall alle Positionen berücksichtigen (s. Langenberg „Betriebskostenrecht", erw. 3. Aufl. 2002, C 23 mit weit. Nachw.).

C Betriebskostenpauschale

Erhöhung einzelner Positionen begründen

Darüber hinaus können Sie auch verpflichtet sein, nicht nur die jeweiligen Beträge zu benennen, sondern auch darzustellen, warum sich einzelne Positionen erhöht haben. Dies ist dann der Fall, wenn sich aus den Rechnungen, Bescheiden o. Ä. der Grund für die Erhöhung nicht direkt ergibt.

- War z. B. die Einstellung eines zusätzlichen Hausmeisters oder der Wechsel einer Servicefirma nötig geworden?
- Oder sind Verträge ausgelaufen, sodass an deren Stelle andere, teurere Verträge geschlossen werden mussten?
- Oder haben sich schlicht die Gebühren erhöht?

Verteilerschlüssel

Ergibt die Gegenüberstellung der bisherigen und der neuen Kosten eine Erhöhung, so müssen Sie bei Weitergabe an den Mieter **den Verteilerschlüssel berechnen und benennen.** Sodann teilen Sie dem Mieter den Betrag, um den sich die Pauschale erhöht, mit.

Wie Sie bei Altverträgen vorgehen

Wenn für die Betriebskosten eine Pauschale ausgewiesen ist, ist dies unproblematisch. Für sog. **Altverträge**, bei denen eine Weitergabe erhöhter Betriebskosten auch dann möglich ist, wenn es sich um eine Inklusivmiete handelt (s. o.), ist es nicht immer einfach, die Differenz der bisher mit der Miete gezahlten Betriebskosten und den neuen Beträgen darzustellen.

Hierzu müssen Sie die Höhe der einzelnen Positionen zum **Zeitpunkt des Vertragsabschlusses** oder, wenn zwischenzeitlich eine Erhöhung der Inklusivmiete stattgefunden hat, zum **Zeitpunkt der letzten Mieterhöhung** ermitteln. Denn die Erhöhung der Inklusivmiete führt auch zu einer Erhöhung der in dieser Miete enthaltenen Betriebskosten (KG Berlin, 5.8.1997, 8 RE-Miet 8850/96, WuM 97/540).

Bei einer **Staffelmietvereinbarung** errechnet sich der Erhöhungsbetrag aus der seit der jeweils letzten Staffelmieterhöhung eingetretenen Betriebskostensteigerung (LG Berlin, 1.11.2001, 61 S 49/01, MM 2002, 10).

> **Hinweis:**
> Bei einer Erhöhungserklärung gemäß § 560 Abs. 1, 2 BGB können Sie nur diejenigen Steigerungen berücksichtigen, die seit einer letzten

Mietanpassung gem. § 558 BGB oder Erhöhung nach § 560 Abs. 1 BGB eingetreten sind.

> **Experten-Tipp:**
> Legen Sie Ihrer Erklärung die Fotokopien entsprechender Belege bei, damit der Mieter die Erhöhung nachprüfen kann. Grundsätzlich genügt es auch, wenn Sie dem Mieter die Einsicht in die Belege anbieten (s. Kapitel F 4.1.1, S. 111).

Beachten Sie, dass Sie nur dann eine Erhöhung vornehmen können, wenn Ihnen **Mehrkosten auch tatsächlich entstanden** sind. Sie können dem Mieter nicht schon im Vorfeld erwartete Mehrbelastungen weiterreichen, z. B. wenn der Wirtschaftsplan der Wohnungseigentümergemeinschaft für das nächste Wirtschaftsjahr Kostensteigerungen vorsieht oder seitens der Leistungserbringer Kostensteigerungen angekündigt werden, ohne dass diese bereits geltend gemacht werden.

Nur tatsächlich entstandene Mehrkosten umlegbar

2.1.3 Wann wird die Erklärung wirksam?

Sie können Erhöhungen grundsätzlich nur **mit Wirkung für die Zukunft** weitergeben.
Der Mieter schuldet den auf ihn entfallenden Teil der Umlage mit **Beginn des auf die Erklärung folgenden übernächsten Monats an**, § 560 Abs. 2 S. 1 BGB.

> **Beispiel:**
> Unabhängig davon, ob die Erhöhungserklärung dem Mieter am 1.6.2004 oder am 30.6.2004 zugeht, ist die erhöhte Zahlung am 1.8.2004 fällig.

Wesentlich ist hier der **Zeitpunkt, zu dem die Erklärung** dem Mieter **zugegangen ist**. Weil hierdurch eine Frist, nämlich die Fälligkeit der erhöhten Zahlung, ausgelöst wird, sollten Sie auf eine nachweisliche Zustellung Ihres Schreibens achten, z. B. durch Einschreiben mit Rückschein oder Botenzustellung.

C   Betriebskostenpauschale

> **Hinweis**
> Die Erklärung selbst ist **nicht fristgebunden**. Anders als nach § 4 Abs. 2 MHG a. F. ist die Zahlungsverpflichtung des Mieters nicht mehr davon abhängig, ob die Erklärung des Vermieters vor oder nach dem 15. eines Monats abgegeben wurde.

Mieter muss nicht zustimmen

Anders als eine Mieterhöhung bis zur ortsüblichen Miete gemäß § 558 BGB bedarf es bei der Erhöhung der Betriebskosten gemäß § 560 BGB **keiner Zustimmung des Mieters**. Zahlt der Mieter dennoch nicht, so kann der Vermieter den Mieter direkt auf Zahlung verklagen.

2.1.4   Ausnahme: rückwirkende Erhöhung

Liegt der Grund für die Erhöhung darin, dass sich Betriebskosten **rückwirkend** erhöht haben, so können Sie diese Erhöhung ausnahmsweise auch für die Vergangenheit geltend machen, höchstens jedoch seit Beginn des der Erklärung vorausgehenden Kalenderjahres, sofern Sie **innerhalb von drei Monaten** nach Kenntnis der Erhöhung die Erklärung abgeben, § 560 Abs. 2 S. 2 BGB.

Rückwirkende Mehrbelastungen können sich z. B. dadurch ergeben, dass es aufgrund geänderter Gesetze bei Steuer- und Abgabenbescheiden zu Nachbelastungen kommt oder auch Abrechnungen von Leistungsträgern verbrauchsabhängiger Positionen zu Nachforderungen führen.

> **Beispiel:**
> Hat der Vermieter am 1. Juni 2004 eine nachträgliche Grundsteuererhöhung für den Zeitraum seit 1.1.2002 erhalten und kommt er erst im Oktober dazu, dem Mieter die Erhöhung mitzuteilen, so kann er diese nicht mehr rückwirkend verlangen, da er die Erklärung nicht innerhalb von drei Monaten nach Kenntnis der Grundsteuererhöhung weitergegeben hat.
> Der Vermieter hätte in diesem Fall also bis spätestens 1.9.2004 die Weitergabe der Grundsteuererhöhung mitteilen müssen. Dann hätte der Mieter die Zahlung erhöhter Grundsteuer geschuldet, allerdings erst ab 1.1.2003. Die Mehrbelastung für das Jahr 2002 ist dann vom Vermieter allein zu tragen.

Haben Sie die **Dreimonatsfrist** versäumt, so können Sie eine Erhöhung nurmehr für die Zukunft vornehmen, unter Berücksichtigung des § 560 Abs. 1 BGB.

Wenn Sie die Frist versäumt haben

Sie können eine Erhöhung auch dann nicht rückwirkend weitergeben, wenn Sie es versäumt haben, bereits eingetretene Mehrbelastungen rechtzeitig geltend zu machen. Die rückwirkende Belastung des Mieters setzt eine **echte Rückwirkung** voraus, d. h. die entsprechenden Abgaben- oder Gebührenbescheide müssen selbst auf die Vergangenheit zurückwirken.

Beispiel:

Haben Sie es versäumt, die aufgrund eines Bescheids festgestellten erhöhten Kosten gemäß § 560 Abs. 1 BGB dem Mieter weiterzubelasten, können Sie nicht über § 560 Abs. 2 S. 2 BGB die Erhöhung rückwirkend vom Zeitpunkt der tatsächlich eingetretenen Steigerung an verlangen.

Sie sind als Vermieter daher gut beraten, bei Kenntnis von **Kostensteigerungen** diese **alsbald** dem Mieter **weiterzuberechnen** und mit Ihrer Erklärung nicht allzu lange zu warten. Sie können ohnehin die Kostensteigerung nicht unmittelbar, sondern frühestens ab Beginn des übernächsten Monats geltend machen.

Dagegen kann der Vermieter von **Geschäftsräumen** rückwirkende Erhöhungen von Betriebskosten auf den Mieter auch dann umlegen, wenn der Mietvertrag eine sog. **Mehrbelastungsklausel** enthält, z. B. „Tritt durch Erhöhung oder Neueinführung von Betriebskosten eine Mehrbelastung des Vermieters ein, ist der Mieter verpflichtet, den entsprechenden Mehrbetrag vom Zeitpunkt der Entstehung an zu zahlen" (s. a. OLG Frankfurt/M., U. v. 10.2.1999, 17 U 210/97, NZM 2000,243). Ein ausdrücklicher Nachforderungsvorbehalt bei den jeweiligen Betriebskostenabrechnungen ist nach dieser Rechtsprechung nicht erforderlich. Daher kann die Grundsteuer nach einem neuen Urteil des LG Berlin vom Vermieter erst recht nachgefordert werden, wenn das Finanzamt die Grundsteuer rückwirkend festsetzt und sich der Vermieter in den früheren Abrechnungen eine Nachforderung, z. B. durch den Vermerk bei der Position Grundsteuer

C Betriebskostenpauschale

„Zurzeit 0" ausdrücklich vorbehalten hat (LG Berlin, U. v. 26.5.2004, 32 O 717/03, GE 04,817).

2.2 Ermäßigung der Betriebskostenpauschale

Nur für preisfreien Wohnraum

Die gesetzliche Regelung des § 560 Abs. 3 BGB hat wiederum nur für den Bereich des preisfreien Wohnraumrechts Geltung. Für Gewerbemietverhältnisse bedarf es für die Reduzierung einer Betriebskostenpauschale entweder einer vertraglichen Regelung oder einer gütlichen Einigung.

Für preisfreie Wohnraummietverhältnisse gilt: Als Vermieter müssen Sie eine **Reduzierung** von Betriebskosten ebenfalls an die Mietpartei weitergeben. Ermäßigen sich die Betriebskosten, so müssen Sie eine **Betriebskostenpauschale** vom Zeitpunkt der Ermäßigung an entsprechend herabsetzen, § 560 Abs. 3 S. 1 BGB.

> **Hinweis**
>
> Diese Regelung ist fast inhaltsgleich an die Stelle des bis 1.9.2001 geltenden § 4 Abs. 4 MHG a. F. getreten. War in § 4 Abs. 4 S. 1 MHG a. F. noch von „Betriebskosten" die Rede, so nennt § 560 Abs. 3 BGB ausdrücklich die Betriebskostenpauschale. Eine Reduzierung der Betriebskosten kommt demnach, wie auch bei der Erhöhung, nur dann in Frage, wenn der Mieter neben der Zahlung der Grundmiete auch die Zahlung einer Betriebskostenpauschale schuldet.
>
> So auch LG Berlin (U. v. 18.5.2004, 65 S 46/04; GE 04,1396), wonach bei einer vereinbarten Bruttomiete eine Herabsetzung der Miete wegen gesunkener Betriebskosten nicht in Betracht kommt, sofern unklar ist, welche Betriebskosten in der Miete in welchem Umfang enthalten sind.

„Reduzierungsvorbehalt" nicht nötig

Anders als bei der Weitergabe von Mehrbelastungen ist ein sog. vertraglicher **„Reduzierungsvorbehalt"** nicht Voraussetzung für die Ermäßigung der Pauschale.

§ 560 Abs. 3 S. 2 BGB bestimmt, dass die Ermäßigung dem Mieter **unverzüglich** mitzuteilen ist. Der Mieter hat somit einen **direkten Anspruch** aus dem Gesetz auf Reduzierung der Betriebskosten.

Eine Ermäßigung der Betriebskosten liegt aber nur dann vor, wenn wiederum das **Gesamtergebnis der Gegenüberstellung** von Steigerungen und Reduzierungen zu einer Verringerung der bisher gezahlten Pauschale führt (s. o.). Verlangt ein Mieter die Reduzierung der Pauschale, weil sich nach seinem Kenntnisstand z. B. die Müllgebühren verringert haben, so sind Sie als Vermieter berechtigt, zugleich Erhöhungen von Kosten, die Sie bisher nicht weitergegeben haben, im Rahmen der Berechnung zu berücksichtigen.

Sie müssen, wie bei der Weitergabe von Erhöhungen, in Ihrer Erklärung die **Grundlagen und den Verteilerschlüssel** für die Reduzierung mitteilen. Damit der Mieter die Möglichkeit hat, die Richtigkeit Ihrer Angaben zu überprüfen, sollten Sie auch die entsprechenden Belege in Fotokopie aushändigen bzw. dem Mieter Einsichtsrecht gewähren. Grundlagen und Verteilerschlüssel mitteilen

Die Ermäßigung tritt ab dem **Zeitpunkt der tatsächlichen Reduzierung** der Betriebskostenpauschale ein. Anders als bei der Erhöhungserklärung ist hier nicht der Zeitpunkt des Zugangs der Erklärung beim Mieter maßgeblich. Die Reduzierung kann daher auch rückwirkend erfolgen. Zeitpunkt der Reduzierung

Haben Sie es als Vermieter versäumt, die Betriebskostenpauschale rechtzeitig herabzusetzen, steht dem Mieter jedoch lediglich ein Berichtigungsanspruch zu. Eine einseitige Reduzierung der Pauschale durch den Mieter ist nicht zulässig (s. Langenberg D 10, a. a. O.).

> **Hinweis**
>
> Für die **rückwirkende Erhöhung der Pauschale** sieht § 560 Abs. 2 BGB eine **Ausschlussfrist** von drei Monaten vor, die **Ermäßigung der Pauschale** ist jedoch **zeitlich unbegrenzt**, denn eine entsprechende Regelung im Gesetz fehlt ausdrücklich (LG Mannheim, 27.1. 1999, 4 S 141/98, NZM 99, 365).

Die Frage, ob die Reduzierung von Betriebskostenpauschalen nur möglich ist, wenn zuvor eine Erhöhung erfolgt war, war bereits für den Anwendungsbereich des § 4 Abs. 4 MHG a. F. umstritten und ist auch durch die Neuregelung in § 560 Abs. 3 BGB nicht geklärt worden. Der Gesetzestext des § 4 Abs. 4 MHG a. F. ist fast wörtlich übernommen worden, eine inhaltliche Änderung erfolgte nicht.

Allerdings ist dieser Meinungsstreit in der Praxis von nicht allzu großer Bedeutung, denn in Zeiten, in denen ständige Kostensteigerungen auf der Tagesordnung stehen und die Höhe des Betriebskostenanteils gemessen an der Miete immer mehr steigt, stellt sich die Frage der Ermäßigung der Betriebskosten kaum.

Zwar werden von den Vertragspartnern energiesparende Maßnahmen unternommen, zum Teil auch staatlicherseits vorgegeben und gefördert, doch können all diese Vorhaben kaum zu einer allgemeinen Kostensenkung bei den Betriebskosten führen.

Einsparungen durch z. B. Wärmedämmungen der Fassaden, Einbau isolierender Fenster, o. Ä. führen zwar zur Einsparung von Energiekosten, Kostensteigerungen in anderen Bereichen werden diese Einsparungen jedoch in der Regel wieder auffangen. Darüber hinaus wirken sich Einsparungen bei den Energiekosten grundsätzlich auf die Heiz- und Warmwasserkosten, nicht jedoch auch auf die übrigen Betriebskosten aus.

Nach der Heizkostenverordnung sind die für Heizung und Warmwasser anfallenden Kosten verbrauchsabhängig abzurechnen, sodass Einsparungen in diesem Bereich unmittelbar an den Mieter weitergegeben werden.

> **Hinweis:**
> Für Verträge, die vor dem 1.9.2001 vereinbart wurden, gilt gem. Art. 229 § 3 Abs. 4 2. HS EGBGB ebenfalls die Verpflichtung – entsprechend § 560 Abs. 3 BGB –, Ermäßigungen an die Mietpartei weiterzugeben.

> **Hinweis:**
> Mit In-Kraft-Treten der Mietrechtsreform am 1.9.2001 wurde der **Grundsatz der Wirtschaftlichkeit,** der im Bereich des preisgebundenen Wohnraumrechts bereits im § 20 Abs. 1 S. 2 NMV, § 24 Abs. 2 II. BV verankert ist, in das BGB aufgenommen. Sein Geltungsbereich ist nunmehr auch für den preisfreien Wohnraum gesetzlich verankert, § 560 Abs. 5 BGB, § 556 Abs. 3 S.1, 2. HS BGB (siehe im Einzelnen unten Kapitel K).

D Betriebskostenvorauszahlung

Im Unterschied zu einer Pauschale müssen Sie als Vermieter über eine Vorauszahlung abrechnen, und zwar jährlich, § 556 Abs. 3 S. 1 BGB. Zu Teilabrechnungen sind Sie nicht verpflichtet, § 556 Abs. 3 S. 4 BGB.

Jährliche Abrechnung

> **Hinweis**
> Für den Bereich des preisgebundenen Wohnraums ergibt sich die jährliche Abrechnungspflicht des Vermieters aus § 20 Abs. 3 S. 2 NMVO.

1 Wie Sie eine Betriebskostenvorauszahlung vereinbaren

Voraussetzung für die Abrechnungspflicht des Vermieters ist, dass eine wirksame **mietvertragliche Vorauszahlungsvereinbarung** existiert.

Ist eine sog. Inklusivmiete nicht vereinbart worden, so sieht § 556 Abs. 2 BGB vor, dass entweder eine Betriebskostenpauschale oder eine **Vorauszahlung für die Betriebskosten** vereinbart werden kann. Die Vertragsparteien haben grundsätzlich ein Wahlrecht, ob sie die Betriebskosten in Form einer Pauschale oder als Voraus- bzw. Abschlagszahlung vereinbaren, vorbehaltlich anderer Regelungen, wie z. B. die Heizkostenverordnung (HeizkV) oder die Neubaumietenverordnung (NMV).

Die Vorauszahlung wird in der Regel als eine **monatliche Abschlagszahlung** geschuldet, über die nach Ablauf des Abrechnungszeitraums unter Zugrundelegung der konkreten Kosten abzurechnen ist (s. im Einzelnen Kapitel E).

Monatliche Abschlagszahlung

Ob für Sie als Vermieter ein Recht und eine Verpflichtung besteht, eine Betriebskostenabrechnung zu erstellen, richtet sich ausschließ-

Vertragliche Vereinbarung

lich nach den **vertraglichen Vereinbarungen,** die Sie mit dem Mieter getroffen haben. Schuldet der Mieter neben der Grundmiete eine Voraus- oder Abschlagszahlung, so muss eine Abrechnung erfolgen.

Voraussetzung ist allerdings auch hier, dass die vertraglichen Regelungen **eindeutig und unmissverständlich** sind. Im Sinne des **Bestimmtheitsgrundsatzes,** § 241 Abs. 2 BGB, müssen die abrechnungsfähigen Betriebskosten **inhaltlich konkretisiert** oder **eindeutig bestimmbar** bezeichnet werden. Ist das nicht der Fall, sind sie **im Zweifel** mit dem vereinbarten Mietzins abgegolten (OLG Düsseldorf, 29.6.2000, 10 U 116/99, ZMR 2000, 668, WuM 2000, 435).

Kosten tragen oder Arbeiten ausführen?

Haben Sie mit Ihrem Mieter vertraglich vereinbart, dass Betriebskosten auf ihn umgelegt werden können, z. B. die Gartenpflege, so obliegt die Ausführung dieser Arbeiten Ihnen, d. h. Sie müssen sich um die Ausführung der Gartenpflege kümmern, können dann aber dem Mieter die Kosten in Rechnung stellen (LG Berlin v. 15.3.2002, 64 S 258/01, NZM 2003, 20).

Anders gestaltet sich die Rechtslage, wenn der Mieter verpflichtet ist, z. B. Reinigungsarbeiten **selbst** durchzuführen bzw. durchführen zu lassen. In diesem Fall können Sie Kostenersatz erst dann verlangen, wenn der Mieter die vertraglichen Arbeiten trotz entsprechender Aufforderung und Fristsetzung nicht durchführt und Sie die Arbeit dann von einem Dritten erledigen lassen (AG Magdeburg, v. 14.8.2002, 12 C 66/02, WuM 02, 576).

2 Beispiele aus der Rechtsprechung

In der Praxis drehen sich die häufigsten Streitigkeiten darum, ob vermieterseits eine Betriebskostenabrechnung überhaupt durchgeführt werden kann oder nicht. Zumeist sind das die Fälle, in denen die vertraglichen Vereinbarungen, also die Mietstruktur, nicht eindeutig formuliert sind oder verschiedene Auslegungen zulassen.

Aber auch diejenigen Fälle, in denen die Mietstruktur eindeutig die Abrechnung zulässt, der Vermieter es aber über einen längeren Zeitraum hinweg unterlassen hat, die Betriebskosten oder einzelne Posi-

Beispiele aus der Rechtsprechung **D**

tionen dem Mieter gegenüber abzurechnen, beschäftigen die Gerichte in hohem Maße.
Die Auslegung einer Vertragsvereinbarung hat nach allgemeinen Kriterien zu erfolgen (s. a. B 3.3).

2.1 Vereinbarung von Vorauszahlungen

- Wurde bei Abschluss des Mietvertrags nicht darüber gesprochen, welche Nebenkosten im Einzelnen umgelegt werden sollen, und **fehlt es** in dem verwendeten Formularmietvertrag **an entsprechenden Eintragungen und Streichungen** an den vorgesehenen Stellen, so kommt eine Betriebskostenvereinbarung nicht wirksam zustande (AG Lippstadt, 6.12.2002, 6 C 188/87, DWW 88, 87).
- Sind trotz entsprechender Vereinbarung die Betriebskosten, hier **20 Jahre** lang, nicht abgerechnet worden, ist davon auszugehen, dass die Vertragspartner die Zahlung von Nebenkosten als Pauschale ansehen wollten (AG Gelsenkirchen, 9.11.2000, 3a 233/00, ZMR 01, 459). Gewohnheitsrecht
- Sieht der Mietvertrag zwar vor, dass der Mieter Nebenkosten monatlich vorauszuzahlen hat, enthält er jedoch **keine Angaben** darüber, **welche Nebenkosten** vom Mieter zu tragen sind, und ist der im Vertragsformular für die Auflistung von Nebenkosten vorgesehene Leerraum durchgestrichen worden, so hat der Vermieter die vom Mieter geleisteten Vorauszahlungen zu erstatten, § 812 Abs. 1 S. 2 BGB (OLG Dresden, 20.6.2000, 23 U 403/00, NZM 2000, 827). Das OLG Dresden ließ in diesem Falle auch keine Umdeutung der Vereinbarung in eine Bruttokaltmiete oder Betriebskostenpauschale zu.
- Enthält der Formularvertrag keine hinreichend klare Bestimmung, aus der sich die Verpflichtung des Mieters ergibt, andere Nebenkosten als die neben der Miete aufgeführten Heizkosten zu tragen, und ist vielmehr geregelt, dass in der Miete die **„nachfolgenden Betriebskosten"** nicht enthalten seien, ohne zu bestimmen, wer diese zu tragen hat, so fehlt es an einer wirksamen Abwälzung der kalten Betriebskosten auf den Mieter (AG Schöneberg, 19.6.92, 12 C 193/92, MM 93, 142). Keine klare Bestimmung

57

- Das OLG München hat in einem gewerblichen Mietvertrag jedoch folgende Klausel für wirksam und ausreichend erachtet: „Es besteht zwischen den Parteien Einigkeit darüber, dass der Mieter alle anfallenden Nebenkosten – soweit gesetzlich zulässig – zu tragen hat und dass diese nach dem von der Eigentümergemeinschaft des Objekts A zu beschließenden Abrechnungsmodus zu ermitteln sein werden" (v.10.1.1997, 21 U 2464/95, ZMR 97, 233).

2.2 Kommt durch konkludentes Handeln eine Änderung einer vertraglich nicht vereinbarten Abrechnung zustande?

- Eine Vereinbarung zur Umlage von Betriebskosten kann auch stillschweigend – z. B. durch jahrelanges widerspruchsloses Zahlen des Mieters auf die Nachforderung hin – zustande kommen (BGH, U. v. 7.4.2004, VIII ZR 146/03, NZM 04, 418).
- Eine mangels Konkretisierung unwirksame Vereinbarung zur Zahlung eines Betriebskostenvorschusses kann dadurch **geheilt** werden, dass über einen **längeren Zeitraum** der Mieter Betriebskostenabrechnungen hingenommen hat, ohne die Verpflichtung dem Grunde nach anzugreifen (LG Berlin v. 23.1. 2001, 64 S 402/00, GE 2001, 552; s. a. BGH v. 29.5. 2000, XII ZR 35/00, NZM 2000, 961, GE, 2000, 1614).

Schuld durch Zahlung anerkannt
- Sind in der Betriebskostenabrechnung des Vermieters **Kosten** enthalten, deren Abrechnung im Mietvertrag **nicht vereinbart** ist, erkennt der Mieter durch die Zahlung der ausgewiesenen Nachforderung deklaratorisch an, sämtliche abgerechneten Betriebskosten zu schulden (AG Alsfeld v. 12.1.2000, 31 C 422/99, NZM 2001, 707, nicht rechtskräftig, nachgehend LG Gießen).
- Ist vertraglich eine Kaltmiete vereinbart und leistet der Mieter in **vier aufeinander folgenden Jahren** aufgrund vom Vermieter erteilter Nebenkostenabrechnungen Zahlungen, liegt hierin eine **konkludente Ergänzung** und **Konkretisierung** des Mietvertrags (LG Saarbrücken, 12.2. 1999, 13 B S 226/98, NZM 99, 408).

- Wurde mehrere Jahre lang über vom Mieter geleistete Vorschüsse abgerechnet, so liegt darin eine konkludente Änderung des Mietvertrags dahin gehend, dass auch **künftig Vorschüsse** zu zahlen sind (LG Berlin, 19.6.2001, 64 S 168/00, NZM 2002, 940).
- Eine andere Ansicht vertritt dagegen das AG Mannheim, wonach auch eine jahrelange Zahlung von Betriebskostenpositionen zu **keiner konkludenten Änderung** der Mietstruktur führt, denn es fehlt diesbezüglich an einem **rechtsgeschäftlichen Willen** beider Parteien (AG Mannheim, v. 8.11.2001, 16 C 260/01, DWW 1–2, 2002, 36).
- Wird mindestens sechs Jahre lang über Betriebskosten nicht abgerechnet, so ist eine etwaige vertragliche Regelung von beiden Parteien **konkludent** dahin gehend abgeändert worden, dass lediglich eine Pauschale geschuldet ist (AG München, 17.10.2002, 432 C 7023/02, Sternel „Mietrecht" 3. Aufl. III Rdn. 315).
- Nach dem Rechtsentscheid des OLG Hamm v. 22.8.1997 (RE-Miet 3/97 a. a. O.) ist es für die Umlage aller Betriebskosten gem. Anlage 3 zu § 27 II. BV. ausreichend, wenn vertraglich bestimmt wird, dass neben der Grundmiete eine monatliche Vorauszahlung für die „**Betriebskosten gem. § 27 II. BV**" zu leisten ist. Eine entsprechende Vereinbarung ist **auch dann wirksam, wenn dem Vertrag eine Aufstellung der Betriebskosten nicht beigefügt ist** und dem Mieter der Inhalt der Anlage 3 zu § 27 II. BV. nicht mitgeteilt oder weitere Erläuterungen nicht gegeben worden sind (OLG Frankfurt v. 10.5.2000, 20 Re-Miet 2/97, WuM 2000, 411, NZM 2000, 757).

  Verweisung auf die II. BV § 27 Abs. 2

- Für einen **Gewerberaummietvertrag** hat das OLG Celle (16.12.1998, 2 U 23/98, ZMR 99, 238, WuM 2000, 130) eine Verweisung auf die II. BV § 27 Abs. 2 ausreichen lassen, um den Mieter zur Zahlung der Betriebskosten zu verpflichten, auch ohne dass der Gesetzestext beigefügt war. Umgekehrt ist es jedoch für eine Zahlungsverpflichtung des Mieters **nicht ausreichend,** wenn vertraglich festgehalten ist: „Die Betriebskosten gem. § 27 II. BV. sind in der Miete nicht enthalten".

D Betriebskostenvorauszahlung

> **Hinweis:**
> Konkludente Vertragsänderungen mit der Folge, dass im Sinne des Vermieters eine Abrechnung über Betriebskosten erfolgen kann, stellen nach wie vor die Ausnahme dar.

2.3 Wann ist eine Vorauszahlung angemessen?

Vorauszahlungen nur in angemessener Höhe

§ 556 Abs. 2 S. BGB bestimmt, dass Vorauszahlungen für Betriebskosten nur in **angemessener Höhe** vereinbart werden dürfen. Zum Nachteil des Mieters abweichende vertragliche Bestimmungen sind unwirksam, § 556 Abs. 4, Abs. 2 S. 2 BGB.

Vorauszahlungen, die bereits überhöht angesetzt wurden, sind daher insoweit unwirksam, als sie die **Angemessenheitsgrenze** überschreiten, § 139 BGB.

Die Höhe der anzusetzenden Abschlagszahlung hat sich nach den zu erwartenden Kosten für die Wohnung zu richten. Neben der Absicht, die Kosten annähernd mit den Vorauszahlungen decken zu können, müssen Sie als Vermieter allerdings auch gewisse **Kostensteigerungen** und nicht kalkulierbare, verbrauchsbedingte Mehrkosten berücksichtigen können (BayObLG, Re. v. 5.10.1995, WuM 95, 694). Die Grenze ist da zu ziehen, wo sich der Vermieter finanzielle Vorteile verschaffen könnte, ohne hierzu ein berechtigtes Interesse nachweisen zu können.

- Überschreitet die Nachforderung die als angemessen angesehenen Vorauszahlungen **wesentlich**, so kann der Vermieter die Zahlung der restlichen Betriebskosten dem Mieter gegenüber nicht verlangen. Wesentlich ist die Überschreitung dann, wenn die Nachforderung die Vorauszahlung um das **7,5- bis Achtfache** übersteigt (OLG Naumburg, v. 23.11.01, 9 U 171/01, NZM 02, 387).

Neuvermietung

Bei einer **Neuvermietung** ist anhand der Abrechnung bzw. der Kosten aus dem Vorjahr ein **monatlicher Durchschnittswert** zu ermitteln, der dann künftig als Vorauszahlung für die Betriebskosten anzusetzen ist.

Beispiele aus der Rechtsprechung **D**

Handelt es sich um eine **Erstvermietung**, so fehlen in der Regel Vergleichszahlen, weshalb Sie auf statistisches Datenmaterial oder Werte aus Mietspiegeln, Datenbanken o. Ä. zurückgreifen dürfen. Auch eine verbrauchsnahe Schätzung kann im Einzelfall ausreichen.

Erstvermietung

> **Experten-Tipp**
> Bei einer Neuvermietung empfiehlt es sich, einen Hinweis in den Vertrag mit aufzunehmen, dass die Höhe der Vorauszahlungen z. B. nur geschätzt wurde.

- Wie wichtig es ist, auf eine angemessene Höhe der Vorauszahlungen zu achten, zeigt ein Rechtsentscheid des BayObLG v. 5.10.1995 (RE-Miet 1/95, WuM 95/, 694, ZMR 96, 20). Erweisen sich nämlich die vereinbarten **monatlichen Vorauszahlungen** auf Betriebskosten im Verlauf des Mietverhältnisses als **unangemessen hoch**, so kann der Mieter vom Vermieter die **Herabsetzung** der vereinbarten Zahlungen verlangen. Zur Durchsetzung seines Anspruchs kann der Mieter u. U. auch ein Zurückbehaltungsrecht ausüben.

Vorauszahlung zu hoch

- Ist umgekehrt dem Vermieter bei Abschluss des Mietvertrags **bekannt**, dass die **Nebenkostenvorauszahlungen erheblich zu niedrig** angesetzt sind, so kann ein Schadensersatzanspruch unter dem Gesichtspunkt der **„culpa in contrahendo"** (Verschulden bei Vertragsschluss) gegeben sein, der ebenfalls zu einem Anspruch auf Vertragsanpassung führt, und zwar dergestalt, dass die Vorauszahlungen für die Betriebskosten als Pauschale zu werten sind (AG München, 24.9.99, 452 C 14736/99, ZMR 2000, 620, LG München, 30.4.2002, 12 S 7512/01, ZMR 02, 758).

Vorauszahlung zu niedrig

- Nach einem neuen Urteil des BGH ist der Vermieter **nicht verpflichtet**, Vorauszahlungen auf die umlegbaren Betriebskosten so zu kalkulieren, dass sie in etwa **kostendeckend** sind. Nach den gesetzlichen Vorschriften ist dem Vermieter nämlich lediglich untersagt, unangemessen hohe Vorauszahlungen zu verlangen, § 556 Abs. 2 S. 2 BGB. Dementsprechend können die Parteien von Vorauszahlungen sogar gänzlich absehen. Der Begriff der „Vorauszahlungen" besagt nur, dass dem Mieter die vorausbezahlten Beträge gutzubringen sind, nicht aber, dass die Summe

D Betriebskostenvorauszahlung

der Vorauszahlungen den Abrechnungsbetrag auch nur annähernd erreicht.

Ein Mieter darf daher nicht darauf vertrauen, dass die vereinbarten Vorauszahlungsbeträge die tatsächlich anfallenden Betriebskosten abdecken. Der Mieter darf die Nachzahlung selbst dann nicht verweigern, wenn die tatsächlichen Betriebskosten um mehr als 100 % über den Vorauszahlungen liegen.

Allerdings liegt dann eine Pflichtverletzung des Vermieters vor, wenn **besondere Umstände** vorliegen, die den Schluss zulassen, dass der Mieter über den tatsächlichen Umfang der Kosten getäuscht wurde, um ihn zum Abschluss des Mietvertrags zu bewegen; z. B. wenn der Vermieter bei Vertragsabschluss die Angemessenheit der Betriebskosten ausdrücklich zugesichert oder diese bewusst zu niedrig angesetzt hat (BGH, U. v. 11.2.2004, VIII ZR 195/03).

> **Hinweis:**
> Beachten Sie, dass mit In-Kraft-Treten der Schuldrechtsreform am 1.1.2002 das Rechtsinstitut der „culpa in contrahendo" als Anspruchsgrundlage für **Verletzungen von Sorgfaltspflichten** vor oder bei Vertragsabschluss nunmehr in das BGB aufgenommen wurde. Die entsprechenden Bestimmungen finden sich in den §§ 241 Abs. 2, 311 Abs. 2, 3 BGB.

- Anders sieht das AG Hamburg diese Problematik, wonach die Vereinbarung von Vorauszahlungen auf Betriebskosten nicht besagt, dass die Höhe der Vorauszahlungen nach dem Willen der Parteien den voraussichtlichen Abrechnungsbetrag erreichen sollen (AG Hamburg, 30.1.2001, 42 C 550/00, ZMR 2001, 628).

Falsche Angaben
- Etwas anderes soll nur dann gelten, wenn der Vermieter **bewusst unrichtige Angaben** über die Höhe des Betriebskostenvorschusses macht. Darin liegt eine bewusste Täuschung, die sowohl zur Anfechtung nach § 123 BGB berechtigt als auch einen Schadensersatzanspruch rechtfertigt (LG Berlin, v. 7.8.2001, 64 S 109/01, NZM 02, 212).

- Ein neueres Urteil des LG Düsseldorf hat den Konflikt zwischen Vermieter und Mieter bei **erheblich zu niedrig angesetzten Nebenkostenvorauszahlungen** anders gelöst. Soweit kein **Vertrauenstatbestand** im Hinblick auf die Höhe der tatsächlichen Nebenkosten geschaffen ist, kann der Vermieter vom Mieter stets die tatsächlichen Nebenkosten verlangen, und zwar auch dann, wenn diese die Vorauszahlungen erheblich übersteigen. Allerdings kann der Mieter in diesem Fall zum **Ausspruch einer fristlosen Kündigung** berechtigt sein (LG Düsseldorf, 3.1.2002, 21 S 609/00, NZM 02/604).

Vertrauenstatbestand

3 Wann sind die Vorauszahlungen fällig?

Die Abschlagszahlungen auf die Betriebskosten sind Teil des vom Mieter geschuldeten Entgelts für die Überlassung der Mietsache, § 535 Abs. 2 BGB. Die Fälligkeit ergibt sich daher für Wohnraummietverträge ohne weiteres aus § 556b Abs. 1 BGB, d. h. die Miete sowie Vorauszahlungen sind spätestens bis **zum dritten Werktag** der einzelnen Zeitabschnitte zu entrichten.

Teil der Miete

> **Hinweis:**
>
> Für **Geschäftsraummietverträge** hängt die Fälligkeit der Zahlung der Vorschüsse von den jeweiligen vertraglichen Bestimmungen ab.

Vereinbarungen, nach denen die Vorauszahlungen nur viertel- oder halbjährlich zu zahlen sind, können dem **Grundsatz der Angemessenheit** widersprechen, § 556 Abs. 2 S. 2 BGB. Sie sollten daher nicht ohne Not von der üblichen monatlichen Zahlungspflicht abweichen. Im Einzelfall sollten Sie im Mietvertrag erläutern, warum Sie eine andere Fälligkeit vereinbart haben.

Abweichungen von der monatlichen Vorauszahlung

> **Beispiel:**
>
> Soll der Mieter z. B. nur bestimmte Betriebskosten tragen und werden dem Vermieter diese Kosten seitens der Leistungserbringer nur vierteljährlich in Rechnung gestellt, so kann es in diesem

Fall sinnvoll sein, dass der Mieter die Zahlungen auch nur vierteljährlich leistet.

Vorschüsse für die Betriebskosten können nicht mehr als solche geltend gemacht werden, wenn sowohl der Abrechnungszeitraum als auch die Abrechnungsfrist abgelaufen sind (LG Berlin, v. 15.3.2002, 64 S 258/01, GE 02, 803, sowie v. 15.2.2002, 64 S 289/01, GE 02, 595).

4 Wie Sie Vorauszahlungen anpassen können

Rechtsgrundlage

Für die Anpassung von Vorauszahlungen auf Betriebskosten für nicht preisgebundenen Wohnraum stellt § 560 Abs. 4 BGB die Rechtsgrundlage dar.

Der Gesetzeswortlaut setzt voraus, dass die Leistung von **Vorauszahlungen** generell **vertraglich** geschuldet ist. Dagegen ist ein vertraglicher Vorbehalt nicht Voraussetzung dafür, dass eine Anpassung erfolgen kann.

> **Hinweis:**
> Anders verhält es sich bei der Anpassung bzw. Erhöhung von Betriebskostenpauschalen, s. hierzu Kapitel C.

So hat es das LG Berlin für unschädlich erachtet, wenn in einem Wohnraummietvertrag eine Erhöhungsmöglichkeit für „Vorauszahlungen" vereinbart ist, die Zahlung der Nebenkosten jedoch mit pauschal „150 DM" vereinbart ist (LG Berlin, v. 15.3.02, 64 S 258/01, GE 02, 803).

Voraussetzung: Existenz einer Abrechnung

§ 560 Abs. 4 BGB gibt beiden Vertragsparteien das Recht, eine Anpassung durchzuführen. Voraussetzung ist allerdings, dass eine **Betriebskostenabrechnung** über die vorangegangene Abrechnungsperiode vorliegt, aus der sich ergibt, dass die Vorauszahlungen entweder zu niedrig oder zu hoch angesetzt waren.

> **Hinweis:**
> Es genügt nicht, wenn dem Vermieter im Laufe des Jahres eine Mitteilung über eine Kostensteigerung, z. B. Wirtschaftsplan, zugeht, die er dann zum Anlass nimmt, eine Erhöhung der Vorauszahlungen vorzunehmen. Allein aus der letztaktuellen Abrechnung der Betriebskosten muss sich die monatliche Unterdeckung bzw. Überzahlung im Hinblick auf die Höhe der geleisteten Vorschüsse ergeben.

Allerdings können Sie die Erhöhung von Betriebskostenvorauszahlungen für die Zukunft nicht verlangen, wenn sich die Erhöhung aus einer **unwirksamen Betriebskostenabrechnung** ergibt (LG Berlin, v. 2.2.1999, 64 S 347/98, GE 99, 907).

Die Erklärung über die Anpassung der Vorauszahlungen ist dem Vertragspartner in **Textform,** § 126b BGB mitzuteilen. Da der Gesetzestext **keine Erklärungsfrist** vorsieht, wird die Anpassungserklärung mit ihrem **Zugang** beim Erklärungsempfänger wirksam, § 130 BGB. Aus Beweisgründen sollten Sie als Vermieter darauf achten, Ihre Erklärung nachweislich zuzustellen (Einschreiben mit Rückschein oder per Boten). Die erhöhte Vorauszahlung ist sodann grundsätzlich mit der nächstfälligen Mietzahlung geschuldet. A. A. ist das AG Köln (U. v. 22.7.2004, 222 C 44/04, ZMR 04, 902 f.), wonach die Anhebung der der Vorauszahlungen nach § 560 IV BGB ers zum Beginn des auf die Erklärung folgenden übernächsten Monats fällig ist.

Form der Anpassungserklärung

Unabhängig davon, ob Sie dem Mieter am ersten oder am letzten Werktag eines Monats die Erhöhung der Vorauszahlungen mitteilen, sind die neuen Vorschüsse bereits **im folgenden Monat** zu zahlen.

Anders als § 560 Abs. 2 BGB (Anpassung einer Betriebskostenpauschale) sieht § 560 Abs. 4 BGB **keine rückwirkende Anpassung** der Vorauszahlungen vor. Hat es daher eine Vertragspartei versäumt, die für sie günstige Anpassung dem Vertragspartner gegenüber rechtzeitig zu erklären, so kann sie dies nicht für die Vergangenheit nachholen. Erhöhte bzw. reduzierte Abschlagszahlungen sind nur **für die Zukunft** geschuldet.

Keine rückwirkende Anpassung

Der Grundsatz der Wirtschaftlichkeit, § 560 Abs. 5 BGB (vgl. Kap. K) ist zu beachten.

D Betriebskostenvorauszahlung

Gewerbemietverträge: Anpassungsklausel

Für **Gewerbemietverträge** empfiehlt es sich, eine entsprechende Anpassungsklausel zu vereinbaren, da § 560 Abs. 4 BGB nur für den Bereich des frei finanzierten Wohnraumrechts gilt. Eine Klausel in einem Gewerbemietvertrag, die den Vermieter berechtigt, die laufenden Vorauszahlungen nach „Kostenanfall des Vorjahres" anzupassen, ist wirksam; allerdings setzt die Anhebung der Vorauszahlungen eine prüffähige Abrechnung voraus (OLG Dresden v. 12.3.2002, 5/23 U 2557/01, ZMR 02, 416).

5 Was geschieht mit der Mehrwertsteuer?

Gewerbliche Vermietung

Ein häufiges Problem bei der **gewerblichen Vermietung** stellt die Frage nach der Berücksichtigung der **Mehrwertsteuer** auf Betriebskosten im Rahmen der Abrechnung dar. Haben Sie als Vermieter zur Umsatzsteuer optiert, so ist fraglich, ob Sie die Mehrwertsteuer, derzeit 16 Prozent, bei allen Betriebskosten in Ansatz bringen müssen oder ob auf einzelne Positionen keine bzw. eine geringere Mehrwertsteuer anzusetzen ist.

> **Hinweis:**
>
> In Geschäftsraummietverträgen, bei denen der Vermieter zur Mehrwertsteuerpflicht nach § 9 UStG optiert hat, ist er verpflichtet, für Mietverträge ab dem 1.1.2004 im Rubrum des Mietvertrags die Steuernummer und eine fortlaufende Nummerierung der Verträge abzugeben (s. a. Kapitel E, Abrechnung).

Nach einer Entscheidung des OLG Schleswig-Holstein v. 17.11.00 (4 U 146/99, GE 2001, 851) ist ein Vermieter nicht befugt, hinsichtlich der Positionen

- Gebäude-/Haftpflichtversicherung,
- Grundsteuer,
- Wasser,
- Abwasser und
- Abfallentsorgung

Mehrwertsteuer in Ansatz zu bringen.

> **Hinweis:**
>
> Zum Teil wird die Ansicht vertreten, dass diese Positionen nicht der Umsatzsteuer unterliegen. Auf die Position „Wasser" sind jedoch sieben Prozent Mehrwertsteuer zu entrichten. Diese Auffassung wird damit begründet, dass hinsichtlich der Position „Wasser" ein umsatzsteuerpflichtiger Vorgang vorliegt und der Wasserversorger selbst sieben Prozent Mehrwertsteuer in Ansatz bringt. Die übrigen Positionen sollen dagegen nicht der Umsatzsteuer unterliegen.

In einer Entscheidung vom 26.10.1995 vertritt das OLG Düsseldorf die Meinung, dass auf alle Betriebskosten eine Mehrwertsteuer in Höhe der auf die Miete entfallenen Mehrwertsteuer zu entrichten sei (OLG Düsseldorf v. 26.10.1995, 10 U 207/94, ZMR 96, 82, WuM 96, 211, LG Hamburg v. 23.1.1998, 311 S 165/97, DWW 98, 119, ZMR 98, 294). Diese Auffassung vertritt auch die Oberfinanzdirektion München.

Für letztere Auffassung spricht, dass nach A 29 Abs. 3 UStR **unselbstständige Nebenleistungen**, d. h. Leistungen, die im engen Zusammenhang mit einer Hauptleistung stehen, umsatzsteuerrechtlich **wie die Hauptleistung** behandelt werden (sie teilen deren umsatzsteuerrechtliches Schicksal).

Bei Ausübung der Option zur Umsatzsteuer durch den Vermieter beträgt der Steuersatz für die Miete (Hauptleistung) und die Nebenkosten (Nebenleistung) 16 Prozent, § 12 Abs. 1 UStG.

> **Hinweis:**
>
> Die Finanzämter sind grundsätzlich nicht an die Urteile der Zivilgerichte gebunden.

E Die Abrechnung

1 Form

Eine schriftliche Form der Betriebskostenabrechnung ist im Gesetz nicht zwingend vorgeschrieben. Gemäß §556 Abs. 3 S. 2 BGB hat der Vermieter dem Mieter die Abrechnung nach Ablauf des Abrechnungszeitraums **mitzuteilen**. Über die Form der Mitteilung ist dagegen nichts ausgesagt.

Notwendigerweise erfolgt eine Abrechnung jedoch in **schriftlicher Form**, eine mündlich erteilte Betriebskostenabrechnung ist nur schwer vorstellbar. Aber auch eine in **Textform**, § 126 b BGB (Telefax, E-Mail) erstellte Abrechnung genügt den Anforderungen der Mitteilung i. S. d. § 556 Abs. 3 S. 2 BGB.

Schriftlich, zumindest in Textform

Es reicht allerdings nicht aus, wenn Sie die Abrechnung im Treppenhaus aushängen oder dem Mieter die Möglichkeit bieten, diese beim Hausmeister einzusehen. „**Mitteilung**" im Sinne des Gesetzes bedeutet, dass Sie die Abrechnung dem Mieter als Adressaten direkt zu übermitteln haben. Es geht nicht an, dass sich der Mieter selbst über allgemein zugängliche Quellen über den Inhalt der Abrechnung Kenntnis verschaffen muss. Besteht die Mietpartei aus mehreren Personen, so müssen Sie die Abrechnung auch allen Mietern gegenüber mitteilen.

Mitteilung

> **Hinweis:**
> Die Abrechnung hat grundsätzlich der Vermieter oder ein vom ihm Beauftragter zu erstellen.

Es ist wohl nicht notwendig, dass eine Abrechnung unterschrieben sein muss, da die Formvorschrift des § 126 BGB nicht eingreift.

2 Welche Inhalte muss die Abrechnung haben?

Aus § 259 BGB ergibt sich die Pflicht zur **Rechnungslegung**. Die inhaltlichen Anforderungen an die Betriebskostenabrechnung müssen daher an § 259 BGB sowie an den Entscheidungen des BGH vom 23.11.1981 (VIII, ZR 198/80, ZMR 82, 108) u. v. 27.11.2002 (VIII ZR 108/02, NJW-RR 2003, 442) gemessen werden.

Eine Abrechnung hat danach mindestens folgende Vorgaben einzuhalten:

Mindestvorgaben

- eine geordnete Zusammenstellung der **Gesamtkosten,**
- die Angabe und Erläuterung des zugrunde gelegten **Verteilerschlüssels,**
- die Berechnung des **Anteils des Mieters** sowie
- den Abzug der Vorauszahlungen des Mieters.

> Hinweis:
> Sie müssen die Abrechnung klar, übersichtlich und rechnerisch nachvollziehbar gestalten.

Bei Option gemäß § 9 UStG Nummerierungspflicht

Bei Geschäftsraummietverträgen, bei denen der Vermieter zur Mehrwertsteuer nach § 9 UStG optiert hat, ist er verpflichtet, für laufende Mietverträge ab dem 1.1.2004 im Rubrum des Mietvertrags seine **Steuernummer** und eine **fortlaufende Nummerierung** der Verträge anzugeben. Dieselbe gilt für die Betriebskostenabrechnungen. Verträge, die vor dem 1.1.2004 abgeschlossen wurden, müssen aber nicht um eine laufende Nummerierung ergänzt werden. Allerdings ist darauf zu achten, dass sämtliche Mietverträge und Betriebskostenabrechnungen eines Mietobjekts, so auch die Wohnraummietverträge und die Betriebskostenabrechnungen für Wohnungen fortlaufend nummeriert werden müssen, sofern der Vermieter für ein Mietverhältnis des Anwesens zur mehrwertsteuerpflichtigen Vermietung optiert hat (vgl. Kapitel D 5).

Welche Inhalte muss die Abrechnung haben?

2.1 Aufstellung der Gesamtkosten

Die Aufstellung der **Gesamtkosten** erfordert eine übersichtlich gegliederte **Darstellung der Einnahmen und Ausgaben**, wobei Sie als Vermieter nur diejenigen Kosten ansetzen dürfen, die Ihnen auch tatsächlich entstanden sind.

Übersichtlich gegliedert

Die Aufstellung hat getrennt nach den jeweiligen Betriebskostenarten zu erfolgen. Auch wenn der Betriebskostenkatalog des § 2 BetrKV einzelne Positionen in einer Nummer zusammenfasst, z. B. die Kosten der Straßenreinigung und Müllbeseitigung in § 2 Nr. 8 BetrKV, sind diese Positionen in der Abrechnung **getrennt** auszuweisen (a. A. KG Berlin v. 28.5.1998, 8 RE-Miet 4877/97, WuM 98, 474).

Getrennt nach Betriebskostenarten

Es bedarf daher für die Wirksamkeit einer Abrechnung einer erkennbaren Darstellung **jeder einzelnen Betriebskostenposition**. Der Mieter muss leicht nachvollziehen können, wie sich die Beträge der einzelnen Positionen zusammensetzen.

Beispiel:
> Bei der Position „Versicherung", die sich aus mehreren einzelnen Versicherungsposten zusammensetzt, empfiehlt es sich auf jeden Fall, die für die verschiedenen Versicherungsleistungen gezahlten Prämien auch gesondert aufzuführen, z. B. diejenigen für Gebäudehaftpflicht, Feuer, Hagel u. Ä. Dies ist Ihnen als Vermieter durchaus zumutbar, da Sie ja selbst eine Zusammenstellung aller Versicherungskosten vornehmen müssen, um zu Ihrem Endergebnis zu kommen.

Für jede Kostenart sind zunächst die **Gesamtkosten** mitzuteilen und sodann ist die Herleitung des jeweiligen Kostenanteils aus den Gesamtkosten ggf. mehrerer Liegenschaften zu erläutern. Ebenso muss in der Abrechnung die Trennung der Betriebskosten bei gemischt genutzten Gebäuden erläutert werden (LG Köln, v. 9.1.2001, 12 S 217/00, WuM 01, 496; vgl. Kapitel F 3).

Dieser Vorwegabzug bei gemischt genutzten Häusern ist nicht nur zwingend vorzunehmen, sondern in der Abrechnung auch so darzustellen, dass der Mieter den Gesamtbetrag der Betriebskostenposition genannt bekommt. Dann der Anteil des auf den gewerblich genutzten Teil darzustellen, bevor der Restbetrag auf die verbleibenden Wohnraumflächen verteilt wird.

Beispiel:

Kaltwasserkosten des Anwesens	Euro 10.000
Gesamtfläche	200 qm
Fläche des Friseurgeschäfts	50 qm
Kaltwasserkosten des Friseurgeschäfts (nach Zähler)	Euro 2.500
Es verbleiben Euro 7.500 für 150 qm Wohnflächen.	

Außer dem Vorwegabzug bei gemischt genutzten Häusern sind Besonderheiten in der Abrechnung darzustellen, die sich ergeben, wenn in den Gesamtkosten Instandhaltungsanteile enthalten sind, die dem Mieter aber nicht auferlegt werden dürfen. Wenn das Anwesen mit einem Lift ausgestattet ist und Wartungskosten angesetzt werden, ist zu prüfen, ob es sich nicht um einen Vollwartungsvertrag handelt. Liegt ein Vollwartungsvertrag vor, müssen die darin enthaltenen Instandhaltungskosten herausgerechnet werden (notfalls durch Schätzung mit einer prozentualen Quote, vgl. Anhang 1, 7).

Beispiel:

Liftwartungskosten	Euro 15.000
25 %iger Abzug wegen Instandhaltungsanteil	Euro 3.750
auf die Mieter zu verteilende Wartungskosten	Euro 11.250

Datum Zum Teil wird von den Gerichten gefordert, dass neben den Beträgen auch das **Datum** der entsprechenden Gebührenbescheide oder Rechnungen mitgeteilt wird (AG Berlin Neukölln v. 8.4.92, 13 C 489/91, MM 92, 318, LG Berlin, 19.8.1997, 64 S 268/97, ZMR 98, 166). Dies führt jedoch nach Auffassung des KG Berlin (v. 28.5.1998, a. a. O.) zu weit, denn das Rechnungsdatum als solches enthält keinen eigenen Informationswert und ist für die Aufstellung des Gesamtergebnisses nicht von Bedeutung.

Welche Inhalte muss die Abrechnung haben? **E**

Die Gerichte stellen zum Teil sehr hohe Anforderungen an die inhaltlich richtige Gestaltung der Betriebskostenabrechnung. Deshalb ist es Ihnen als Vermieter zu raten, in der Abrechnung **sämtliche Einzelpositionen**, auch wenn sie einer Kostenart zugerechnet werden können, mitzuteilen. Um dem Mieter die **Nachprüfbarkeit** der Abrechnung zu erleichtern, empfiehlt es sich darüber hinaus, auch das Datum der Kostenbelege zu benennen. Denn die Abrechnung muss für sich gesehen schlüssig und transparent sein. Es genügt daher nicht, es dem Mieter erst durch die Belegeinsicht zu ermöglichen, die Abrechnung zu verstehen.

Nachprüfbarkeit

Eine Betriebskostenabrechnung ist nicht prüffähig, wenn die unter der Bezeichnung „Heizkosten" ausgewiesenen Aufwendungen neben den eigentlichen Heizkosten noch weitere, nicht unbeträchtliche Kosten für Klimaanlage und Wasser enthalten und dies nicht unmittelbar aus der Abrechnung ersichtlich ist (OLG Dresden, v. 12.3. 2002, 5/23 U 2557/01, ZMR 02, 416).

Auch wenn die Anforderungen mancher Gerichte überzogen erscheinen, so ist Ihnen als Vermieter doch mit der für den **preisfreien Wohnraum** neu eingeführten **Ausschlussfrist,** § 556 Abs. 3 S. 2 BGB (s. u. Kapitel G 4.1), die zeitliche Möglichkeit genommen worden, eine eventuell durch Gericht festgestellte unwirksame Abrechnung neu zu erstellen. Ist die Ausschlussfrist bei Urteilsfindung bereits abgelaufen, so haben Sie keine Möglichkeit mehr, Ihre Abrechnung zu berichtigen.

Ausschlussfrist

Das Risiko einer formell unwirksamen Betriebskostenabrechnung trägt daher grundsätzlich der Vermieter.

2.2 Angabe und Erläuterung des Verteilerschlüssels

Zweiter zwingender Bestandteil der Abrechnung ist die Mitteilung des **Verteilerschlüssels** für das **gesamte Anwesen** und die **jeweilige Mietereinheit** (Wohnung oder Gewerbe). Verwenden Sie mehrere Umlageschlüssel, so müssen Sie diese ebenfalls benennen und gegebenenfalls erläutern (zu „Verteilerschlüssel" s. u. Kapitel F). Es reicht nicht aus, wenn Sie dem Mieter einen Prozentsatz oder Anteil an den Gesamtkosten mitteilen, ohne darzulegen, wie sich dieser Anteil rechnerisch zusammensetzt. Sie müssen anhand der gesamten

E Die Abrechnung

Betriebskosten für das Anwesen darstellen und erläutern, welchen Verteilerschlüssel, gegebenenfalls für einzelne Positionen, Sie verwenden und wie sich der Anteil des Mieters errechnet.

Mehrere Häuser auf einem Grundstück

Gehören Ihnen mehrere auf einem Grundstück stehende Häuser, so können Sie deren Betriebskosten zusammen nach einem **einheitlichen Verteilerschlüssel**, z. B. der Wohnfläche, umlegen. Entfallen jedoch bestimmte Betriebskosten nur auf bestimmte Häuser, so können Sie auch nur die Mieter dieser Häuser mit den Kosten belasten. Sie müssen in der Abrechnung mit Erläuterung des Verteilerschlüssels darstellen, welche Kosten nur für einzelne Häuser und welche für alle Häuser anfallen (LG Berlin, v. 2.2.1999, 64 S 347/98, Grundeigentum 99, 907).

Gesetzlich vorgegebener Verteilerschlüssel

Rechnen Sie nach dem Verhältnis der **Wohn- und Nutzflächen** ab, was nunmehr in § 556a Abs. 1 S. 1 BGB gesetzlich geregelt ist, so müssen Sie zunächst die Wohn- und Nutzflächen des Anwesens darstellen und sodann darlegen, wie Sie den Mieteranteil unter Zugrundelegung seiner Wohn- bzw. Nutzfläche ermittelt haben. Kommen **mehrere Verteilerschlüssel** zur Anwendung, müssen Sie auch immer das Verhältnis des Umlageschlüssels bezogen auf das Anwesen bzw. die Wirtschaftseinheit und auf den Mieteranteil erläutern.

Beispiel:
Verteilen Sie die Müllgebühren nicht im Verhältnis der Wohn- und Nutzflächen auf die Mieter, sondern nach **„Kopfanteil"**, so müssen Sie in der Abrechnung die Summe aller Personen benennen, die im Abrechnungszeitraum bei der Erstellung der Abrechnung berücksichtigt werden. Gegebenenfalls müssen Sie bei der Berechnung nach Personenanzahl auch eine **zeitliche Aufgliederung** vornehmen, wenn sich z. B. durch Umzüge die Zusammensetzung der Bewohner ändert.

Erfolgt die Umlage nach Verbrauch, der von Zwischenzählern erfasst wird, so müssen Sie in der Abrechnung den Gesamtverbrauch sowie die Verbrauchseinheiten des Mieters darstellen.

> **Hinweis**
> Zur Problematik, wie der Leerstand von Wohnungen zu berücksichtigen ist, s. u. Kapitel F 4.

2.3 Abzug der Vorauszahlungen

Haben Sie nach den obigen Vorgaben die Abrechnung erstellt, so müssen Sie die vom Mieter innerhalb des Abrechnungszeitraums geleisteten **Abschlagszahlungen** ansetzen und vom ermittelten Abrechnungssaldo **in Abzug zu bringen**. Es dürfen aber nur die tatsächlich geleisteten Vorauszahlungen angesetzt werden (BGH, NJW 1982, 573)

Sodann müssen Sie den nach Verrechnung mit den Vorauszahlungen festgestellten **Saldo** benennen: *Saldo*

- Entweder ergibt sich ein **Guthaben** zugunsten des Mieters oder
- eine **Nachforderung** des Vermieters.

Hat der Mieter **keine** Vorauszahlungen geleistet, obwohl er hierzu vertraglich verpflichtet war, müssen Sie als Vermieter dennoch eine Betriebskostenabrechnung erstellen (KG Berlin, v. 25.2.02, 8 W 420/01, NZM 02, 671).

Wenn keine Vorauszahlungen erbracht wurden, darf der Vermieter die fehlenden Vorauszahlungen nur einklagen, solange noch keine Abrechnungsreife besteht. Nur in diesem Fall ist der Vermieter berechtigt, auch die Soll-Vorschüsse in die Betriebskostenabrechnung einzustellen. Denn auch aus einer solchen Abrechnung ist ohne weiteres erkennbar, dass der Vermieter die bereits eingeklagten offenen Vorauszahlungen gesondert verlangt und mit dem Saldo der Abrechnung lediglich den sich im Fall der Zahlung der Vorschüsse noch ergebenden Nachzahlungsbetrag geltend macht (BGH v. 27.11.2002, VIII ZR 108/02, NZM 2003, 196).

E Die Abrechnung

3 Wann ist der Abrechnungssaldo fällig?

Nachzahlungsanspruch mit Zugang der Abrechnung

Hat der Mieter eine ordnungsgemäße und nachvollziehbare Abrechnung erhalten, stellt sich die Frage, ob ein sich hieraus ergebender **Nachzahlungsanspruch** des Vermieters grundsätzlich mit Zugang der Abrechnung **fällig** ist.

Einsichtsrecht

- Nach häufiger Meinung tritt die Fälligkeit des Zahlungsanspruchs erst ein, wenn dem Mieter auf sein Verlangen hin prüffähige Unterlagen überlassen wurden oder er von einem ihm angebotenen **Einsichtsrecht** in die Belege Gebrauch gemacht hat (LG Duisburg, v. 16.10.2001, 13 S 208/01, WuM 02, 32, AG Diez, v. 26.9.2001, 8 C 210/01, WuM 2001, 560).
- Ein Nachzahlungsanspruch des Vermieters aus der Betriebskostenabrechnung wird grundsätzlich erst dann **fällig**, wenn dem Mieter die abstrakte Möglichkeit gewährt wurde, Einsicht in die Originalabrechnungsgrundlagen zu nehmen (AG Hamburg, v. 17.7.2002, 46 C 74/02, WuM 02, 499).
- Verwehrt der Vermieter dem Mieter die Einsicht in die Belege oder macht er sie ihm nicht zugänglich, ist ein Saldo aus der Betriebskostenabrechnung nicht durchsetzbar (OLG Düsseldorf, v. 23.3.2000, 10 U 160/97, ZMR 2000, 452).

> **Experten-Tipp:**
> Weisen Sie den Mieter bereits in der Betriebskostenabrechnung darauf hin, dass dieser Einsicht in die Originalbelege nach Terminvereinbarung nehmen kann (s. im Einzelnen Kapitel H 2).

Prüfungs- und Überlegungsfrist

Neben der Einsichtnahme setzt die **Fälligkeit** des Nachzahlungsanspruchs voraus, dass dem Mieter ausreichend **Zeit zur Überprüfung der Abrechnung und Belege** gewährt wurde. Je nach Umfang der Abrechnung und je nach Einzelfall beträgt die **angemessene Prüfungs- und Überlegungsfrist** zwei bis drei Wochen (LG Berlin, v. 1.9.2000, 64 S 477/99, ZMR 01, 33). Das AG Gelsenkirchen hat dem Mieter sogar einen Monat Zeit gelassen, um die Schlüssigkeit der Abrechnung prüfen zu können (U. v. 12.10.92, 9 C 625/92, WuM 94, 549).

Vorformulierte vertragliche Vereinbarungen, wonach dem Mieter eine **unangemessen kurze Überlegungs- und Prüfungsfrist** zugestanden wird, sind jedenfalls **unwirksam.** Gleiches gilt auch für entsprechend kurze Fristen, die dem Mieter bereits in der Abrechnung gesetzt werden.

Sie müssen dem Mieter zur Wahrung seiner Interessen ausreichend Zeit zugestehen, sowohl die formellen als auch die materiellen Kriterien der Abrechnung, wie Zusammenstellung und Aufteilung der Kosten, Verteilerschlüssel, Ermittlung des Saldos usw., zu prüfen und zu werten.

> **Achtung:**
> Die Fälligkeit einer Betriebskostennachforderung setzt voraus, dass dem Mieter eine prüfungsfähige Abrechnung zugegangen und ein angemessener Zeitraum abgelaufen ist, innerhalb dessen dem Mieter die Möglichkeit zur Überprüfung der Abrechnung gegeben wird (vgl. AG Potsdam, U. v. 16.12.1999, 26 C 473/99, NZM 2001, 378).

Haben Sie die Betriebskosten formell wirksam abgerechnet, kann der Mieter nicht unter Berufung auf inhaltliche Mängel eine erneute Abrechnung verlangen (AG Tempelhof- Kreuzberg, v. 20.3.02, 5 C 688/01, GE 02, 932).

Ein sich aus der Betriebskostenabrechnung ergebendes Guthaben zugunsten des Mieters ist sofort zur Zahlung fällig.

F Welcher Verteilerschlüssel kommt zum Einsatz?

1 Grundsätzlich frei vereinbar

Mit Ausnahme der Kosten für Heizung und Warmwasser, die nach den Bestimmungen der Heizkosten-Verordnung zu verteilen sind (vgl. Kapitel L), können die Vertragsparteien den Umlageschlüssel für die Betriebskosten **frei vereinbaren**.

> **Hinweis**
>
> Bei preisgebundenen Wohnungen dagegen ist gemäß § 20 Abs. 2 S. 1 NMV der Umlageschlüssel „Wohnfläche" – bis auf wenige Ausnahmen – zwingend vorgeschrieben. Das heißt, dass die Parteien keine wirksame Vereinbarung über einen abweichenden Umlageschlüssel treffen können.

Fehlt eine vertragliche Regelung, so müssen Sie als Vermieter preisfreien Wohnraums seit dem 1.9.2001 die Betriebskosten nach dem **Anteil der Wohnfläche** umlegen § 556a Abs. 1 S. 1 BGB. Allerdings sind gemäß § 556a Abs. 1 S. 2 BGB Betriebskosten, die von einem **erfassten Verbrauch** oder einer **erfassten Verursachung** durch die Mieter abhängen, nach einem Maßstab umzulegen, der dem unterschiedlichem Verbrauch oder der unterschiedlichen Verursachung Rechnung trägt. *Flächenmaßstab vorrangig*

Wird der Verbrauch von Kaltwasser durch Kaltwasserzähler erfasst, sind Sie als Vermieter nach dem Willen des Gesetzgebers verpflichtet, verbrauchsabhängig abzurechnen. Fehlt aber eine Ausstattung zur Verbrauchserfassung, hat der Mieter Ihnen gegenüber keinen Anspruch darauf, z. B. Kaltwasseruhren einzubauen.

F Welcher Verteilerschlüssel kommt zum Einsatz?

2 Die wichtigsten Umlageschlüssel im Einzelnen

2.1 Wohn- und Nutzfläche

Gesetzliche Grundlagen

Mit In-Kraft-Treten der Mietrechtsreform zum 1.9.2001 wurde nunmehr die Wohnfläche als Verteilerschlüssel für die Umlage von Betriebskosten bei Fehlen einer vertraglichen Regelung gesetzlich vorgeschrieben. Dieser Verteilerschlüssel findet ebenfalls Anwendung für den verbrauchsunabhängigen Teil der Heiz- und Warmwasserkostenabrechnung gem. §§ 7 Abs. 1 S. 2, 8 Abs. 1 HeizKV. Eine Verteilung der Betriebskosten nach Wohn- und Nutzfläche entspricht auch der Billigkeit. Diese ist auch sachgerecht, wenn die Wohnungen in einem Anwesen unterschiedlich belegt sind (OLG Hamm, v. 27.9.1983, 4 RE-Miet 14/82, WuM 83, 315, AG Köln, v. 10.5.96, 201 C 38/96, ZMR 97, 30).

Ein neues Urteil des BGH (v. 26.5.2004, VIII ZR 169/03, WuM 2004, 403) sorgt allerdings für Verwirrung. Eine vertragliche Vereinbarung, wonach Betriebskosten auf die einzelnen Parteien eines Mehrfamilienhauses nach den Wohn- und Nutzflächen umgelegt werden, gilt nach diesem Urteil des BGH auch für solche Betriebskosten, die sich der Wohnung **konkret** zuordnen lassen (z. B. Grundsteuer bei Eigentumswohnung, Kabelgebühren u. Ä.), sofern im Mietvertrag keine Anhaltspunkte für eine einschränkende Auslegung enthalten sind.

Diese Rechtsprechung kann dem Vermieter bei der Betriebskostenabrechnung erhebliche Schwierigkeiten bereiten, da er dann z. B. die auf die Wohnung entfallende Grundsteuer nicht mehr nach dem vorliegenden Grundsteuerbescheid ansetzen darf, sondern die Summe der Grundsteuerbeträge aller Wohnungen des Anwesens ermitteln müsste, um anschließend wieder eine Verteilung nach Wohn- und Nutzfläche vorzunehmen.

> **Tipp:**
>
> In Anbetracht dieses praxisfremden Urteils sollte im Mietvertrag unbedingt eine eindeutige Regelung aufgenommen werden, wonach Betriebskosten, die **konkret** zugeordnet werden können (z. B. durch Ver-

brauchserfassung oder Kabelgebühren nach Wohneinheiten oder Grundsteuer nach dem Grundsteuerbescheid der Eigentumswohnung) vom allgemeinen Umlagemaßstab (Wohn- und Nutzfläche oder Miteigentumsanteil) **ausgenommen** sind und mit ihrem konkreten Betrag in der Betriebskostenabrechnung angesetzt werden.

Bei älteren Mietverträgen, in denen diese Klarstellung fehlt, könnte der Vermieter möglicherweise von seinem Änderungsrecht gemäß § 556a Abs. 2 BGB Gebrauch machen (vgl. Kapitel B 3.2.1).

Zunächst einmal stellt sich für die Vertragspartner die Frage nach der **Ermittlung** der Wohnfläche. Bis 1983 galt für die Berechnung der Wohnfläche die **DIN 283**, die jedoch ersatzlos gestrichen wurde. Die Praxis orientiert sich seither zumeist an den Bestimmungen der Zweiten Berechnungsverordnung, insbesondere den **§§ 42 bis 44,** die jedoch für den Bereich des preisfreien Wohnraums nicht unmittelbar Anwendung finden und bindend sind.

Wohnfläche

Auch für die Berechnung der Nutzfläche bei gewerblicher Vermietung sind die Bestimmungen der §§ 42 ff II. BV a. F. allenfalls entsprechend heranzuziehen (LG Paderborn, v. 17.7.97, 1 S 141/96, WuM 98, 289).

Nutzfläche

2.1.1 Die neue Wohnflächenverordnung, WoFlV

Zum 1. Januar 2004 sind zwei neue Verordnungen in Kraft getreten, die insbesondere das Mietrecht betreffen und hierbei das Recht der Betriebskosten. Es handelt sich bei den neuen Rechtsgrundlagen zum einen um die **Betriebskostenverordnung** (BetrKV), die die bisher geltende Anlage 3 zu § 27 Zweite Berechnungsverordnung ersetzt, und zum anderen um die **Wohnflächenverordnung** (WoFlV, zu WoFlV im Einzelnen, s. Anhang).

2.2 Personenzahl

Soweit keine zwingenden Vorschriften dagegen stehen, können Sie mit Ihren Mietern auch die Personenzahl als Verteilerschlüssel vereinbaren.

Für die Anwendung dieses Umlagemaßstabs spricht die Annahme, dass er gerechter sei als die Verteilung nach Wohnflächen. Diese Annahme muss sich aber nicht unbedingt bewahrheiten. Es gibt keine

F Welcher Verteilerschlüssel kommt zum Einsatz?

Garantie dafür, dass z. B. ein Einzelmieter grundsätzlich weniger Wasser braucht als ein Dreipersonenhaushalt.

Großer Verwaltungsaufwand

Wenn Sie sich als Vermieter für die Personenzahl als Umlageschlüssel entscheiden, müssen Sie wissen, dass damit ein erheblicher Verwaltungsaufwand verbunden ist.

- Sie müssen stets die Anzahl der Bewohner überprüfen. Bei jedem Mieterwechsel kann sich die Personenzahl verändern.
- Sie müssen nicht nur die gemeldeten Personen, sondern auch lang andauernden Besuch oder Untermieter berücksichtigen.
- In Ihrer Abrechnung müssen Sie darlegen und ggf. beweisen, in welchem Monat wie viele Personen in den einzelnen Wohnungen wohnten.

> **Hinweis:**
> Zu- oder Abschläge für Säuglinge oder sonstige Besonderheiten, die mit den Lebensgewohnheiten der Bewohner zusammenhängen, müssen Sie jedoch nicht vornehmen (LG Mannheim v. 27.1.1999, 4 S 141/98, NZM 1999, 365).

Der enorme Aufwand für den Vermieter lohnt sich allenfalls bei Anwesen mit nur wenigen Wohneinheiten.

2.3 Miet- oder Wohneinheiten

Ein Umlagemaßstab nach Miet- oder Wohneinheiten kommt dann in Betracht, wenn diese annähernd vergleichbar sind, also gleich groß oder wenn jede Mieteinheit den gleichen Nutzen hat.

> **Beispiel**
> Dieser Verteilerschlüssel eignet sich für die Abrechnung der Kabelgebühren.

2.4 Verbrauchs- und Verursachungserfassung

Wurden Verbrauchserfassungsgeräte installiert, müssen Sie in der verbrauchsabhängigen Abrechnung Folgendes darlegen:

Verbrauchsabhängige Abrechnung

- den Gesamtverbrauch,
- den Einzelverbrauch und
- die entsprechenden umzulegenden Kosten.

Für das ordnungsgemäße Funktionieren der Verbrauchserfassungsgeräte sind Sie als Vermieter beweispflichtig. Wenn z. B. ein Verstoß gegen die Vorschriften des Eichrechts (s. folgenden Absatz) vorliegt, müssen Sie beweisen, dass die Geräte trotzdem einwandfrei funktioniert haben.

Nach § 2 Abs. 1 Eichgesetz (kurz: EichG) müssen Messgeräte geeicht sein. Gemäß § 25 Abs. 1 Nr. 1a EichG ist es untersagt, ungeeichte Messgeräte zur Bestimmung des Volumens von Flüssigkeiten im geschäftlichen Verkehr zu verwenden. Bei Verstoß kann eine Geldbuße bis zu EUR 10.000,- verhängt werden.

Eichgültigkeit

Ist die Gültigkeit der Eichung überschritten, dürfen Sie die Messergebnisse nicht mehr für die Verteilung der Kosten zugrunde legen. Die Eichgültigkeitsfrist beginnt nicht erst mit dem Einbau der Messgeräte zu laufen, sondern gemäß § 12 Abs. 3 Eichordnung mit dem Ablauf des Jahres, in dem das Gerät geeicht wurde. Daher kann trotz Einbaus neuer Geräte die Frist schon teilweise abgelaufen sein. Achten Sie darauf, dass für alle Messgeräte im Haus die Eichgültigkeitsfrist zum selben Zeitpunkt beginnt.

Es gelten die folgenden **Eichfristen**:

- Kaltwasserzähler: alle sechs Jahre,
- Warmwasserzähler: alle fünf Jahre,
- Wärmezähler: alle fünf Jahre.

Eichfristen

2.5 Miteigentumsanteile

Bei vermieteten Eigentumswohnungen empfiehlt sich eine Abrechnung der Betriebskosten nach den **Miteigentumsanteilen**. Dieser Umlageschlüssel entspricht auch grundsätzlich der Billigkeit (OLG Braunschweig v. 27.11.1998, 5 U 85/98, WuM 1999,173). Auf

Vermietete Eigentumswohnungen

F Welcher Verteilerschlüssel kommt zum Einsatz?

jeden Fall können Sie eine Umlage nach Miteigentumsanteilen vornehmen, wenn die Miteigentumsanteile mit den Nutzflächen übereinstimmen (LG Berlin v. 29.4.2002, 62 S 413/01, GE 2002,860). Hiervon kann in der Regel ausgegangen werden.

> **Hinweis**
>
> Das Sondereigentum und der Anteil am Gemeinschaftseigentum stimmen nicht zwingend überein, das Verhältnis der Miteigentumsanteile spiegelt also nicht unbedingt das Verhältnis der nutzbaren Flächen wider. In diesen Fällen der Nichtübereinstimmung ist es umstritten, ob die Umlage nach Miteigentumsanteilen billigem Ermessen entspricht.

Nach dem AG Düsseldorf ist eine entsprechende Vereinbarung dieses Umlagemaßstabs auch in einem Formularvertrag zulässig (v. 14.3.1990, 22 C 7597/89, DWW 1991,373).

Fehlt eine entsprechende Vereinbarung im Mietvertrag, tragen Sie als Vermieter die Beweislast, dass das Verhältnis der Miteigentumsanteile mit dem Flächenmaßstab übereinstimmt. Stellt sich heraus, dass geringe Differenzen bestehen, ist die Abrechnung formal unwirksam (LG Berlin v. 27.9.2004, 67 S 158/04, MM 2004, 410).

3 Vorwegabzug

Vorwegabzug

Gibt es in einem Anwesen neben Wohneinheiten auch Gewerberäume, so müssen Sie prüfen, ob in der Betriebskostenabrechnung für Wohnraummieter ein **Vorwegabzug** vorzunehmen ist.

Bei preisgebundenem Wohnraum heißt es: „Betriebskosten, die nicht für Wohnraum entstanden sind, sind vorweg abzuziehen". Das bedeutet, dass von den Gesamtkosten zunächst ermittelt werden muss, welche Kosten auf die gewerblichen Flächen entfallen. Die verbleibenden Kosten können dann auf die Wohnraummieter verteilt werden.

Art und Umfang der gewerblichen Nutzung

Befinden sich in einem Anwesen neben Wohnungen auch Geschäftsräume, darf der Vermieter die Betriebskosten nur dann nach einem einheitlichen Verteilerschlüssel abrechnen, wenn auf die ge-

Vorwegabzug F

werblichen Räume nicht wesentlich höhere Betriebskosten entfallen oder eine Trennung der Kosten aus technischen oder sonstigen Gründen nicht möglich ist. Liegen diese Voraussetzungen nicht vor, muss der Vermieter für die gewerblichen Räume zwingend einen **Vorwegabzug** vornehmen. Das bedeutete, dass er die Kosten der gewerblichen Räume erst von den Gesamtkosten abziehen muss, bevor er die restlichen Kosten auf die Wohnungen verteilt (LG Berlin v. 2.8.2004, 65 S 151/04, MM 2004, 374). Der Grund dafür, getrennte Betriebskostenabrechnungen vorzunehmen, liegt in der unterschiedlichen Kostenverursachung. So können z. B.

- die Versicherungsprämien für den Gewerbeanteil höher ausfallen,
- die Grundsteuer wegen der Gewerbenutzung höher sein oder
- der Wasserverbrauch beispielsweise bei einem Friseurgeschäft stärker ins Gewicht fallen

als bei einer reinen Wohnnutzung.

Die Rechtsprechung ist zunehmend der Auffassung, dass ein Vorwegabzug erfolgen muss:

- Hat der Vermieter in seiner Betriebskostenabrechnung Wohn- und Gewerbeflächen einheitlich abgerechnet, so ist das LG Düsseldorf der Ansicht, dass der Mieter plausibel darlegen muss, dass die Gewerberäume erhöhte Kosten verursachen und er hierdurch benachteiligt wird (v. 3.4.1990, 24 S 474/89, DWW 1990, 240).
- Das AG Wiesbaden ist dagegen der Auffassung, dass eine getrennte Vorwegerfassung der verbrauchsabhängigen Betriebskosten der Gewerberäume stets zu erfolgen habe, es sei denn, dies ist objektiv nicht möglich (v. 22.11.1995, 98 C 260/95 – 13, WuM 1996,96).
- Eine Vorwegerfassung kann ausnahmsweise auch entfallen, wenn die gewerblichen Kosten annäherungsweise denen einer Wohnraumnutzung entsprechen (KG Berlin v. 28.5.1998, 8 RE-Miet 4877/97, ZMR 1998,627; LG Frankfurt/M. v. 30.9.1997, 211 S 55/97, ZMR 997,642; AG Düren v. 30.8.2000, 45 C 353/00, WuM 2001,46). Nach AG Stollberg (v. 25.10.2001, 3 C 659/01, ZMR

Rechtsprechung zum Vorwegabzug

F Welcher Verteilerschlüssel kommt zum Einsatz?

2002, 360) trägt der Vermieter aber die Darlegungs- und Beweislast für derartige Umstände.
- Die Kostentrennung im gemischt genutzten Gebäude muss zum Verwaltungsaufwand der Berechnungen **im angemessenen Verhältnis** stehen (AG Hamburg v. 15.1.2001, 45 C 35/01, WuM 2002, 265).
- Hat der Vermieter einen Vorwegabzug beispielsweise bei der Grundsteuer zu berücksichtigen, muss er in der Betriebskostenabrechnung darauf hinweisen, dass die auf den Gewerbemieter entfallenden Kosten nicht in den auf die Wohnungsmieter umzulegenden Kosten enthalten sind (AG Lichtenberg v. 9.2.2004, 10 C 418/03, MM 2004, 169).
- Nimmt der Vermieter bei gemischt genutzten Häusern keinen Vorwegabzug vor, muss er aber jedenfalls in der Betriebskostenabrechnung unter Angabe des Gewerbes die Gründe darlegen und erläutern, warum ein Vorwegabzug unterbleiben kann und eine Kostenverteilung nach einem einheitlichen Umlagemaßstab angemessen ist (AG Osnabrück v. 22.7.2004, 6 C 121/04, WuM 2004, 668).

4 Leerstand

Stehen in einen Anwesen Gewerberäume oder Wohnungen leer, weil beispielsweise die Neuvermietung nicht gelungen oder ein Umbau geplant ist, hat der Vermieter die auf diese Flächen entfallenden Kosten zu tragen (BGH v. 16.7.2003, VIII ZR 30/03, NJW 2003, 2902). Der Vermieter darf die Gesamtfläche nicht um die freistehende Fläche verringern. Das Vermietungsrisiko ist vom Vermieter zu übernehmen. Das gilt für alle Betriebskostenpositionen. Der Vermieter übernimmt folglich den Anteil der leer stehenden Räumlichkeiten (OLG Hamburg in WuM 2001, 343).

Auch bei verbrauchsabhängigen Betriebskostenarten trägt der Vermieter die Kosten der leer stehenden Flächen zumindest für die Grundkosten.

Werden die Betriebskosten nicht nach dem Flächenmaßstab, sondern nach Personenzahl umgelegt, treffen den Vermieter die anteiligen Kosten der leer stehenden Räumlichkeiten. Hier ist wohl von der durchschnittlichen Belegung auszugehen. Im Zweifel ist wohl bei einer leer stehenden Wohnung von einer Belegung mit einer Person auszugehen (AG Köln v. 7.3.1997, 201 C 609/96, WuM 1998, 290).

5 Welcher Verteilerschlüssel für welche Betriebskosten?

Die Vertragsparteien dürfen zu den einzelnen Betriebskostenarten unterschiedliche Umlagemaßstäbe vereinbaren.

5.1 Grundsteuer

Die Grundsteuer wird bei Wohnraum in aller Regel nach dem Verhältnis der Wohnflächen abgerechnet. Dies gilt ebenfalls für den preisgebundenen Wohnraum gemäß § 20 Abs. 1 S. 1 NMV.   *Verhältnis der Wohnflächen*

Bei gemischt genutzten Anwesen (Anhang 1) wird im Grundsteuerbescheid für Gewerberäume zumeist ein höherer Wert angesetzt als für Wohnräume. Die herrschende Meinung ist der Auffassung, dass eine Vorverteilung der Grundsteuer im Verhältnis der Anteile der unterschiedlichen Nutzungen zu erfolgen hat (AG Köln v. 20.9.1989, 203 C 257/89, WuM 1990,32; LG Frankfurt/M. v. 30.9.1997, 2–11 S 55/97, WuM 1997,630).

Die Grundsteuer wird auf der Grundlage des Einheitswerts festgesetzt. Der Einheitswert wird vom Finanzamt nach der Höhe der Rohmieten ermittelt, wobei die Art der Nutzung unterschiedlich gewichtet wird. Als Vermieter müssen Sie also anhand des Einheitswertbescheids das Wertverhältnis von Wohnraum zu Gewerberaum ermitteln.

Beispiel 1:

Der Einheitswert des Hauses beläuft sich auf 90.000,00 €. Die Rohmiete der Wohnungen beträgt 30.000,00 € bei einer Fläche von 200 Quadratmetern. Die Rohmiete der Gewerberäume beträgt 60.000,00 € bei einer Fläche von 50 Quadratmetern.

Das bedeutet, dass der Gewerbeanteil an der Gesamtrohmiete zwei Drittel beträgt, während die Gewerbeflächen ein Fünftel der Gesamtfläche ausmachen. Ein Vorwegabzug ist unerlässlich.

F   Welcher Verteilerschlüssel kommt zum Einsatz?

Die Wohnraummieter dürfen also nur mit einem Drittel der Grundsteuerkosten, die Gewerbemieter mit zwei Dritteln belastet werden.

Beispiel 2:
Der Einheitswert beträgt 50.000,00 €. Die Rohmiete der Wohnungen beträgt 10.000,00 € bei einer Fläche von 70 Quadratmetern, diejenige des Gewerbeanteils 40.000,00 € bei 280 Quadratmetern.

Der Gewerbeanteil an der Rohmiete beträgt vier Fünftel, der Gewerbeanteil an den Flächen liegt ebenfalls bei vier Fünfteln, sodass ein Vorwegabzug nicht notwendig ist.

5.2 Wasser und Abwasser

Preisgebundener Wohnraum

Nach § 21 Abs. 2 NMV sind bei **preisgebundenem Wohnraum** zunächst die Wasserkosten abzuziehen, die nicht der Wohnraumnutzung zuzuordnen sind, also beispielsweise Kosten des Wassers für Gewerbeeinheiten oder die Wasserkosten der Waschanlage in Gemeinschaftseinrichtungen. Die verbleibenden Kosten dürfen nach der Personenzahl oder nach erfasstem Wasserverbrauch umgelegt werden. Wenn alle Wohnungen mit Wasserzählern ausgerüstet sind, sind gemäß § 21 Abs. 2 S. 3 NMV die Wasserkosten nach dem individuellem Verbrauch abzurechnen.

Die Kosten der Entwässerung sind mit dem für die Kosten der Wasserversorgung anzuwendenden Maßstab umzulegen, § 21 Abs. 3 S. 2 NMV. Hier haben Sie kein eigenständiges Wahlrecht.

Preisfreier Wohnraum

Bei preisfreiem Wohnraum können Sie mit dem Mieter die Verteilung entweder

- nach Wohnflächen,
- nach Personenzahl oder sogar
- nach der Anzahl der Wasserzapfstellen

vereinbaren.

Welcher Verteilerschlüssel für welche Betriebskosten?

Bei gemischt genutzten Objekten ist gemäß § 556a Abs. 1 BGB eine Kostentrennung notwendig. Auf die getrennte Erfassung können Sie nur dann verzichten, wenn die von den Gewerbemietern verursachten Wasserkosten offensichtlich unter denen für die Wohnungen liegen (z. B. bei Büros).

Gemischt genutzte Objekte

Ist eine Kostentrennung erforderlich, müssen Sie im Gewerbebereich einen Zwischenzähler installierten. Sollte kein Zwischenzähler vorhanden sein, müssen Sie eine Schätzung des Wasseranteils der Gewerbemieter anhand eines vergleichbaren Objekts vornehmen (LG Berlin v. 12.3.2001, 62 S 459/00, GE 2001,698).

5.3 Lift

Bei preisgebundenem Wohnraum dürfen die Aufzugskosten gemäß § 24 Abs. 2 NMV nach dem Verhältnis der Wohnflächen oder einem anderen Maßstab umgelegt werden, wenn über diesen Verteilerschlüssel mit allen Mietern eine einvernehmliche Vereinbarung getroffen wurde. Die Aufzugskosten können beispielsweise nach der Etage gestaffelt werden, in der sich die einzelnen Wohnungen befinden.

Preisgebundener Wohnraum

Bei den Kosten des maschinellen Aufzugs kann die Erdgeschosswohnung von der Umlage ausgenommen werden, § 24 Abs. 2 NMV.

Bei preisfreiem Wohnraum können Sie mit dem Mieter für die Liftkosten folgende Umlagemaßstäbe vereinbaren:

Preisfreier Wohnraum

- Personenzahl,
- Wohnfläche,
- Umlagemaßstab nach Nutzungsumfang, d. h. je höher das Stockwerk, desto mehr Kosten hat der Mieter der jeweiligen Wohnung zu tragen (erster Stock: zehn Prozent, zweiter Stock: 20 Prozent, dritter Stock 30 Prozent usw.).

Umstritten ist, ob die Kosten des Aufzugs auch auf den **Erdgeschossmieter** umgelegt werden dürfen (vgl. Anhang 1, 7). Nach LG Berlin (v. 6.4.1989, 61 S 77/88, MDR 1990,1016) handelt es sich um Kosten einer Gemeinschaftseinrichtung, die von allen Mieters zu tragen sind. Erdgeschossmieter haben nach Ansicht des LG Berlin (v. 13.2.1995, 62 S 350/94, GE 1995,567) keinen Anspruch darauf, von der Fahrstuhlumlage ausgenommen zu werden. Kann der Mieter

Erdgeschossmieter

den Lift wegen seiner Lage jedoch nicht sinnvoll nutzen, dürfen von ihm keine Aufzugskosten verlangt werden (AG Verden v. 5.7.1993, 2 C 115/93, WuM 1994,385). Ein Nutzen liegt aber bereits dann vor, wenn der Erdgeschossmieter den Aufzug für Besuchszwecke in anderen Etagen nutzt (LG Hannover v. 4.10.1989, 11 S 8/89, WuM 1990, 229) oder mit dem Fahrstuhl Keller, Speicher oder Garage erreicht (LG Braunschweig v. 17.11.1989, 6 S 254/89, WuM 1990, 558). Falls in mehreren Häusern Aufzüge vorhanden sind, so müssen Sie für jedes Haus getrennt die Kosten erfassen und abrechnen (LG Berlin v. 6.2.1990, 64 S 455/89, GE 1990, 651).

5.4 Weitere Betriebskosten

Straßenreinigung

Die Umlage der Kosten für die Straßenreinigung erfolgt üblicherweise nach dem Verhältnis der Flächen.

Müllabfuhr

Sowohl bei preisfreiem und preisgebundenem Wohnraum als auch bei Gewerbeeinheiten können Sie die Müllkosten entweder

- nach dem Verhältnis der Flächen,
- nach der Personenzahl oder
- nach dem Maßstab umlegen, welcher der unterschiedlichen Müllverursachung Rechnung trägt (Müllsäcke, Müllabwiegen).

Wird der Müll nach der Müllverursachung erfasst, sind Sie gemäß § 556a Abs. 1 S. 2 BGB gehalten, die Kosten der Verursachung entsprechend umzulegen.

Hausreinigung

Bei preisgebundenem Wohnraum sind die Kosten der Hausreinigung nach dem Flächenmaßstab gemäß § 20 Abs. 2 S. 1 NMV umzulegen. Bei preisfreiem Wohnraum und Gewerbeeinheiten werden die Kosten ebenfalls vorrangig nach dem Anteil der Flächen abgerechnet.

Bei gemischter Nutzung eines Anwesens können allerdings erhöhte Reinigungskosten, die z. B. durch die Patienten einer Arztpraxis verursacht werden, nicht auf die Wohnungen verteilt werden. Hier ist in der Regel ein Vorwegabzug unumgänglich.

Gartenpflege

Die Kosten der Gartenpflege sind bei den preisgebundenen Wohnungen nach dem Anteil der Flächen gemäß § 20 Abs. 2 S. 1 NMV umzulegen. Für preisfreiem Wohnraum ist üblicherweise ebenfalls der Flächenmaßstab anzuwenden.

Auch bei den Beleuchtungskosten gilt sowohl für preisgebundenen als auch für preisfreien Wohnraum vorrangig der Flächenmaßstab. Hat aber z. B. ein Mieter einen eigenen Zugang, dürfen Sie ihm die Beleuchtungskosten des Treppenhauses nicht anteilig zurechnen. *Beleuchtung*

Bei den Kosten für die Sach- und Haftpflichtversicherungen kommt als Verteilerschlüssel vornehmlich das Verhältnis der Flächen in Frage. Bei gemischt genutzten Gebäuden stellt sich dieselbe Problematik des Vorwegabzugs wie bei der Grundsteuer. Die Versicherungen ermitteln das Prämienrisiko nach der unterschiedlichen Nutzung des Anwesens. Deshalb müssen Sie bei einer einheitlichen Prämienrechnung bei der jeweiligen Versicherung erfragen, inwieweit die unterschiedliche Nutzung eine unterschiedliche Prämienhöhe verursacht. Gegebenenfalls müssen Sie dann einen Vorwegabzug vornehmen. *Versicherungen*

> **Hinweis**
>
> Bei Sachversicherungen scheidet ein Vorwegabzug aus, da die verschiedenen Nutzungsarten bei der Prämienberechnung unberücksichtigt bleiben. In erster Linie orientieren sich die Sachversicherer am Gebäudewert.

Die Hausmeisterkosten dürfen Sie nach den üblichen Verteilerschlüsseln (Flächenmaßstab, Wohneinheiten, Personenzahl) umlegen. *Hausmeister*

Bei preisgebundenem Wohnraum erfolgt die Abrechnung der Antennenkosten nach dem Verhältnis der Wohnflächen, § 20 Abs. 2 S. 1 NMV. *Antenne*

Bei preisfreiem Wohnraum können Sie folgende Umlagemaßstäbe vereinbaren:

- Flächenmaßstab,
- Personenzahl,
- Wohneinheiten.

Der Umlageschlüssel „Wohneinheiten" dürfte vorrangig sein, da der Nutzwert der Antenne weder von der Fläche noch von der Personenzahl abhängt.

F   Welcher Verteilerschlüssel kommt zum Einsatz?

Wurde neben der Antenne in dem Anwesen ein Breitbandkabelanschluss verlegt und nutzen nur noch einige Mieter die Gemeinschaftsantenne, stellt sich die Frage, wie die Kosten der Antenne zu verteilen sind. Haben alle Mieter neben dem Breitbandkabelanschluss auch noch die Möglichkeit, die Gemeinschaftsantenne zu nutzen, tragen alle Mieter die Antennenkosten. Wurde der Anschluss zur Gemeinschaftsantenne bei den „verkabelten" Wohnungen entfernt, haben diese Mieter keine Antennenkosten mehr zu zahlen.

Es stellt sich berechtigterweise die Frage, ob die Antennenkosten dann nur noch von den wenigen Nutzern zu tragen sind oder ob der Vermieter unter Umständen wie beim Leerstand von Wohnungen die weggefallenen Anteile übernehmen muss. Das AG Karlsruhe-Durlach (v. 19.2.1987, 2 C 672/86, DWW 1987,165) vergleicht die Situation mit den Fällen, in denen der Vermieter dem Mieter eine besondere Einrichtung oder Ausstattung zur Verfügung stellt. Das AG ist der Auffassung, dass unter Umständen der letzte Nutzer alle Kosten zu tragen hat.

Breitbandkabel

Bei preisgebundenem Wohnraum dürfen Sie die Kosten für die laufenden monatlichen Grundgebühren für Breitbandkabelanschlüsse nur zu gleichen Teilen auf diejenigen Wohnungen umlegen, die mit Zustimmung des Nutzungsberechtigten angeschlossen wurden, § 24a Abs. 2 NMV. Die übrigen Betriebskosten dürfen Sie entweder nach dem Flächenmaßstab oder nach einem anderen vereinbarten Umlageschlüssel verteilen.

Bei preisfreiem Wohnraum wird vorrangig der Verteilerschlüssel Wohneinheit zur Anwendung kommen.

Einrichtung der Wäschepflege

Die Kostenumlegung bei preisgebundenem Wohnraum erfolgt nach § 25 Abs. 2 S. 1 NMV, wonach Sie als Vermieter die Kosten nur auf die Mieter umlegen können, die die Waschmaschine auch tatsächlich benutzen. Das heißt, dass Sie die Kosten für die Wascheinrichtung gesondert erfassen müssen. Der Umlageschlüssel muss dem Gebrauch Rechnung tragen. Werden Münzzähler verwendet, müssen Sie eine Abrechnung vornehmen. Die Münzzählereinnahmen müssen Sie den Mietern gutschreiben. Das heißt, Sie müssen diese Erträge von den umlegbaren Kosten abziehen. An den Rückzahlungen des Mehrerlöses sind aber nur die Nutzer zu beteiligen. Ist das

nicht möglich, kann das Flächenverhältnis als Verteilerschlüssel für die Rückzahlungen gelten.
Bei preisfreien Wohnungen hat bei Vorhandensein von Münzautomaten gleichfalls eine Abrechnung stattzufinden. Auch hier müssen die Münzerlöse den Mietern gutgebracht werden (AG Hamburg v. 30.6.1993, 40b C 2437/92).

6 Wann Sie den Umlageschlüssel ändern können

Sie sind nicht berechtigt, den Verteilerschlüssel einseitig zu ändern. Zur Vertragsänderung bedürfen Sie der Zustimmung des Mieters (LG Bautzen v. 25.4.2001, 1 S 11/01, WuM 2001,288)
Sie können den Umlagemaßstab nur unter bestimmten Umständen ändern:

- Für alle Heiz- und Warmwasserkosten gelten die in der Heizkostenverordnung vorgesehenen Änderungsmöglichkeiten (siehe Kap. L).
- Wenn eine Verbrauchs- oder Verursachungserfassung durchgeführt wird, darf die künftige Kostenumlegung nach dem erfassten Verbrauch oder der erfassten Verursachung erfolgen (vgl. Kapitel F 2.4).

Nur unter bestimmten Umständen

6.1 Wann sind Sie zur Änderung verpflichtet?

Eine Änderungsverpflichtung des Vermieters für die Zukunft wird dann angenommen, wenn

- der bisherige Verteilerschlüssel grob unbillig ist oder im Laufe der Zeit unbillig geworden ist (LG Düsseldorf v. 5.7.1994, 24 S 66/94, WuM 1996, 777) und
- für einen Mieter zu nicht mehr hinnehmbaren Belastungen führt (LG Aachen v. 24 5 1991, 5 S 70/91, WuM 1991,503) und
- ein Wechsel des Umlagemaßstabs für den Vermieter möglich und zumutbar ist (LG Mannheim v. 27.1.1999, 4 S 141/98, NZM 1999, 365).

Die Unbilligkeit muss gravierend sein und ein anderer Umlageschlüssel muss zu gerechteren Ergebnissen führen (LG Mannheim a. a. O.).

Liegen die genannten Voraussetzungen für eine Änderungsverpflichtung des Vermieters vor, sind die **übrigen Mieter verpflichtet**, der Änderung gleichfalls **zuzustimmen** (LG Köln v. 7.1.1988, 222 C 459/87, WuM 1989, 583).

G Abrechnungsfrist und Ausschlussfrist

1 Abrechnungspflicht

Gemäß § 556 Abs. 3 S. 1 BGB müssen Sie als Vermieter eine Betriebskostenabrechnung erstellen, wenn der Mieter eine monatliche Vorauszahlung auf die Betriebskosten leistet, und zwar sobald die so genannte Abrechnungsreife vorliegt.

Abrechnungspflicht

Diese **Abrechnungsreife** tritt mit dem Ablauf der Abrechnungsfrist ein. Das bedeutet, dass Sie als Vermieter keinen Anspruch mehr auf Entrichtung von Vorauszahlungen für den Abrechnungszeitraum haben, sondern nur noch auf den Ausgleich eines sich aus einer Abrechnung ergebenden Saldos zulasten des Mieters.

Abrechnungsreife

> Achtung:
> Auch wenn Sie innerhalb der Abrechnungsfrist nicht abgerechnet haben und Sie nun keine Nachforderung mehr geltend machen können, besteht ein Anspruch des Mieters auf Abrechnung (vgl. Kapitel G 4).

2 Abrechnungszeitraum

Mit Abrechnungszeitraum wird der Zeitraum bezeichnet, über den die Abrechnung zu erteilen ist.

Höchstzeitspanne 12 Monate

Über die Betriebskostenvorauszahlungen müssen Sie als Vermieter jährlich abrechnen, § 556 Abs. 3 BGB. Hierbei handelt es sich um eine Höchstzeitspanne mit der Folge, dass eine Abrechnung, die über mehr als zwölf Monate geht, nicht ordnungsgemäß und somit **nicht fällig** ist (LG Düsseldorf v. 18.3.1997, 24 S 554/96, ZMR 1998, 167; LG Leipzig v. 17.7.2004, 12 S 1657/04, WuM 2004, 481). Kürzere Abrech-

G Abrechnungsfrist und Ausschlussfrist

nungszeiträume sind im Ausnahmefall zulässig, z. B. für die Zeit nach Einzug des Mieters bis zum Ende des für das Mietanwesen geltenden Abrechnungszeitraums (LG Berlin v. 27.1.1987, 64 S 278/86, GE 1987, 281; LG Berlin v. 23.4.1991, 64 S 458/90, GE 1991, 935).

> **Hinweis:**
> Bei gewerblicher Vermietung sind die vertraglichen Vereinbarungen maßgeblich. Üblich ist jedoch eine jährliche Abrechnung. Fehlt eine abweichende Vereinbarung, wird nach der Verkehrssitte auch der Jahreszeitraum angenommen.

Nicht unbedingt Kalenderjahr

Bei der Abrechnung müssen Sie angeben, welche einzelnen Betriebskostenarten in welchem Abrechnungszeitraum angefallen sind. Sie brauchen allerdings nicht nach dem Kalenderjahr abzurechnen. In Betracht kommt auch der Jahreszeitraum, innerhalb dessen regelmäßig die Abrechnungen der Versorgungsunternehmen erteilt werden, oder das Mietjahr (OLG Düsseldorf v. 11.11.1997, 24 U 216/96, ZMR 1998, 219). Sie dürfen jedoch nur die Betriebskosten in Rechnung stellen, die im Abrechnungsjahr tatsächlich angefallen sind. Sie dürfen in einer Abrechnung für verschiedene Betriebskostenarten auch unterschiedliche Abrechnungszeiträume zugrunde legen. § 20 Abs. 3 S. 3 NMV gilt sowohl für preisgebundene als auch für preisfreie Wohnungen. Bei unterschiedlichen Abrechnungszeiträumen müssen Sie allerdings die gesonderten Abrechnungsfristen mit Ausschlusswirkung beachten.

2.1 Wenn Verbrauchs- und Abrechnungszeitraum auseinander fallen (Leistungs- und Abflussprinzip)

Welche Betriebskosten dürfen Sie nun in Ihrer Abrechnung ansetzen? In der Regel flattern Ihnen die Rechnungen der einzelnen Versorgungsunternehmen zu unterschiedlichen Zeitpunkten ins Haus. Es gibt bislang keine gesetzliche Vorschrift, wie die einzelnen Kosten den verschiedenen Abrechnungsperioden zuzuordnen sind. In der Rechtsprechung und Literatur ist es umstritten, welcher **Kostenbe-**

griff für die Abrechnung anzuwenden ist. Es wird zwischen folgenden Kostenbegriffen unterschieden:

- Bei der **Leistungsabrechnung** werden nur die Kosten angesetzt, die in dem Abrechnungszeitraum in Anspruch genommen bzw. verbraucht wurden (LG Hamburg v. 27.6.2000, 316 S 15/00, NZM 2001,806; LG Hamburg v. 8.2.2000, 316 S 168/99, WuM 2000,197). Der Abrechnungs- und der Verbrauchszeitraum müssen sich daher decken. Andernfalls ist die Betriebskostenabrechnung nach Ansicht des AG Nürnberg (v. 24.5.2002, 29 C 4366/00, NZM 2002,859) nicht ordnungsgemäß und deshalb nicht fällig. Der Mieter muss also eventuelle Nachforderungen nicht begleichen. Der Vermieter soll sich auch nicht darauf berufen können, der Mieter müsse die Nachforderungen sowieso begleichen – nur eben später. Denn dadurch würden die Interessen des Mieters an einer richtigen Abrechnung auf Dauer unterlaufen. Bei **Überschneidungen des Verbrauchs- und des Abrechnungszeitraums** ist eine zeitanteilige Berechnung zur Kostenabgrenzung notwendig (LG Berlin v. 29.2.1988, 29 S 70/87, GE 1988,463; LG Hamburg v. 27.6.2000, 316 S 15/00, GE 2001,992).

Leistungsabrechnung

- Die **Ausgabenrechnung (Abflussprinzip)** stellt auf den Zeitpunkt ab, in dem der Vermieter seine Rechnungen bezahlt. In den Abrechnungszeitraum fließen somit alle bezahlten Rechnungen ein, allerdings ohne Bezug zu der dem Vermieter berechneten Leistungsperiode. Bei Eigentumswohnungen rechnet der Wohnungseigentumsverwalter in aller Regel nach dieser Methode ab (BayObLG v. 10.7.1998, 2 Z BR 49/98, NZM 1999,133).

Ausgabenrechnung

Nach dem BGH muss der Umfang der Pflicht zur Rechnungslegung für den Vermieter zumutbar sein (v. 23.11.1981, VIII ZR 298/80, WuM 1982,07). Bei der Ausgabenrechnung müssen Sie zwar nur die im Abrechnungszeitraum eingegangenen und bezahlten Rechnungen aufstellen, der Mieter kann jedoch bei dieser Abrechnungsmethode nur schwerlich die Kostenentwicklung verfolgen. Insbesondere bei Mieterwechsel erweist sich die Ausgabenmethode als nachteilig. Deshalb wird insbesondere in der Literatur der Leistungsabrechnung der Vorzug gegeben.

G Abrechnungsfrist und Ausschlussfrist

Die Kostenabgrenzung bei einer Leistungsabrechnung können Sie, wenn Abrechnungs- und Verbrauchszeitraum auseinander fallen, folgendermaßen vornehmen:

Beispiel: Kostenabgrenzung bei der Leistungsabrechnung

Der Abrechnungszeitraum umfasst die Zeit vom 1.1.2002 bis zum 31.12.2002.

Das Versicherungsjahr läuft vom 1.9. bis zum 31.8. des folgenden Jahres. Der Vermieter bekommt von seiner Versicherung eine Prämienerhöhung von € 500,- auf € 600,- ab dem 1.9.2002. Er bezahlt die Rechnung am 28.7.2002. Die Erhöhung fällt somit in den Abrechnungszeitraum.

Nach der Leistungsabrechnung muss der Vermieter nun Folgendes berücksichtigen:

Der alte Versicherungsbetrag € 500,- gilt für den Zeitraum vom 1.1.–31.8.2002.

€ 500,- x 8 Monate: 12 Monate =	€ 333,33
Der neue Betrag von € 600,- gilt ab 1.9.–31.12.2002.	
€ 600,- x 4 Monate: 12 Monate =	€ 200,00
Der für das Abrechnungsjahr anzusetzende Versicherungsbetrag lautet	€ 533,33

Verbrauchsabhängige Betriebskosten

Eine Besonderheit ergibt sich bei der **Leistungsabrechnung verbrauchsabhängiger Betriebskosten**. Bei diesen Betriebskosten leisten Sie in der Regel monatliche Abschlagszahlungen an das Versorgungsunternehmen.

Zieht der Mieter kurz nach Ablauf des Abrechnungszeitraums aus, können Sie die Jahresabrechnung des Versorgungsunternehmens direkt ansetzen. Die von Ihnen geleisteten Vorauszahlungen sind unbeachtlich, da sie in der Rechnung berücksichtigt sind.

Wenn allerdings zwischen Auszug des Mieters und dem Ende des letzten Abrechnungszeitraums längere Zeit verstrichen ist, können Sie das Ergebnis der Jahresabrechnung des Versorgungsunternehmens und die von Ihnen danach geleisteten Vorauszahlungen in die Abrechnung einstellen.

Gegen diese Methode wird zwar eingewandt, dass Abschlagszahlungen nur Leistungen unter dem Vorbehalt des Abrechnungsergebnisses seien. Würde der Vermieter aber nur auf die jeweilige Schlussrechnung eines Lieferanten bzw. Versorgungsunternehmens abstellen, müssten alle Kosten, die in der Zeit nach Rechnungserteilung durch das Versorgungsunternehmen bis zum Ablauf der Abrechnungsperiode entstanden sind, konkret ermittelt werden. Der dadurch entstehende Aufwand wäre unverhältnismäßig.

Nach Langenberg (G 110) darf der Vermieter sich an den Vorauszahlungen orientieren. Bei einem Mieterwechsel ist, um Ungerechtigkeiten zu vermeiden, die Folgerechnung des Versorgungsunternehmens abzuwarten.

2.2 Besonderheiten bei Wohnungseigentum

Die Jahresabrechnung des Verwalters einer Wohnungseigentumsanlage erfolgt nach den tatsächlichen Eingaben und Ausgaben im Wirtschaftsjahr. Die Hausgeldabrechnung ist somit in vielen Fällen nicht als Betriebskostenabrechnung für den Mieter geeignet, da sie keine periodengerechte Aufteilung der Kosten aufweist. Nach Ansicht des LG Düsseldorf (v. 19.4.1988, 24 S 411/87, DWW 1988,210) ist der Vermieter verpflichtet, die Ausgabenabrechnung des Verwalters in eine Leistungsabrechnung umzurechnen.

WEG-Abrechnung nach Abflussprinzip

Diese Umrechnung ist für den einzelnen Wohnungseigentümer vom Arbeits- und Zeitaufwand her kaum machbar. Er müsste prüfen, ob die Rechnungen, die der Verwalter angesetzt hat, mit den Betriebskosten des Abrechnungszeitraums übereinstimmen. Hat der Verwalter nämlich z. B. eine Versicherungsprämie, die erst zum Ersten eines Jahres fällig ist, noch im Wirtschaftsjahr bezahlt, muss der Eigentümer diese Position aus der aktuellen Abrechnung herausnehmen und in die folgende für den Mieter vortragen.

Nach LG Wiesbaden (v. 19.10.2001, 3 S 65/01, NZM 2002,944) kann vom Vermieter nicht generell verlangt werden, bei jeder Betriebskostenabrechnung eine Deckung von Abrechnungs- und Verbrauchszeitraum zu erzielen. Für einen Wohnungseigentümer ist es

G   Abrechnungsfrist und Ausschlussfrist

in der Praxis kaum möglich, eine Abrechnung des Hausverwalters, die nach dem Abflussprinzip gefertigt wurde, in eine Abrechnung umzuwandeln, die den Grundsätzen des Leistungsprinzips entspricht. Nach Ansicht des LG Wiesbaden müssen die schutzwürdigen Interessen des Vermieters gewahrt werden. Es folgt damit dem Rechtsentscheid des OLG Schleswig vom 4.10.1990 (4 RE-Miet 1/88, DWW 1990,355), wonach sich bei einer Heizkostenabrechnung der Abrechnungs- und Ablesezeitraum zwar weitgehend decken müssen, jedoch auch eine Heizkostenabrechnung korrekt und damit fällig ist, bei der der Abrechnungs- und der Ablesezeitraum um vier Wochen auseinander fielen. Im Fall des LG Wiesbaden lagen zwischen dem Ablese- und dem Abrechnungszeitraum sogar drei Monate. Das LG hat dennoch eine Abrechnung nach dem Leistungsprinzip nicht für erforderlich gehalten, weil es dem Vermieter aufgrund des enormen Zeitaufwands nicht zuzumuten sei, sämtliche Kosten so aufzuschlüsseln, dass nur diejenigen angesetzt werden, die auch in dem Abrechnungszeitraum entstanden sind. Dies gelte erst recht, wenn dem Vermieter eine Wohngeldabrechnung des Hausverwalters vorliegt, die nach dem Abflussprinzip erstellt wurde.

Generell wird es Ihnen als Vermieter wohl gestattet sein, dem Mieter die umlagefähigen Betriebskosten entsprechend der **Verwalterabrechnung** abzurechnen. Allerdings müssen Sie sich darauf einstellen, dass Sie unter Umständen zu ausführlichen Erläuterungen verpflichtet sind (BayObLG v. 10.7.1998, 2 Z BR 49/98, WuM 1998,750). Sie können sich keinesfalls darauf berufen, dass die Jahresabrechnung aufgrund Beschlussfassung der Wohnungseigentümer bindend sei. Der Beschluss bindet zwar die Wohnungseigentümer untereinander, er berührt aber nicht das Verhältnis zwischen Mieter und Vermieter.

3 Welche Abrechnungs- und Ausschlussfristen gelten?

Abrechnungsfrist

Als Vermieter müssen Sie dem Mieter die Abrechnung der Betriebskosten spätestens bis zum Ablauf des 12. Monats nach Ende des Abrechnungszeitraumes mitteilen, § 556 Abs. 3 S. 2 BGB.

Welche Abrechnungs- und Ausschlussfristen gelten?

> **Hinweis:**
> Seit In-Kraft-Treten der Mietrechtsreform (1.9.2001) gibt es erstmals auch für preisfreien Wohnraum eine gesetzliche Abrechnungsfrist. Gemäß § 20 Abs. 3 Satz 4 NMV galt eine zwölfmonatige Abrechnungsfrist nur bei preisgebundenem Wohnraum.
> Für Gewerberaum gibt es bislang noch immer keine gesetzliche Regelung, aber die Jahresfrist wird auch hier analog herangezogen (OLG Hamburg, DWW 1988, 379, LG Frankfurt (Oder) v. 30.12.1998, 14 O 80/98, NZM 1999, 311).

Nach § 556 Abs. 3 S. 2 BGB kommt es für den **Fristbeginn** auf die Mitteilung der Abrechnung an. Es kommt also zur Fristwahrung nicht auf die rechtzeitige Absendung der Abrechnung durch den Vermieter an, sondern auf den **Zugang** beim Mieter innerhalb der Zwölfmonatsfrist.

Zugang beim Mieter maßgeblich

> **Experten-Tipp:**
> Da Sie als Vermieter für den rechtzeitigen Zugang beweispflichtig sind, ist eine Zustellung per Einschreiben mit Rückschein oder per Boten unbedingt anzuraten.

Kann der Vermieter im Prozess nicht nachweisen, dass die Abrechnung dem Mieter vor Ablauf der Abrechnungsfrist zugestellt wurde, so ist er mit seiner Nachforderung aufgrund schuldhafter Fristversäumung ausgeschlossen (AG Köln v. 5.8.2004, 210 C 153/04).
Mit der Abrechnungsreife (vgl. S. 95) wird der Anspruch des Mieters auf Erteilung einer Abrechnung durch den Vermieter **fällig**.

Fälligkeit des Anspruchs auf Abrechnung

3.1 Was bedeutet die Ausschlussfrist?

Nach § 556 Abs. 3 S. 3 BGB ist die Geltendmachung von Nachforderungen durch den Vermieter nach Ablauf der Jahresfrist ausgeschlossen, es sei denn, der Vermieter hat die verspätete Geltendmachung **nicht zu vertreten**. Die Ausschlussfrist ist zwingend und vertraglich nicht abdingbar, § 556 Abs. 4 BGB.

G Abrechnungsfrist und Ausschlussfrist

> **Achtung:**
> Auf Abrechnungszeiträume, die vor dem 1.9.2001 beendet waren, finden die Abrechnungs- und Ausschlussfristen für Mieter und Vermieter (§ 556 Abs. 3 S. 2–6 BGB) **keine Anwendung**, Art. 229 § 3 Abs. 9 EGBGB. Für diese Betriebskostenabrechnungen gilt: Auch ohne Ausschlussfrist kann der Anspruch auf Nachzahlung aus Betriebskostenabrechnungen verwirkt sein.
> Verwirkung tritt dann ein, wenn der Vermieter die Forderung nicht nur verspätet geltend macht, sondern der Mieter nachweist, dass er mit einer Abrechnung bei objektiver Beurteilung nicht mehr rechnen konnte und darüber hinaus auch nicht mehr gerechnet hat (BGH v. 29.02.1984, VII ZR 310/82, WM 1984, 127).

Sie können als Vermieter bei einer verspäteten Abrechnung weder Nachzahlungen beanspruchen noch die Aufrechnung mit einer Nachzahlung erklären.

Ausnahmen von der Ausschlussfrist

Ausnahmen von der Ausschlussfrist bestehen dann, wenn der Vermieter die Verspätung **nicht zu vertreten** hat. Ob der Vermieter die verspätete Geltendmachung zu vertreten hat, muss im Einzelfall geprüft werden. Außerhalb des Einflussbereichs des Vermieters liegen folgende Fälle, die somit als **entschuldigte Verspätung** gelten:

- wenn der Vermieter kommunale oder Steuerbescheide verspätet erhält,
- Streitigkeiten des Vermieters mit Lieferanten,
- unvorhersehbare Verzögerung auf dem Postweg,
- Umstellung des Computerwesens.

Als Vermieter müssen Sie sich darum bemühen, die für die Abrechnung notwendigen Unterlagen rechtzeitig zu erhalten. Fraglich ist aber, ob auch Ursachen wie verspätete Heizungsabrechnung der Abrechnungsfirma oder verspätete Verwalterabrechnung dem Vermieter zuzurechnen sind. Der Vermieter ist vielfach gar nicht in der Lage, z. B. die Heizkostenabrechnung selbst fertig zu stellen.

Was passiert, wenn bei Wohnungseigentum zum Ablauf der Abrechnungsfrist noch keine Eigentümerversammlung stattgefunden hat oder der Mehrheitsbeschluss der Wohnungseigentümer angefochten wurde? Nach dem Beschluss des OLG Düsseldorf v. 23.3.2000 (10 U 160/97; ZMR 2000, 452) kann eine Betriebskostenabrechnung erst dann gefertigt werden, wenn der Beschluss über Jahresabrechnung bestandskräftig ist. Dieser Auffassung kann wohl nicht länger gefolgt werden (LG Itzehoe v. 19.2.2002, 4 S 61/02, ZMR 2003, 38). Der vermietende Sondereigentümer ist auch ohne Beschluss der Wohnungseigentümergemeinschaft in der Lage, sich rechtzeitig das für eine Betriebskostenabrechnung notwendige Zahlenmaterial von der Hausverwaltung zu besorgen und in eine korrekte Leistungsabrechnung für den Mieter umzuwandeln (Schmid, RN 3159). Der Beschluss der Wohnungseigentümer ist nicht notwendige Voraussetzung für die Betriebskostenabrechnung. Das bedeutet, dass der vermietende Sondereigentümer sich auch bei Ablauf der Abrechnungsfrist nicht darauf berufen kann, dass noch kein bestandskräftiger Beschluss vorlag (Pfeifer, S. 106).

Der Verwalter ist im Rechtsverhältnis zwischen dem vermietenden Sondereigentümer und seinem Mieter kein Erfüllungsgehilfe i. S. d. § 276 BGB. Erstellt der Verwalter die Jahresabrechnung erst nach Ablauf der Abrechnungsfrist, steht dem vermietenden Sondereigentümer **kein Schadensersatzanspruch** wegen Ausschluss der Nachforderung gegen den Verwalter zu (AG Singen v. 24.2.2004, 7 UR WEG 48/03).

Haftung des Verwalters?

Um an das Zahlenmaterial der Hausverwaltung zu gelangen, damit der vermietende Sondereigentümer die Betriebskostenabrechnung selbst erstellen kann, steht ihm gegenüber der mitunter nicht gerade hilfsbereiten Hausverwaltung ein Einsichtsrecht in sämtliche Belegunterlagen zur Jahresabrechnung zu. Im Rahmen der Einsichtnahme hat der Sondereigentümer Anspruch auf Aushändigung von Fotokopien, ggf. unter Kostenerstattung (BayObLG v. 13.6.2000, 2Z BR 175/99, NZM 2000, 873).

Anders sieht die Rechtslage allerdings aus, wenn eine Mietverwaltung vorliegt. Hier ist im **Mietverwaltervertrag** regelmäßig die Erstellung der Betriebskostenabrechnung vereinbart worden. Der Verwalter einer Mietverwaltung oder einer **Sondereigentumsverwaltung** haftet bei einer verspäteten Erstellung der Betriebskostenabrechnung dem Eigentümer als seinem Vertragspartner für die daraus sich ergebenden Schäden.

G Abrechnungsfrist und Ausschlussfrist

3.1.1 Fristwahrung durch ordnungsgemäße Abrechnung

Die Ausschlussfrist des § 556 Abs. 3 Satz 2 BGB zur Abrechnung über die Vorauszahlungen für Betriebskosten wird mit einer formal ordnungsgemäßen Abrechnung gewahrt (BGH v. 17.11.2004, VIII ZR 115/04, NZM 2005, 13). Genügt die Abrechnung dagegen nicht einmal den Mindestanforderungen und ist inzwischen die Abrechnungsfrist abgelaufen, scheidet eine Nachbesserung aus. Bei formal ordnungsgemäßen Abrechnungen können inhaltliche Mängel korrigiert werden. Nach den Entscheidungen des BGH vom 23.11.1981 (VIII ZR 298/80, NJW 1982, 573) und vom 27.11.2002 (VIII ZR 108/02, NJW-RR 2003, 442) beinhaltet eine **formal ordnungsgemäße Abrechnung** folgende Mindestangaben (vgl. auch Kap. E 2):

- Zusammenstellung der Gesamtkosten
- Angabe und Erläuterung des Umlageschlüssels
- Berechnung der Einzelbeträge des Mieters
- Abzug der Vorauszahlungen

3.1.2 Korrektur der Abrechnung

Ändert der Vermieter Kleinigkeiten an einer formal ordnungsgemäßen Abrechnung, wird damit die formelle Richtigkeit der Abrechnung nicht berührt (LG Berlin v. 12.7.1992, 65 S 533/90, GE 1992, 989).

Liegen größere Mängel vor, wird die Abrechnung unwirksam. Korrigiert der Vermieter diese und lässt er dem Mieter eine neue Abrechnung zukommen, ist auf diese abzustellen. Erreicht den Mieter die Abrechnung aber erst nach der Jahresfrist, ist die Abrechnung verspätet (AG Bergheim v. 12.7.1993, 24 C 265/93, WuM 1993,686). Eine fristgerechte Abrechnung kann jedenfalls dann nach Ablauf der Jahresfrist berichtigt werden, wenn die ursprüngliche Nachforderung verringert wird (LG Berlin v. 10.5.2001, 67 S 312/00, GE 2001,923).

Schwierig ist die Rechtslage, wenn Vermieter und Mieter in einem Prozess über die Abrechnung streiten. Es ist nicht richtig, dass jede Verzögerung durch das Gericht vom Vermieter nicht zu vertreten ist. Ob dies der Fall ist, hängt davon ab, was bei der Abrechnung beanstandet wird.

- Bei inhaltlichen, materiellen Gesichtspunkten, z. B. über die Höhe einzelner Betriebskostenpositionen, bleibt die Abrechnungsfrist unberührt.
- Beanstandet das Gericht hingegen formelle Unzulänglichkeiten, wird eine Korrektur der Abrechnung als neue Abrechnung zu bewerten sein. Der Vermieter hätte eine verspätete Abrechnung zu vertreten.

> **Experten-Tipp:**
> Erstellen Sie Ihre Abrechnung so gründlich und sorgfältig wie möglich, denn mit der Übersendung einer unvollständigen Abrechnung innerhalb der Jahresfrist können Sie keineswegs die Ausschlussfrist umgehen, wenn die Korrektur nach Fristablauf erfolgt (AG Köln v. 19.9.2000, 201 C 289/00, WuM 2001,290).

Nach der Entscheidung des BGH vom 17.11.2004 (VIII ZR 115/04, NZM 2005, 13) kommt es für die Einhaltung der Abrechnungsfrist auf die **materielle Richtigkeit der Abrechnung nicht an**. Die Frist wird mit einer formell ordnungsgemäßen Abrechnung gewahrt. Inhaltliche Fehler können auch nach Fristablauf korrigiert werden. Die Gefahr, dass der Vermieter durch so genannte Alibi-Abrechnungen kurz vor Fristablauf, die er später nachbessert, die gesetzliche Regelung unterlaufen könnte, besteht dadurch nicht.

Inhaltliche Fehler können korrigiert werden

So gestattet der BGH eine Korrektur des Verteilerschlüssels nach Fristablauf. Hat der Vermieter nicht den vertraglich vereinbarten Umlageschlüssel angesetzt, handelt es sich um einen inhaltlichen Fehler, der auch nach Ablauf der Ausschlussfrist korrigiert werden darf. Führt die Korrektur allerdings zu einer höheren Nachforderung gegenüber dem Mieter, so ist eine **Berichtigung zu Lasten des Mieters wegen § 556 Abs. 3 Satz 3 BGB ausgeschlossen.**

Die Ausschlussfrist soll für den Mieter die Sicherheit gewähren, dass er nach Fristablauf nicht mit (weiteren) Nachforderungen des Vermieters rechnen muss. Dieser Zweck würde verfehlt, wenn bei Vorlage einer formell ordnungsgemäßen Abrechnung innerhalb der Frist ein darin enthaltener materieller Fehler auch noch nach Fristablauf zu Lasten des Mieters korrigiert werden könnte. Der Ablauf der Abrechnungsfrist hat deshalb zur Folge, dass die Nachforderung nach einer erst später erfolgenden inhaltlichen Korrektur das Ergebnis der fristgemäß vorgelegten Rechnung weder in den Einzelpositionen noch insgesamt überschreiten darf. Nur wenn der Vermieter die verspätete Geltendmachung bzw. verspätete Korrektur nicht zu vertreten hat, ist das Interesse des Vermieters vorrangig.

3.1.3 Teilabrechnungen: Recht, aber nicht Pflicht

Gemäß § 556 Abs. 3 Satz 4 BGB sind Sie Vermieter nicht verpflichtet, Teilabrechnungen vorzunehmen. Auch wenn Sie fast alle Betriebskostenpositionen abrechnen könnten, aber eine Position wegen Umständen, die Sie nicht zu vertreten haben, fehlt, dürfen Sie mit der gesamten Abrechnung warten, bis das Abrechnungshindernis beseitigt ist. Sie dürfen ohne weiteres eine Teilabrechnung vornehmen, wenn die wesentlichen Kosten bereits erfasst sind und sich aus ihnen schon eine Nachforderung ergibt, noch bevor beispielsweise der Grundsteuerbescheid der Gemeinde vorliegt.

3.1.4 Sonderfall: Heizkostenabrechnung

Ein Sonderfall betrifft die Heizkostenabrechnung. Die Ausschlussfrist des § 556 Abs. 3 Satz 3 BGB bezieht sich sowohl auf die Betriebskosten als auch auf die Heizkosten. Wurde im Mietvertrag ein einheitlicher Vorauszahlungsbetrag festgelegt, ist von einer einheitlichen Abrechnungsfrist auszugehen. Auch wenn die Heizkostenabrechnung schon vorliegt, braucht der Vermieter erst abzurechnen, wenn die Betriebskostenabrechnung fertig gestellt werden kann. Wurden im Mietvertrag getrennte Vorauszahlungsbeträge festgelegt, muss der Vermieter innerhalb der Jahresfrist sowohl die Heizkosten- als auch die Betriebskostenabrechnung fertigen. Liegt z. B. ein Abrechnungshindernis bei den Betriebskosten vor, ist dagegen die Heizkostenabrechnung schon fertig, muss der Vermieter hinsichtlich der Heizkosten die Abrechnungsfrist wahren.

4 Rückforderungsansprüche des Mieters bei fehlender Abrechnung

Welche Möglichkeiten hat der Mieter, wenn der Vermieter seiner Verpflichtung zur Abrechnung der Betriebskosten nicht nachkommt?

Solange das Mietverhältnis fortbesteht, darf der Mieter den Vermieter auf Erteilung einer Abrechnung verklagen. Er darf aber auch die laufenden Betriebskostenvorauszahlungen zurückbehalten, bis der Vermieter die fällige Abrechnung gefertigt hat. Bei **fortdauerndem Mietverhältnis** hat der Mieter **keinen Anspruch auf Rückzahlung der geleisteten Vorauszahlungen** (OLG Hamm, Rechtsentscheid v. 26.6.1998, 30 RE-Miet 1/98, ZMR 1998,624).

Welche Rechte dem Mieter bei einem **beendeten Mietverhältnis** zustehen, war bislang umstritten. Während das OLG Hamm (a. a. O.) davon ausging, dass der Mieter den Vermieter nur auf Erteilung einer Abrechnung verklagen kann, war das OLG Braunschweig (Rechtsentscheid v. 8.7.1999, 1 RE-Miet 1/99, ZMR 1999,694) der Auffassung, dass der Mieter die Vorauszahlungen zurückverlangen kann, wenn und soweit sie nicht durch unstreitig angefallene Betriebskosten verbraucht sind. Der Mieter sei dabei gehalten, die tatsächlich angefallenen Betriebskosten zu schätzen. Liegen keinerlei Anhaltspunkte für die Höhe der tatsächlich angefallenen Betriebskosten vor, sei der Mieter berechtigt, sämtliche Betriebskosten zurückzufordern.

Der BGH hat in seiner neuesten Entscheidung vom 9.3.2005 (VIII ZR 57/04) die Rechte des Mieters bei **beendetem Mietverhältnis** gestärkt.

Nach dem BGH ist der Mieter, dessen Mietverhältnis beendet ist, nicht gezwungen, den Vermieter auf Erteilung einer Abrechnung zu verklagen, bevor er Rückforderungsansprüche geltend macht. Vielmehr kann er die von ihm geleisteten Vorauszahlungen zurückverlangen, solange der Vermieter nicht durch eine ordnungsgemäße Abrechnung nachweist, dass die Vorschüsse durch die für den betreffenden Zeitraum angefallenen und vom Mieter zu erstattenden Nebenkosten verbraucht sind. Eine Berücksichtigung der durch Schätzung ermittelten tatsächlichen Betriebskosten ist nicht notwen-

G Abrechnungsfrist und Ausschlussfrist

dig. In dem der Entscheidung zugrunde liegenden Fall war der Vermieter sowohl mit Abrechnungen aus dem Jahr 2000 und früher als auch mit den Abrechnungen für 2001 und 2002 in Verzug. Auch vor Inkrafttreten der Abrechnungsfrist ist der Zeitpunkt für die Abrechnung nicht in das freie Belieben des Vermieters gestellt, sondern hat in angemessener Frist zu erfolgen. In Analogie zu den Vorschriften über preisgebundene Wohnungen ist von der Jahresfrist auszugehen. Kommt der Vermieter seiner Abrechnungspflicht innerhalb angemessener Frist nicht nach, kann der Mieter die vollständige Erstattung der geleisteten Abschlagszahlungen verlangen. Eine Schätzung der tatsächlich angefallenen Betriebskosten muss der Mieter dabei nicht berücksichtigen, da es Sache des Vermieters ist, die tatsächlichen Betriebskosten im Prozess vorzutragen.

Für Abrechnungszeiträume ab 2001 ist § 556 Abs. 3 BGB maßgeblich. Auch danach ist der Vermieter zur jährlichen Abrechnung verpflichtet. Nun ist allerdings die Festschreibung einer Abrechnungsfrist und der Ausschluss von Nachforderungen verbindlich. Auch hier hat der Mieter bei beendetem Mietverhältnis das Recht auf Rückforderung der geleisteten Vorauszahlungen. Nach Auffassung des BGH kann der Mieter seine Vorauszahlungen in voller Höhe zurückverlangen. Dem Vermieter steht es frei, in demselben oder einem gesonderten Prozess die tatsächlich entstandenen Betriebskosten geltend zu machen.

H Wenn der Mieter Einwendungen hat

1 Einwendungsfrist und Ausschlussfrist

Der Mieter kann Einwendungen gegen die Betriebskostenabrechnung **spätestens bis zum Ablauf des zwölften Monats nach Zugang der Abrechnung** mitteilen, § 556 Abs. 3 S. 5 BGB. Danach kann er Einwendungen nicht mehr geltend machen (**Ausschlussfrist**), es sei denn, er hat die verspätete Geltendmachung nicht zu vertreten.

Ausschlussfrist

> **Hinweis:**
> Die Regelung gilt nicht für Abrechnungszeiträume, die vor dem 1.9.2001 beendet waren, Art. 229 § 3 Abs. 9 EGBGB.

Für den Beginn, die Dauer und die Gründe für das Überschreiten der Frist gelten im Grundsatz dieselben Gesichtspunkte wie für die Abrechnungsfrist des Vermieters (Kap. G 3).
Hinsichtlich des **Fristbeginns** ist zu beachten:

- Die Einwendungsfrist beginnt nicht zu laufen, wenn der Vermieter eine formell unzulängliche Abrechnung erstellt hat.
- Hat der Vermieter eine größtenteils korrekte Abrechnung durchgeführt, beginnt die Frist mit Zugang der Abrechnung beim Mieter.
- Erstellt der Vermieter eine neue Abrechnung, beginnt eine neue Frist zu laufen. Bei einer Änderung der Abrechnung läuft die Frist im Umfang der Änderung neu.

Fristbeginn mit Zugang der ordnungsgemäßen Abrechnung

Der Mieter hat die Einwendungsfrist gewahrt, wenn seine Mitteilung innerhalb der Jahresfrist dem Vermieter zugeht. Er trägt die Beweislast für den rechtzeitigen Zugang.

H Wenn der Mieter Einwendungen hat

Nach Fristablauf kann der Mieter grundsätzlich keine Einwendungen gegen die Abrechnung mehr geltend machen. Das hat zur Folge, dass die Abrechnung als ordnungsgemäß gilt. Der Mieter hat keinen Anspruch mehr auf eine ordnungsgemäße Abrechnung, wenn die Abrechnung formell nicht korrekt war. Der Saldo der Abrechnung ist für den Mieter bindend.

Die Einwendungsfrist ist nur gewahrt, wenn der Mieter in der Jahresfrist konkrete Beanstandungen vorbringt. Allgemeine Äußerungen reichen nicht aus (AG Aachen v. 13.8.2004, 10 C 161/04, WuM 2004, 611).

Nach Langenberg (G 195) sind innerhalb der Einwendungsfrist solche Mängel zu rügen, die sich auf eine dem Grund und der Kostenart nach zulässigen Abrechnung beziehen.

Ausnahmen
Bei der dem Mieter zugestandenen Rügefrist handelt es sich eine **Ausschlussfrist**. Er ist mit Einwendungen ausgeschlossen, die er nach Ablauf der Zwölfmonatsfrist erhebt. Der Mieter hat die verspätete Geltendmachung allerdings **nicht zu vertreten**, wenn

- er überraschend für längere Zeit krank wurde,
- der Vermieter ihm kein Einsichtsrecht ermöglicht hat,
- der Vermieter trotz zugesagter Kostenübernahme die geforderten Kopien nicht schickt,
- der Vermieter ihm auf Nachfrage unrichtige Auskünfte erteilt,
- der Fehler in der Abrechnung für ihn nicht erkennbar ist.

> **Hinweis:**
> Die Berichtigung inhaltlicher Fehler ist grundsätzlich zulässig, aber längstens innerhalb von zwölf Monaten nach Zugang der Abrechnung an den Mieter (Schmid, ZMR 2001, 768). Über diesen Zeitraum hinaus ist eine Änderung nur möglich, wenn der Vermieter weder den Fehler noch die verspätete Berichtigung zu vertreten hat.

2 Einsichtsrecht des Mieters

Gemäß § 29 Abs. 1 NMV steht den Mietern preisgebundener Wohnungen ein Belegeinsichtsrecht zu. Bei preisfreiem Wohnraum wird diese Vorschrift analog angewendet. — Gesetzliche Grundlage

Das Einsichtsrecht erstreckt sich auf alle Unterlagen, auf denen die Abrechnung beruht. Dazu gehören im Einzelfall auch die Vollwartungsverträge, um gegebenenfalls Instandhaltungskosten ausgliedern zu können, oder Hausmeisterverträge, um Verwaltungskosten auszuschließen.

Als Vermieter sind Sie verpflichtet, dem Mieter Einsicht in die vorhandenen Originalunterlagen zu gewähren. **Gescannte** Belege muss der Mieter nach den Urteilen des AG Hamburg (v. 12.4.2002, 44 C 509/01 und v. 17.7.2002, 46 C 74/02, WuM 2002, 499) nicht akzeptieren. Diese Urteile wurden inzwischen durch eine neuere Entscheidung des LG Hamburg (v. 5.12.2003, 311 S 123/02, WuM 2004, 97) aufgehoben. Danach stehen Ausdrucke von gescannten Originalbelegen dem Original gleich, wenn der Vermieter darlegen kann, dass eine Verfälschung aufgrund technischer und administrativer Hürden in den internen Arbeitsabläufen praktisch ausgeschlossen ist. — Einsicht in Originalunterlagen

Bei Eigentumswohnungen hat der Mieter das Recht, in die Einzelbelege der Hausverwaltung Einsicht zu nehmen (LG Mannheim v. 16.8.1995, 4 S 47/95, WuM 996,630).

Um die Belege prüfen zu können, darf der Mieter eine Person seines Vertrauens hinzuziehen (AG Bochum, v. 14.11.1979, 40 C 719/78, WuM 1980,162) oder einen Dritten mit der Einsichtnahme beauftragen (LG Hamburg v. 14.8.1997, 334 S 61/97, WuM 1997,500).

Es ist umstritten, an welchem Ort die Belegeinsicht stattzufinden hat. Nach Ansicht des OLG Karlsruhe (v. 21.8.1969, 3 W 7/69, NJW 1969,1968) und des AG Wiesbaden (v. 19.4.2000, 92 C 461/00, WuM 2000,312) sind Nebenpflichten dort zu erfüllen, wo die Hauptleistung zu erbringen ist, also im Mietobjekt. Diese Ansicht ist abzulehnen, da der Vermieter Originalbelege präsentieren muss, sodass die Gefahr des Verlusts von Originalen besteht. Die herrschende Meinung geht davon aus, dass die Belegeinsicht am Sitz des Vermieters wahrzunehmen ist (AG Langenfeld v. 7.3.1996, 23 C 547/95, WuM 1996,426; AG Gummersbach v. 21.8.1986, 2 C 1136/85, WuM — Ort der Belegeinsicht

1987,197). Dies gilt zumindest dann, wenn sich die Wohnung des Vermieters oder das Büro des Hausverwalters am selben Ort wie die Mietwohnung befindet. Dem Mieter ist die Fahrt zum Sitz der Hausverwaltung zuzumuten, wenn er deren Räume leicht erreichen kann. Befindet sich der Wohnsitz des Vermieters nicht am Ort der Mietwohnung, kann der Mieter verlangen, dass ihm die Belege am Mietobjekt vorgelegt werden (LG Hanau v. 18.6.1985, 2 S 53/85, WuM 1985,346). Die dadurch entstehenden Kosten trägt der Vermieter (Langenberg, Rn I 10).

3 Fotokopien

Bei preisgebundenem Wohnraum hat der Mieter gemäß § 29 Abs. 2 NMV ein Recht auf Erteilung von Fotokopien. Diese Vorschrift wird auf preisfreien Wohnraum analog angewendet (LG Köln v. 10.1.2001 10 S 249/00, NZM 2001, 617; AG Bremen v. 15.10.2001, 8 C 0148/01, WuM 2002, 32).

Der Vermieter kann den Mieter nach Ansicht des OLG Düsseldorf (v. 22.4.1993, 10 U 193/92, WuM 1993,411) und des AG Gelsenkirchen (v. 10.1.1996, 3a C 1154/95, WuM 1996,349) auf das Einsichtsrecht verweisen, wenn der Sitz des Vermieters sich am Ort des Mietobjekts befindet, weil der Verwaltungsaufwand dem Vermieter nicht zumutbar wäre. Nach Ansicht des BayObLG (v. 13.6.2000, 2 Z BR 175/99, NZM 2000, 873) und des AG Neubrandenburg (v. 29.4.1993, C 70/93, WuM 1994, 531) dagegen ist dem Mieter ein Anspruch auf Überlassung der Fotokopien zuzubilligen, da dem Vermieter/Verwalter die kurze Zeit für den Kopiervorgang zuzumuten ist.

> **Hinweis:**
> Der Anspruch auf Fotokopien besteht aber nur anstelle der Einsichtnahme.

Kostenerstattung

Der Mieter hat dem Vermieter die **Kosten für die Fotokopien** zu erstatten. Die Auslagen umfassen neben den Kosten für den Kopiervorgang auch die Personalkosten für die Anfertigung von Fotokopien sowie Versandkosten (Verpackung und Porto). Zur Abgeltung dieser Kosten werden pauschale Auslagen von 0,25 bis 0,50 Euro pro Kopie veranschlagt (AG Neuruppin v. 10.3.2000, 42 C 113/99, WuM 2000, 437; AG Köln v. 23.6.1999, 219 C 472/98; WuM 2000,332, LG Berlin v. 25.1.2000, 65 S 260/99, GE 2000, 409; AG Pinneberg, v. 5.3.2004 66 C 272/03, ZMR 2004, 595).

Höhere Kosten, z. B. nach Zeitaufwand berechnete Personalkosten, lehnt die Rechtsprechung allerdings ab, weil Personalkosten auch bei der Einsichtnahme entstanden wären (AG Neubrandenburg a. a. O.; AG Köln v. 14.9.1995, 222 C 278/95, WuM 1996,426). Der Personalaufwand für die Belegeinsicht oder für das Fotokopieren geht zulasten des Vermieters. Lediglich der Mehraufwand ist vom Mieter zu erstatten. In entsprechender Anwendung des § 811 Abs. 2 S. 2 BGB kann der Vermieter die Versendung der Fotokopien von einem **Kostenvorschuss** abhängig machen (AG Oldenburg v. 10.6.1992, 19 C 276/92 III, WuM 1993, 412).

4 Wenn der Vermieter keine Einsicht gewährt

Es ist umstritten, wie sich die Weigerung des Vermieters, Einsicht in die Belege zu gewähren, auf die Nachforderung auswirkt. Nach LG Berlin (v. 9.12.1983, 65 S 123/83, GE 1984,133) berührt die Verweigerung der Einsicht nicht die Pflicht des Mieters, den Nachforderungsbetrag zu bezahlen. Die Geltendmachung eines **Zurückbehaltungsrechts** würde nämlich nur zu einer Verurteilung des Vermieters zur Gestattung der Einsicht Zug um Zug gegen Zahlung durch den Mieter führen.

Weigerung des Vermieters

Nach Auffassung des OLG Düsseldorf (23.3.2000, 10 U 160/97, ZMR 2000,122) dagegen steht dem Mieter ein Zurückbehaltungsrecht zu, sodass die Nachforderung des Vermieters so lange nicht fällig ist, wie er dem Mieter die Einsicht verweigert.

Die Einsichtnahme ist für den Mieter auch Voraussetzung dafür, dass er Bedenken gegen einzeln Betriebskostenpositionen, deren Korrektheit er anzweifelt, substanziiert vortragen kann. Das Bestreiten des Kostenansatzes durch den Mieter ist daher nur zu berücksichtigen, wenn er vorher die Unterlagen tatsächlich eingesehen hat.

Anderenfalls ist sein Bestreiten als unsubstanziiert und damit als rechtlich unerheblich anzusehen mit der Folge, dass er die Zahlung des Vermieters nicht verweigern kann (AG Oldenburg v. 31.3.2004, E 4 C 4132/03, ZMR 2004, 828).

Nimmt der Mieter das Angebot des Vermieters auf Übersendung der Abrechnungsbelege zur Betriebskostenabrechnung gegen angemessene Kostenerstattung nicht wahr, ist er so zu behandeln, als habe er Einsicht in die Kostenbelege gehabt (AG Aachen v. 10.8.2004, 10 C 464/03, WuM 2004, 611).

Rückforderungsansprüche

Für Rückforderungsansprüche des Mieters gegen den Vermieter wegen **überzahlter Betriebskosten** gilt die Ausschlussfrist nicht. Hat der Vermieter ordnungsgemäß abgerechnet und ergibt sich ein Guthaben für den Mieter, kann der Mieter diesen Betrag einklagen. Der Rückforderungsanspruch wegen überzahlter Betriebskosten **verjährt** nach **drei Jahren**.

I Parteiwechsel

1 Wenn der Vermieter wechselt

Der Vermieterwechsel tritt bei **Tod des Vermieters**, bei der **Veräußerung** oder bei der **Zwangsversteigerung** der Mietsache ein.

- Beim Tod des Vermieters tritt der Erbe oder die Erbengemeinschaft an dessen Stelle. Der Erbe übernimmt als Gesamtrechtsnachfolger alle Rechte und Pflichten des Erblassers aus dem Mietverhältnis kraft Gesetzes gemäß § 1922 BGB. Der Erbe ist an alle vom Verstorbenen mit dem Mieter getroffenen Vereinbarungen gebunden und hat daher weder einen Anspruch auf Abschluss eines neuen Mietvertrags noch auf zusätzliche oder ändernde Vereinbarungen.
Rechtsnachfolger tritt in Mietvertrag ein

- Beim Verkauf der Mietsache tritt der Erwerber in den bestehenden Mietvertrag ein. Es gilt der Grundsatz nach § 566 BGB: **Kauf bricht nicht Miete.** Dieser Grundsatz gilt auch für Tausch, Schenkung, Vermächtnis, Einbringen in eine Gesellschaft.

Für die Abrechnung der Betriebskosten hat der Vermieterwechsel aber eine nicht unerhebliche Bedeutung.

Erfolgt der Vermieterwechsel (z. B. zum 1.5.) **innerhalb eines Abrechnungszeitraums** (z. B. 1.1. – 31.12.), ist der **Käufer** zur Abrechnung der Betriebskosten für den gesamten Abrechnungszeitraum **verpflichtet**, nicht nur für den Zeitraum ab Eigentumsübergang. Eine Zwischenabrechnung müssen die Mieter nicht hinnehmen (BGH v. 14.9.2000, III ZR 211/99, ZMR 2001,17). Rechnen Alt- und Neuvermieter entsprechend den Anteilen der Zeit ihres jeweiligen Eigentums ab, ist die Abrechnung **unwirksam**. Der Verkäufer erstellt eine Abrechnung, zu der er nicht mehr berechtigt ist, der Erwerber darf zwar abrechnen, aber die Aufspaltung des einheitlichen Abrechnungsjahres in zwei verschiedene Teilrechnungen ist unzu-
Wechsel innerhalb des Abrechnungszeitraums

Parteiwechsel

lässig (OLG Düsseldorf, ZMR 2002,46). Der neue Erwerber ist also zur Abrechnung des gesamten Abrechnungszeitraums verpflichtet mit der Folge, dass ihm dann die Nachzahlungen gehören. Er muss den Mietern aber auch ein Guthaben erstatten (BGH v. 14.9.2000, III ZR 211/99, WuM 2000,609; LG Berlin v. 27.7.1998, 62 T 34/98, NZM 1999,616). Der Verkäufer muss an der Abrechnung gegenüber dem Mieter mitwirken, d. h. dem neuen Vermieter eine Zusammenstellung der Betriebskosten für seine Eigentumszeit übergeben.

Vorangegangene Abrechnungszeiträume

Für **vorangegangene Abrechnungszeiträume**, die bei Vermieterwechsel bereits geendet haben, sind die Ansprüche auf Abrechnung bereits entstanden. Für diesen Fall ist nicht der Käufer verpflichtet, eine Betriebskostenabrechnung zu erstellen, sondern der **Verkäufer muss** hier abrechnen und einen Saldo gegebenenfalls ausgleichen. Eine Rückzahlungsverpflichtung des Verkäufers wegen überzahlter Betriebskosten geht nicht auf den Käufer über, da die Verpflichtung vor dem Eigentumswechsel entstanden ist.

§ 566a BGB ist auf Guthaben des Mieters aus überzahlten Betriebskosten nicht analog anwendbar (OLG Düsseldorf v. 14.4.1994, 10 U 155/93, DWW 1995, 83). Der Mieter hat seinerseits gegen den neuen Vermieter kein Zurückbehaltungsrecht, wenn der frühere Vermieter nicht abrechnet (BGH ZMR 2001,17, a. a. O.). Der frühere Vermieter kann aber Nachzahlungsansprüche an den neuen Vermieter abtreten. Der neue Vermieter kann den früheren auch von Rückzahlungsansprüchen freistellen und an den Mieter leisten.

Diese Grundsätze über die Verpflichtung zur Abrechnung der Betriebskosten und Ausgleichs des Saldos gegenüber dem Mieter gelten unabhängig davon, wie der Ausgleich zwischen dem Verkäufer und dem Käufer zu erfolgen hat. Der Ausgleich zwischen Verkäufer und Käufer ist im notariellen Kaufvertrag unter Übergang von Nutzen und Lasten geregelt.

1.1 Vermieterwechsel aufgrund von Zwangsvollstreckung

Zwangsverwalter

Der Zwangsverwalter wird vom Gericht eingesetzt. Dies ist der Fall, wenn ein Gläubiger des Vermieters zur Befriedigung von Forderungen die Mieteinnahmen beschlagnahmen lässt. Für die Dauer der

Beschlagnahme tritt der Zwangsverwalter in die Mietverträge ein, § 152 ZVG. Dies hat zur Folge, dass ihm alle Rechte aus dem Mietvertrag zustehen und auch der Mieter etwaige Ansprüche gegen den Zwangsverwalter richten muss.

Für die Abrechnung der Betriebskosten gelten für den Zwangsverwalter ähnliche Grundsätze wie bei einem Verkauf (s. o.). Dem Zwangsverwalter obliegt die Erstellung von Abrechnungen, die während der Zwangsverwaltung fällig werden. Für Abrechnungen für Abrechnungszeiträume, die bereits vor der Zwangsverwaltung geendet haben, muss er nicht abrechnen.

Die Pflicht des Zwangsverwalters zur Erteilung der Betriebskostenabrechnung endet mit der Aufhebung der Zwangsverwaltung, selbst wenn er während der Zwangsverwaltung Betriebskostenvorschüsse vereinnahmt hat. Für die Betriebskostenabrechnung ist nach Ende der Zwangsverwaltung wieder der Eigentümer zuständig (LG Berlin v. 12.2.2004, 62 S 350/03, GE 2004, 691).

1.2 Insolvenzverfahren

Im Falle eines **Insolvenzverfahrens** über das Vermögen eines Vermieters bleibt das Mietverhältnis mit Wirkung für die Insolvenzmasse bestehen. Der Insolvenzverwalter hat die vertragsgemäße Leistung zu erbringen. Der Mieter hat die laufende Miete an den Verwalter zu zahlen. Der Insolvenzverwalter ist zur Erstellung von Abrechnungen verpflichtet. Nach § 80 Insolvenzordnung (kurz: InsO) hat er sogar vorangegangene Abrechnungszeiträume abzurechnen.

Insolvenz des Vermieters

Guthabenansprüche des Mieters sind als einfache Insolvenzforderung einzuordnen, wenn die Abrechnung einen Zeitraum vor Eröffnung des Verfahrens betraf und der Vermieter die Abrechnung bereits erstellt hatte (OLG Hamburg v. 29.11.1989, 4 U 141/89, ZMR 1990,103). Das Gleiche gilt für Abrechnungszeiträume vor Eröffnung des Verfahrens, wenn die Abrechnung erst nach Eröffnung des Insolvenzverfahrens erstellt wird. Hier handelt es sich gleichwohl um eine einfache Insolvenzforderung, da der Rückforderungsanspruch bereits mit Ende des Abrechnungszeitraums entstanden ist.

Parteiwechsel

Wird das Verfahren während eines Abrechnungszeitraums eröffnet, handelt es sich bei dem Rückforderungsanspruch des Mieters um eine Masseverbindlichkeit nach §§ 55 Abs. 1 Nr. 2, 108 InsO.

2 Wenn der Mieter wechselt

Gesetzlicher Mieterwechsel

Ein **gesetzlicher Mieterwechsel** erfolgt nur bei Tod eines Mieters, §§ 563 ff. BGB. Tritt der Erbe in das Mietverhältnis ein, hat er vom Tod des Erblassers an die Betriebskosten zu tragen. Nachzahlungen aus einem laufenden Abrechnungsjahr hat er zu leisten. Ein eventuelles Guthaben kommt ihm zugute. Für rückständige Betriebskosten aus einem Abrechnungszeitraum vor dem Tod des Mieters haften der neue Mieter (z. B. der frühere Lebensgefährte der verstorbenen Mieterin, der in das Mietverhältnis eingetreten ist) und der Erbe (z. B. der Sohn der verstorbenen Mieterin) dem Vermieter gegenüber gesamtschuldnerisch. Im Innenverhältnis haftet jedoch der Erbe gemäß § 563b Abs. 1 BGB allein.

Mieterwechsel während des Abrechnungszeitraums

Erfolgt ein Mieterwechsel (durch Auszug des Mieters) innerhalb eines Abrechnungszeitraums, muss die Abrechnung erkennen lassen, in welcher Weise Vor- und Nachmieter belastet werden. Bei **verbrauchsunabhängigen** Betriebskosten werden üblicherweise die Kosten nach den **Zeitanteilen der Nutzung** ermittelt.

Beispiel:

Mieter A zieht am 30.4. aus. Mieter B zieht zum 1.5. ein. Das Abrechnungsjahr dauert vom 1.1. bis zum 31.12.

Beiden Mietern sind die Gesamtkosten zu nennen:

Summe der Betriebskosten: € 12.000,-

Auf A entfallen

€ 12.000,- × 4 Monate : 12 Monate =   € 4.000,-

= 33,33 % Kostenanteil des Vormieters

Auf B entfallen

€ 12.000,- × 8 Monate : 12 Monate =   € 8.000,-

= 66,66 % Kostenanteil des Nachmieters.

Werden die Betriebskosten verbrauchsabhängig ermittelt, hat der ausziehende Mieter einen Anspruch auf Zwischenablesung. Für die Heiz- und Warmwasserkostenabrechnung findet § 9b HeizkV Anwendung (vgl. Kap. L 4). Diese Vorschrift ist allerdings nicht einschlägig für die übrigen Betriebskosten, auch ist die Gradtagszahlentabelle nicht anwendbar. Findet eine Zwischenablesung der verbrauchsabhängigen Betriebskosten nicht statt, sollten Mieter und Vermieter eine Vereinbarung treffen, die sich an der Billigkeit des § 315 BGB orientiert, z. B. eine Aufteilung der Betriebskosten auf der Grundlage des Vorjahres oder nach der jeweiligen Nutzerzahl.

J Die Verjährung bzw. Verwirkung von Ansprüchen

Das Recht, von einem anderen ein Tun oder Unterlassen zu verlangen (Anspruch), unterliegt der Verjährung, § 194 Abs. 1 BGB. Die regelmäßige Verjährungsfrist beträgt **drei Jahre,** § 195 BGB.

> **Hinweis**
> Bis zum In-Kraft-Treten der **Schuldrechtsreform zum 1.1.2002** betrug die regelmäßige Verjährungsfrist 30 Jahre. Für Zahlungsansprüche des Vermieters, z. B. Miete, Nachforderungen aus Betriebskostenabrechnungen, nicht aber Schadensersatzansprüche wegen nicht durchgeführter Schönheitsreparaturen, galt dagegen eine vierjährige Verjährungsfrist, § 197 BGB a. F.

1 Wann verjähren Ansprüche des Vermieters?

Im Zusammenhang mit Betriebskosten kann der Vermieter folgende Ansprüche gegenüber dem Mieter geltend machen.

1. Zahlung von Betriebskostenpauschalen, die neben der Miete gesondert geschuldet sind

Es handelt sich hierbei um einen Teil des vereinbarten Entgelts, § 535 Abs. 2 BGB, das der Mieter für die Überlassung des Mietobjekts schuldet. Als Teil der Miete ist die Betriebskostenpauschale zusammen mit dieser fällig. Zahlt der Mieter die Miete, die Pauschale oder beides nicht zum Zeitpunkt der Fälligkeit, so können Sie als Vermieter Ihren Zahlungsanspruch gerichtlich geltend machen. Die Verjährungsfrist beträgt **drei Jahre,** § 195 BGB.

Drei Jahre

J Die Verjährung bzw. Verwirkung von Ansprüchen

2. Saldo aus einer Betriebskostenabrechnung
Nachforderungen gegenüber dem Mieter aus einer **Betriebskostenabrechnung** unterliegen ebenfalls der dreijährigen Verjährungsfrist des § 195 BGB.

Ausschlussfrist Beachten Sie jedoch, dass mit In-Kraft-Treten der Mietrechtsreform zum 1.9.2001 für den Bereich des preisfreien Wohnraumrechts eine **Ausschlussfrist** für die Erstellung von Abrechnungen eingeführt worden ist, § 556 Abs. 3 BGB (s. Kapitel G). Danach müssen Sie als Vermieter dem Mieter spätestens bis zum Ablauf des zwölften Monats nach Ende des Abrechnungszeitraums die Betriebskostenabrechnung mitteilen.

Für den preisgebundenen Wohnraum sieht § 20 Abs. 3 S. 4 NMV die entsprechende Regelung vor.

Haben Sie dem Mieter gegenüber eine wirksame Abrechnung rechtzeitig erteilt und zahlt der Mieter die Nachforderung nicht, so verjährt dieser Zahlungsanspruch nach drei Jahren.

> **Tipp:**
> Unterscheiden Sie grundsätzlich zwischen dem Anspruch auf Erstellung einer Abrechnung – hier ist die Ausschlussfrist des § 556 Abs. 3 S. 2 BGB zu beachten – und dem Anspruch aus der Abrechnung, dem Ausgleich des sich hieraus ergebenden Saldos – hier gilt die dreijährige Verjährungsfrist.

> **Achtung:**
> Beachten Sie, dass es sich bei den Nachforderungen aus einer Betriebskostenabrechnung nicht um Miete i. S. d. § 543 Abs. 2 Nr. 3 BGB handelt, weshalb eine fristlose Kündigung nach dieser Vorschrift nicht in Frage kommt.

3. Betriebskostenvorauszahlungen
Solange der Abrechnungszeitraum noch nicht abgelaufen ist, haben Sie als Vermieter dem Mieter gegenüber einen Anspruch auf Zahlung der fälligen Abschlagsleistungen, vorausgesetzt, es besteht hierzu eine vertragliche Verpflichtung. Die Frage nach der Verjährung

stellt sich hier nicht, denn spätestens bis zum Ablauf des zwölften Monats nach Ende des Abrechnungszeitraums müssen Sie eine Abrechnung erstellen, § 556 Abs. 3 S. 2 BGB.

Sind Sie danach verpflichtet abzurechnen, besteht also eine sog. **Abrechnungsreife**, können Sie die rückständigen Abschlagszahlungen nicht mehr geltend machen. Sie müssen sich insoweit auf die Geltendmachung des Abrechnungssaldos beschränken.

Abrechnungsreife

Einen Anspruch auf Betriebskostenvorauszahlungen haben Sie längstens bis zum Eintritt der Abrechnungsreife (AG Hamburg-Bergedorf, v. 12.2.2002, n. rechtskräftig, 409 C 497/01, ZMR 02, 675; LG Berlin v. 13.10.2000, 64 S 213/00; GE 01, 206) (s. a. Kapitel N).

2 Wann verjähren Ansprüche des Mieters?

Der Anspruch des Mieters auf Auszahlung eines **Abrechnungsguthabens** unterliegt ebenfalls der dreijährigen Verjährungsfrist, § 195 BGB.

Saldo der Betriebskostenabrechnung

Hat der Mieter **Vorauszahlungen auf Betriebskosten** geleistet, obwohl eine vertragliche Grundlage hierzu fehlt und auch eine konkludente Vertragsänderung nicht erfolgte, so unterliegt auch dieser **Rückzahlungsanspruch** der regelmäßigen Verjährung von drei Jahren, §195 BGB (OLG Hamm v. 1.3.1995, 30 U 178/94, ZMR 95, 294). Die **Einwendungsausschlussfrist** des § 556 Abs. 3 S. 5 BGB findet hier keine Anwendung, denn diese bezieht sich auf Einwendungen gegen eine zu Recht erfolgte Abrechnung des Vermieters.

Rückforderung von Vorauszahlungen

3 Wie Sie die Verjährungsfrist berechnen

Die regelmäßige Verjährungsfrist beginnt mit dem Ende des Jahres zu laufen, in dem der Anspruch fällig geworden ist, § 199 Abs. 1 BGB.

Haben Sie dem Mieter z. B. Mitte September 2002 die Betriebskostenabrechnung für den Zeitraum 1.1.2001 bis 31.12.2001 mitgeteilt, so ist ein sich daraus für Sie ergebender Zahlungsanspruch erst nach Ablauf einer **angemessenen Überlegungs- und Prüfungsfrist** zugunsten des Mieters fällig. Je nach Einzelfall kann die dem Mieter

Überlegungs- und Prüfungsfrist

zuzustehende angemessene Frist zur Überprüfung der Abrechnung **zwei bis drei Wochen** betragen (LG Berlin, v. 1.9.2000, 64 S 477/99, ZMR 01, 33). Dem Mieter wurde hierfür auch schon bis zu **einem Monat** Zeit zugestanden (AG Gelsenkirchen, v. 12.10.92, 9 C 625/92, WuM 94, 549).

> **Beispiel:**
>
> Für eben genanntes Beispiel wäre unter Berücksichtigung einer dreiwöchigen Überlegungsfrist der Saldo aus der Abrechnung spätestens Ende Oktober 2002 fällig. Die Verjährung beginnt dann am 31.12.2002 zu laufen und endet am 31.12.2005. Danach ist Ihr Zahlungsanspruch verjährt.

Die **Einrede der Verjährung** muss in einem Forderungsprozess der Schuldner geltend machen, d. h. er muss sich auf die Verjährung berufen. Ob Verjährung eingetreten ist oder nicht, ist nicht von Amts wegen durch das Gericht zu berücksichtigen.

4 Wann wird die Verjährung unterbrochen bzw. gehemmt?

4.1 Neubeginn der Verjährung

Statt „Unterbrechung" nun „Neubeginn"

Das Verjährungsrecht erfuhr mit In-Kraft-Treten der Schuldrechtsreform zum 1.1.2002 eine wesentliche Änderung. Nach bisherigem Recht war eine Unterbrechung der Verjährung möglich. Das neue Recht geht jedoch vom Begriff der Unterbrechung ab und hat dafür die Bezeichnung **Neubeginn** der Verjährung eingeführt.
Inhaltlich hat sich hierdurch keine Änderung ergeben. Neubeginn der Verjährung bedeutet, dass die Zeit, die bis zum Neubeginn verstrichen ist, für die Berechnung der Verjährungsfrist außer Acht bleibt. Die Verjährung beginnt daher erneut zu laufen. Diese Rechtsfolge wird jedenfalls durch den Begriff „**Neubeginn**" besser zum Ausdruck gebracht als die bisherige Bezeichnung als Unterbrechung. Der Neubeginn der Verjährung ist in § 212 BGB geregelt. Danach beginnt die Verjährung neu zu laufen, wenn entweder

Wann wird die Verjährung unterbrochen bzw. gehemmt? **J**

- der Schuldner dem Gläubiger gegenüber den Anspruch durch Abschlagszahlung, Zinszahlung, Sicherheitsleistung oder in anderer Weise anerkennt oder
- eine gerichtliche oder behördliche Vollstreckungshandlung vorgenommen oder beantragt wird.

Ein Neubeginn der Verjährung tritt jedoch dann nicht ein, wenn die Vornahme der Vollstreckungshandlung vom Gericht abgelehnt oder der Antrag zurückgenommen oder die erwirkte Vollstreckungshandlung vom Gericht aufgehoben wird, § 212 Abs. 2, 3 BGB.

4.2 Hemmung der Verjährung

Die bis zum Eintritt der **Hemmung, §§ 203 ff. BGB,** abgelaufene Verjährungsfrist wird, im Gegensatz zum Neubeginn, berechnet. Allerdings wird die während der Hemmung verstrichene Zeit nicht mit einberechnet, § 209 BGB. Ist der die Verjährungsfrist hemmende Tatbestand wieder beendet, läuft die Verjährungsfrist weiter.

4.2.1 Die wichtigsten Hemmungstatbestände

Neu ins Gesetz aufgenommen wurde die Hemmung der Verjährungsfrist bei **Verhandlungen,** § 203 BGB. **Verjährungshemmende Wirkung** tritt danach ein, wenn zwischen dem Schuldner und dem Gläubiger Verhandlungen über den Anspruch oder die den Anspruch begründenden Umstände schweben. Die Hemmung hält so lange an, bis eine der Parteien die Fortsetzung der Verhandlungen verweigert. Die Verjährung tritt danach frühestens drei Monate nach dem Ende der Hemmung ein.

Verhandlungen, § 203 BGB

In der Praxis ist es problematisch zu entscheiden, ob

- zum einen überhaupt Verhandlungen stattfinden, die schon verjährungshemmende Wirkung auslösen können, und
- zum anderen, wann Verhandlungen endgültig verweigert werden.

Nach einem Urteil des BGH zu § 852 Abs. 2 BGB a. F. wird die Fortsetzung der Verhandlungen erst dann verweigert, wenn ein Abbruch

J   Die Verjährung bzw. Verwirkung von Ansprüchen

klar und eindeutig zum Ausdruck gebracht wird (U. v. 30.6.1998, VI ZR 260/97, NJW 98, 2819).

> **Experten-Tipp:**
> Um sicherzugehen, dass mit der Aufnahme von Gesprächen mit der Gegenseite auch die Hemmung der Verjährung erreicht wird, sollten Sie dies ausdrücklich mit der Gegenseite absprechen und, wenn möglich, schriftlich fixieren.

Selbstständiges Beweisverfahren

Durch die Mietrechtsreform wurde in § 548 Abs. 3 BGB die Unterbrechung der Verjährung für den Fall bestimmt, dass eine der Vertragsparteien die Durchführung eines **selbstständigen Beweisverfahrens** nach der Zivilprozessordnung beantragt, §§ 485 ff. ZPO.
Zwar sieht § 548 Abs. 3 BGB die Unterbrechung der Verjährung vor. Diese Rechtsfolge ist jedoch bereits wieder durch In-Kraft-Treten der Schuldrechtsreform zum 1.1.2002 aufgehoben worden. Es gilt grundsätzlich nur noch eine **verjährungshemmende Wirkung**, d. h. die Verjährung beginnt **nicht** wieder **neu** zu laufen.

Hemmung der Verjährung durch Rechtsverfolgung

Die Erhebung einer Klage bzw. die Einleitung eines Mahnverfahrens führt ebenso zur Hemmung der Verjährung, § 204 Abs. 1 BGB. Im Übrigen enthalten die §§ 204 Abs. 1, 204 ff. BGB weitere Hemmungstatbestände.

4.3 Beispiele/Verjährungstabelle

Allgemeine Verjährungsfrist

Die **allgemeine Verjährungsfrist** beträgt nunmehr nur noch **drei Jahre**, § 195 BGB. Dies gilt auch für Zahlungsansprüche des Vermieters gegenüber dem Mieter z. B. auf Zahlung der Miete sowie für Betriebskostennachforderungen.
Für Schuldverhältnisse, also auch **Mietverträge, die ab dem 1.1.2002 entstanden** sind, gilt ohne Einschränkung das neue Schuldrecht mit dem neuen Verjährungsrecht, d. h. die allgemeine Verjährungsfrist beträgt drei Jahre, § 195 BGB.

Beispiel:

Ein Vermieter vermietet seine Wohnung zum 1.4.2002. In der Folgezeit bleibt der Mieter die Miete für den Monat August 2002 schuldig.

Da die Vermietung nach dem 1.1.2002 erfolgte, gilt für die Berechnung der Verjährungsfrist neues Schuldrecht. Sie beträgt daher für die ausstehende Augustmiete drei Jahre. Die Verjährung beginnt gemäß § 199 BGB am Schluss des Jahres zu laufen, in dem der Anspruch entstanden ist, somit am 31.12.2002. Die Verjährung tritt demnach am 31.12.2005 ein.

Ansprüche die am 1.1.2002 bereits verjährt waren, bleiben verjährt.

Verjährung bleibt

Beispiel:

Das Mietverhältnis zwischen den Mietparteien besteht seit 1994. Der Mieter blieb die Miete für den Monat Mai 1997 schuldig. Der Verjährung für den Zahlungsanspruch des Vermieters begann am 31.12.1997, Verjährung trat daher am 31.12.2001 ein.

Für Ansprüche, die **am 1.1.2002 noch nicht verjährt** waren, sind grundsätzlich die neuen Regelungen zu beachten, Artikel 229 § 6 EGBGB.

Danach bestimmen sich Beginn, Hemmung, Ablaufhemmung und Neubeginn der Verjährung für den Zeitraum vor dem 1.1.2002 nach dem BGB in der bis dahin geltenden Fassung, also nach altem Recht, Artikel 229 § 6 Abs. 1 S.2 EGBGB.

Dies gilt auch, wenn nach dem 31.12.2001 ein Umstand eintritt, bei dessen Vorliegen nach dem BGB in der alten Fassung eine vor dem 1.1.2002 eintretende Unterbrechung (jetzt: Neubeginn) der Verjährung nicht erfolgt oder als erfolgt gilt.

Eine nach altem Recht eingetretene Unterbrechung, die bis zum 31.12.2001 noch nicht beendet ist, gilt mit dem 31.12.2001 als beendet. Die neue Verjährung ist mit Beginn des 1.1.2002 gehemmt, Artikel 229 § 6 Abs. 2 EGBGB.

Ist die Verjährungsfrist nach den neuen Bestimmungen länger als nach dem alten Recht, so ist die kürzere Verjährungsfrist nach altem Recht einschlägig, Artikel 229 § 6 Abs. 3 EGBGB.

Frist nach neuem Recht länger

J   Die Verjährung bzw. Verwirkung von Ansprüchen

Frist nach neuem Recht kürzer

Ist die Verjährung nach neuen Recht kürzer als nach dem alten Recht, so ist zu unterscheiden:

- Es gilt die kürzere Frist, deren Lauf von dem 1.1.2002 an berechnet wird.
- Dies gilt jedoch dann nicht, wenn die alte Frist vor dem Ablauf der neuen, kürzeren Frist, abgelaufen wäre, Artikel 229 § 6 Abs. 4 EGBGB.

Verjährungstabelle

Fällige Forderungen/Jahr (Miete, Betriebskostenpauschale, Abrechnungssaldo)	alte Verjährungsfrist: 4 Jahre, § 197 BGB a. F.	aktuelle Verjährungsrist, § 195 BGB
1997	31.12.2001	–
1998	31.12.2002	31.12.2004
1999	31.12.2003	31.12.2004
2000	31.12.2004	31.12.2004
2001	31.12.2005	31.12.2004
2002	–	31.12.2005
2003	–	31.12.2006
2004	–	31.12.2007
2005	–	31.12.2008

5 Wann verwirkt ein Anspruch?

Verwirkung gesetzlich nicht definiert

Der Geltendmachung eines Anspruchs kann nicht nur die Einrede der Verjährung (s. o.), sondern auch die **Verwirkung** entgegengehalten werden. Die Verwirkung ist gesetzlich nicht definiert: Sie wird aus dem Grundsatz von Treu und Glauben des § 242 BGB abgeleitet, wonach die Geltendmachung eines Anspruchs nicht gegen Treu und Glauben verstoßen darf (LG Aachen v. 17.1. 92, 5 S 302/91, DWW 93, 41, LG Mannheim v. 24.1.90, 4 S 150/89, ZMR 90, 378).
Die Verwirkung setzt zweierlei voraus:

J Wann verwirkt ein Anspruch?

- das sog. **Zeitmoment**, d. h. seit der Möglichkeit der Geltendmachung eines Anspruchs muss ein längerer Zeitraum verstrichen sein,
- zum anderen müssen **Umstände** hinzukommen, die den Schuldner berechtigt glauben lassen, er müsse mit einer Inanspruchnahme nicht mehr rechnen.

Voraussetzungen

Der Tatbestand der Verwirkung hat zu einer Flut von Rechtsprechungen geführt, weshalb hier auf eine eingehende Erörterung verzichtet und auf die im Folgenden aufgeführten Beispiele verwiesen wird.

Zunächst möchten wir jedoch einen Grundsatz voranstellen, der in mehreren Entscheidungen Ausdruck gefunden hat, nämlich dass der Anwendungsbereich der Verwirkung auf **Ausnahmefälle** beschränkt ist (OLG Düsseldorf v. 22.4.1993, 10 U 193/92, WuM 93, 411; BGH v. 29.2. 84, VIII ZR 310/82, WuM 84, 127, NJW 84, 1684).

Grundsatz: Verwirkung als Ausnahme

Achtung:

Keine Bedeutung mehr hat die Verwirkung für die Fälle, in denen ein **Vermieter von Wohnraum** über einen längeren Zeitraum hinweg keine Betriebskostenabrechnungen fertigte und dies nun nachzuholen versucht. Hier hat die Ausschlussfrist des § 556 Abs. 3 S. 2 BGB nunmehr eine zeitliche Grenze gesetzt. Eine Abrechnung über Vorauszahlungen nach Ablauf der Ausschlussfrist ist seitens des Vermieters nicht mehr möglich, außer er hat die Verspätung nicht zu vertreten. Auf das Vorliegen des Verwirkungstatbestands kommt es hier nicht mehr an.

Allerdings ist für den Bereich der **gewerblichen Vermietung** die Verwirkung nach wie vor von Bedeutung, denn die Ausschlussfrist des § 556 Abs. 3 S. BGB gilt nur für die Vermietung von Wohnraum (s. Kapitel G).

- Zur Frage der Verwirkung hat das OLG Düsseldorf mit Urteil vom 3.2.2000 (10 W 1/00, WuM 00, 133, NZM 01, 383) entschieden, dass allein der Umstand, dass der Vermieter über Jahre hinweg die vertraglich vereinbarte Abrechnungsfrist für Nebenkosten nicht eingehalten hat und Nachforderungen erst Jahre später geltend macht, nicht ausreiche, um eine **Verwirkung** an-

Beispiele aus der Rechtsprechung

nehmen zu können. Über den **Zeitablauf** hinaus müssen vielmehr noch **besondere Umstände** vorliegen, die die Feststellung rechtfertigen, der Mieter habe darauf **vertrauen** dürfen, dass die Forderungen nicht mehr geltend gemacht werden.

- Diese Ansicht vertrat auch das LG Saarbrücken in einer Entscheidung vom 21.1.1985, wonach allein die Tatsache, dass der Vermieter über Nebenkosten nicht in angemessener Frist abgerechnet hat, nicht darauf schließen lasse, dass er auf Forderungen verzichte, die ihm über die geleisteten Vorauszahlungen hinaus zustehen (Az: 13 B S 103/84, WuM 1985, 349).

- Macht der Vermieter nach Auseinandersetzungen über die Betriebskostenabrechnung aus einem seit fünf Jahren beendeten Mietverhältnis erst zweieinhalb Jahre nach Beendigung der Auseinandersetzung den Anspruch aus der Abrechnung erneut geltend, ist sein Anspruch verwirkt (LG Berlin, v. 16.10.01, 64 S 158/01, NZM 02, 286).

- Ansprüche aus einer Betriebskostenabrechnung sind verwirkt, wenn sie dem ehemaligen Mieter erst 44 Monate nach Beendigung des Mietverhältnisses zugeht (AG Berlin-Mitte, U. v. 24.2.2004, AZ: 9C 366/03, MM 04, 171).

- Das LG Braunschweig sah die Verwirkung in einem Fall für gegeben an, in dem der Vermieter 13 Jahre nicht abrechnete und dann unangekündigt Abrechnungen vornahm. Dies verstößt nach Ansicht des Gerichts gegen Treu und Glauben (LG Braunschweig, v. 30.7. 2002, 6 S 58/02, ZMR 02, 917).

- Hat es der Vermieter versäumt, **Betriebskostenvorauszahlungen**, die der Mieter entgegen vertraglichen Bestimmungen nicht gezahlt hat, nachzufordern, so ist eine Nachforderung für die Vergangenheit verwirkt (LG Berlin, v. 7.12. 98, 62 S 186/98, GE 99, 188).

- Strittig ist auch immer wieder, ob ein Anspruch des Vermieters **auf Zahlung von Betriebskostenpositionen** besteht, wenn diese Positionen, obwohl dem Vermieter entstanden, dem Mieter gegenüber aber zunächst nicht in Rechnung gestellt wurden. Hierzu hat das LG Waldshut-Tiengen mit Urteil vom 25.1.2001 festgestellt, dass es für die Annahme der Verwirkung nicht ausreicht, wenn der Vermieter eine vertraglich vereinbarte Betriebskosten-

position nicht von der ersten Abrechnung an geltend gemacht hat (LG Waldshut-Tiengen, 1 S 60/00, WuM 01, 245).
A. A. AG Gießen (U. v. 5.7.2004, 48 MC 194/04, ZMR 04, 824), wonach ein Vermieter auch in Zukunft keine Betriebskostenpositionen verlangen kann, die er trotz vertraglicher Umlagefähigkeit über Jahre hinweg nicht geltend gemacht hat.

Beispiel:
Hat es der Vermieter vergessen, z. B. die Grundsteuer in die Abrechnung mit aufzunehmen, so kann er zwar nach Ablauf der Abrechnungsfrist, § 556 Abs. 3 S. 2 BGB, diesen Betrag vom Mieter nicht mehr geltend machen, er ist aber für die Zukunft mit der Weitergabe dieser Position nicht ausgeschlossen.

- Ist ein Mietverhältnis beendet und bereits abgewickelt bzw. die **Kaution vorbehaltlos ausgezahlt** worden, so ist ein sich aus einer nachträglich erstellten **Betriebskostenabrechnung** ergebender Saldo zugunsten des Vermieters verwirkt (LG Köln, v. 10.1.2001, 10 S 249/00, NZM 2001, 617; AG Charlottenburg, v. 21.1.2000, 16 b C 368/99, GE 2000, 474; AG Köln, v. 23.12.99, 209 C 424/99, WuM 2000, 152). Vorbehaltlose Zahlung
- Hat ein gewerblicher Mieter das sich aus der Betriebskostenabrechnung ergebende Guthaben entgegengenommen, ist ein erst zwei Jahre später nach einem Vermieterwechsel auf die Fehlerhaftigkeit der Abrechnung gestützter weiterer Guthabenanspruch des Mieters verwirkt (LG Düsseldorf, U. v. 12.9.1989, 10 O 52/89, WuM 90/69).

Nach Beendigung des Mietverhältnisses ist der Vermieter gehalten, alle Ansprüche aus dem Mietverhältnis im Rahmen der Kautionsabrechnung zu berücksichtigen. Tut er dies nicht und zahlt ein Guthaben an den Mieter aus, so kann er, ohne dass er einen Vorbehalt erklärt, weiter gehende Ansprüche in der Regel nicht mehr geltend machen.

J Die Verjährung bzw. Verwirkung von Ansprüchen

> **Expeten-Tipp:**
> Endet ein Mietverhältnis während des Abrechnungszeitraums, z. B. Februar 2002, und ist der Kautionsrückzahlungsanspuch fällig (August 2002, sechs Monate nach Beendigung und Übergabe der Mietsache), bevor das Abrechnungsjahr und/oder die Ausschlussfrist, § 556 Abs. 3 S. 2 BGB, abgelaufen sind, so ist Ihnen als Vermieter dringend anzuraten, im Rahmen der Kautionsabrechnung einen Vorbehalt bzgl. der noch abzurechnenden Betriebskosten zu erklären. Andernfalls tragen Sie das Risiko, Nachforderungen nicht mehr geltend machen zu können.

Pachtverhältnis
- Für ein **Pachtverhältnis** hat das OLG Düsseldorf Folgendes entschieden: Der Umstand, dass der Verpächter seiner Pflicht zur Nebenkostenabrechnung in den ersten beiden Pachtjahren überhaupt nicht und für die drei folgenden Jahre erst mit jahrelanger Verspätung nachgekommen ist, führt noch nicht zur **Verwirkung** der Nebenkostenforderungen. Hat der Verpächter jedoch die Abrechnungen für drei Jahre erstellt, darf der Pächter damit rechnen, dass die Abrechnungen von vorangegangenen Zeiträumen, sollten sie noch erfolgen, unverzüglich übersandt werden. Wartet der Verpächter noch weitere vier Monate mit der Übersendung der Abrechnung für ein vorangegangenes Jahr, darf der Pächter mit Recht annehmen, dass dieses Jahr nicht mehr zum Gegenstand von Nachzahlungsforderungen gemacht wird (U. v. 25.1.2000, 24 U 111/99, ZMR 2000, 580).

Die Rechtsprechungsbeispiele zeigen, dass die Verwirkung für den Bereich des Gewerbemietrechts nach wie vor von Bedeutung ist, für den Bereich des Wohnraummietrechts durch die Einführung der Ausschlussfrist für die Erstellung der Betriebskostenabrechnung jedoch an Bedeutung verloren hat.

6 Wann ergibt sich ein Recht zur Aufrechnung bzw. Zurückbehaltung?

Aufrechnung
Sowohl Vermieter als auch Mieter können grundsätzlich einen sich aus der Betriebskostenabrechnung ergebenden Saldo mit einem ent-

Wann ergibt sich ein Recht zur Aufrechnung bzw. Zurückbehaltung? **J**

sprechenden Saldo aus der Heizkostenabrechnung **aufrechnen**, § 387 BGB.
Allerdings besteht die **Aufrechnungslage** nur dann, wenn der Vermieter die Abrechnung fristgerecht, § 556 Abs. 3 S. 2 BGB, erstellt hat. Haben Sie es als Vermieter versäumt, die Abrechnung über die Betriebskosten innerhalb der Ausschlussfrist zu erstellen, so können Sie dieses Versäumnis nicht dadurch nachholen, dass Sie einen sich aus der verspäteten Abrechnung ergebenden Saldo zu Ihren Gunsten mit einem Guthaben des Mieters aus der Heizkostenabrechnung aufrechnen.

> **Hinweis:**
> Die Ausschlussfrist können Sie nicht durch Aufrechnung mit einer verfristeten Abrechnung umgehen.

Zur Durchsetzung des Anspruchs auf Vorlage einer Abrechnung über die geleisteten Betriebskostenvorauszahlung kann der Mieter grundsätzlich ein **Zurückbehaltungsrecht** gemäß § 273 BGB bzgl. **weiterer Vorauszahlungen** geltend machen (OLG Naumburg, v. 18.9.01, 9 U 91/01, OLGR Naumburg 02, 297; BGH U. v. 29.2.1984, VIII ZR 310/82 in DWW 84,166). Das Zurückbehaltungsrecht erstreckt sich jedoch nicht auf den geschuldeten Mietzins (OLG Düsseldorf, v. 12.6.2001, 24 U 168/00, ZMR 2002, 37). Ein Zurückbehaltungsrecht hinsichtlich der Betriebskostenvorschüsse kommt nur in Betracht, wenn der Vermieter innerhalb der Jahresfrist überhaupt nicht abgerechnet hat. Dem entspricht der Fall, dass die Abrechnung so unzulänglich ist, wegen offensichtlicher Fehler. Allerdings können einfache Fehler in der Abrechnung kein Zurück-behaltungsrecht des Mieters begründen (AG Pinneberg, U. v. 5.3.2004, 66 C 272/03, ZMR 04, 595 f.).

Für bereits fällige, in der Vergangenheit nicht gezahlte Vorschüsse steht dem Mieter ein Zurückbehaltungsrecht dagegen nicht zu (OLG Düsseldorf v. 28.9.2000, 10 U 179/99 WuM 2000, 678). Ebenso wenig hat er einen Anspruch auf Rückforderung bereits gezahlter Betriebskostenvorschüsse (OLG Hamm v. 26.6.98, 30 RE-Miet 1/98, WuM 98, 476).

Zurückbehaltungsrecht

Das Zurückbehaltungsrecht des Mieters besteht jedoch nur bis zur Vorlage einer formell ordnungsgemäßen Abrechnung. Eine formell richtige Betriebskostenabrechnung liegt dann vor, wenn sie die Mindestangaben enthält (s. Kapitel E), nämlich eine geordnete Zusammenstellung der Gesamtkosten, die Angabe und Erläuterung des Verteilerschlüssels, die Berechnung des Anteils des Mieters sowie den Abzug der Vorauszahlungen (KG Berlin, U. v. 5.1.2004, 8 U 22/03, GE 04, 423).

Ein Zurückbehaltungsrecht, das sich lediglich auf materielle Einwendungen stützt, z. B. die Behauptung, die Höhe einzelner Positionen sei nicht richtig, ist falsch (LG Itzehoe, v. 14.1.2003, 1 S 236/02, ZMR 03, 494).

Ist das Mietverhältnis beendet und steht die Abrechnung der Betriebskosten noch aus, hilft dem Mieter die Geltendmachung eines Zurückbehaltungsrechts nichts. Für diesen Fall hat das OLG Braunschweig dem Mieter einen **Anspruch auf Rückerstattung** überzahlter Vorschüsse zugestanden, soweit sie nicht durch unstreitig entstandene Betriebskosten verbraucht sind (OLG Braunschweig RE v. 8.7.99, 1 RE-Miet 1/99, NZM 99, 751).

Auch wenn die Abrechnungsfrist des § 556 Abs. 3 S. 2 BGB abgelaufen ist und der Vermieter einen sich aus einer verspäteten Abrechnung ergebenden Saldo nicht mehr geltend machen kann, kann der Mieter gleichwohl auf Erstellung einer Abrechnung bestehen und diesen Anspruch mit Hilfe des Zurückbehalts von Vorauszahlungen durchsetzen (BGH v. 11.4.1984, VIII ARZ 16/83, WuM 84, 185). Allerdings darf er kein höheres Zurückbehaltungsrecht geltend machen als in der Höhe der für den Abrechnungszeitraum gezahlten Vorschüsse (KG Berlin, v. 15.10.2001, 8 U 2549/00, GE 02, 129).

Kautionsabrechnung

Die Frage nach einem **Zurückbehaltungsrecht** stellt sich in der Praxis zumeist bei Beendigung des Mietverhältnisses im Rahmen der **Kautionsabrechnung.**

- Ist zum Zeitpunkt der Fälligkeit des Kautionsrückzahlungsanspruchs auch der Anspruch aus der Betriebskostenabrechnung fällig, so stehen sich zwei fällige Ansprüche gegenüber, die im Wege der Aufrechnung erfüllt werden können.

Wann ergibt sich ein Recht zur Aufrechnung bzw. Zurückbehaltung? J

- Kann dagegen zum Zeitpunkt der Fälligkeit des Anspruchs auf Rückgewähr der Kaution über die Betriebskosten noch nicht abgerechnet werden, weil entweder das Abrechnungsjahr noch nicht abgelaufen ist oder die entsprechenden Belege noch nicht vorliegen, ist fraglich, ob und, wenn ja, in welcher Höhe dem Vermieter ein Zurückbehaltungsrecht an der Kaution zusteht. Der Vermieter ist grundsätzlich zu Teilabrechnungen nicht verpflichtet, § 556 Abs. 3 S. 4 BGB, denn dies würde zu einem unzumutbaren Mehraufwand des Vermieters führen.

Kann der Vermieter noch nicht Rechnung legen, so steht ihm grundsätzlich das Recht zu, einen **Einbehalt** von der Kaution vornehmen, um einen eventuellen Nachforderungsanspruch zu sichern. Der Einbehalt hat im Hinblick auf eine **kalkulierbare Betriebskostennachforderung** zu erfolgen, wobei ein Guthaben an den Mieter auszukehren ist (AG Langen v. 7.9.95, 2 C 159/95, WuM 96, 31; BGH v. 1.7.87, VIII ARZ 2/87, NJW 87, 2372, ZMR 87/412).

Einbehalt von der Kaution

Der Einbehalt von der Kaution hat in **angemessener Höhe** zu erfolgen und darf nicht willkürlich festgelegt werden. Des Weiteren muss der Vermieter ein **Sicherungsbedürfnis** nachweisen (AG Flensburg v, 23.3.2000, 61 C 558/99, WuM 2000, 598), das dann nicht gegeben ist, wenn mit einer Nachforderung nicht zu rechnen ist, da der Mieter z. B. aus den Abrechnungen der Vorjahre regelmäßig ein Guthaben erstattet erhielt. Hatte der Mieter dagegen Nachzahlungen zu leisten, so besteht ein Sicherungsinteresse des Vermieters.

Bei der Höhe des Einbehalts können Sie sich als Vermieter an der **durchschnittlichen Höhe der Nachforderungen** der letzten drei Jahre orientieren (AG Köln v. 24.5.88, 210 C 143/88, WuM 88, 267). Auch kann es eine Rolle spielen, ob es sich bei den betreffenden Monaten um besonders kostenintensive handelt, z. B. bei den Heizkosten die Wintermonate (AG Langen, v. 7.9.95, 2 C 159/95, WuM 96/31).

Nach Auffassung des AG Köln (U. v. 9.8.2002, 201 C 169/02, WuM 04, 609), steht dem Vermieter als Sicherheit für eine Betriebskostennachforderung lediglich ein Betrag in Höhe einer Monatsnebenkostenvorauszahlung zu.

Bei gewerblichen Mietverhältnissen darf sogar vereinbart werden, dass der Anspruch auf Rückzahlung der Kaution erst dann fällig

135

wird, wenn die letzte Betriebskostenabrechnung erteilt ist (LG Köln v. 12.1.2004, 2 O 213/03).

Bankbürgschaft Hat der Mieter als Mietsicherheit eine Bankbürgschaft gestellt, stellt sich die Frage, ob der Vermieter die Herausgabe der Bürgschaft verweigern kann, wenn die Abrechnung über die Betriebskosten noch aussteht. Nachdem die Bürgschaft nicht teilbar ist, kann es unangemessen sein, diese einzubehalten, wenn nur eine relativ geringen Nachforderung aus der Abrechnung zu erwarten ist. Das Sicherungsinteresse des Vermieters ist gegenüber dem Herausgabeanspruch des Mieters in diesem Fall unangemessen bzw. unverhältnismäßig (AG Hamburg U. v. 8.5.2001, 41 A C 223/00, MM 2001, 358).

> **Experten-Tipp:**
> Um spätere Streitigkeiten wegen Zurückbehalts der Kaution nach Beendigung eines Mietverhältnisses zu vermeiden, können Sie vertraglich eine entsprechende Klausel vereinbaren.

K Das Gebot der Wirtschaftlichkeit

Für den Bereich des preisfreien Wohnraumrechts wurde nunmehr mit der Mietrechtsreform der **Grundsatz der Wirtschaftlichkeit** in das Gesetz mit aufgenommen. Für preisgebunden Wohnraum findet sich dieser in § 20 Abs. 2 S. 3 NMV. Der Grundsatz der Wirtschaftlichkeit ist für gewerbliche Mietverhältnisse entsprechend anzuwenden, § 242 BGB. Gesetzliche Grundlagen

Ausdrücklich im Gesetz benannt und daher besonders zu beachten ist der Grundsatz der Wirtschaftlichkeit bei der **Abrechnung der Betriebskosten**, § 556 Abs. 3 S. 1, 2. HS BGB, sowie bei deren **Veränderung**, § 560 Abs. 5 BGB.

> **Hinweis:**
> Neu ist das Gebot der Wirtschaftlichkeit für das Mietrecht nicht. Die Wirtschaftlichkeit galt als **allgemeiner Rechtsgrundsatz** auch ohne ausdrückliche gesetzliche Regelung und wurde von der Rechtsprechung zum Teil aus dem Grundsatz von Treu und Glauben, § 242 BGB, abgeleitet.

Was bedeutet nun „Wirtschaftlichkeit" im Einzelnen für den Vermieter und was hat er hierbei zu beachten?

Im BGB selbst findet sich keine Definition dieses Begriffs. Aus § 20 Abs. 1 S. 2 NMV bzw. § 24 Abs. 2 II. BV dagegen kann folgende Definition übernommen werden, die entweder direkt, weil gesetzlich vorgegeben, oder über den Grundsatz von Treu und Glauben, § 242 BGB, auf alle übrigen Mietverhältnisse, auch Gewerbemietverträge, Anwendung findet.

> „Es dürfen nur solche Kosten umgelegt werden, die bei gewissenhafter Abwägung aller Umstände und bei ordentlicher Geschäftsführung gerechtfertigt sind." Definition

K Das Gebot der Wirtschaftlichkeit

Aus der Sicht eines vernünftigen Vermieters muss sich ein **angemessenes Kosten-Nutzen-Verhältnis** ergeben (OLG Karlsruhe, RE v. 20.9.84, 9 RE-Miet 6/83, WuM 85, 17, ZMR 84, 411).
Im Hinblick auf § 556 Abs. 3 S.1, 2. HS BGB, Abrechnung der Betriebskosten, stellt sich zum einen die Frage

Umfang
- nach der **Weitergabe** einzelner Betriebskostenpositionen und zum anderen

Höhe
- nach der in Rechnung gestellten **Höhe** einzelner Betriebskostenarten.

1 Welche Betriebskosten kann der Vermieter an den Mieter weitergeben?

Ordnungsgemäße Bewirtschaftung

Sie dürfen dem Mieter nur solche Betriebskostenpositionen im Rahmen einer mietvertraglichen Vereinbarung in Rechnung stellen, die für die ordnungsgemäße Bewirtschaftung des Gebäudes nach objektiven Maßstäben und unter Berücksichtigung der Mieterinteressen erforderlich sind (OLG Düsseldorf 25.6.1987).

Was den Umfang der umlegbaren Betriebskostenpositionen anbelangt, ist zunächst auf den Katalog des § 2 BetrKV zu verweisen.

Soweit es sich um solche Betriebskostenarten handelt, bei denen Sie als Vermieter keine Auswahl oder einen Entscheidungsspielraum haben, wie z. B. bei der Grundsteuer, ist das Gebot der Wirtschaftlichkeit nicht von Bedeutung.

Darüber hinaus obliegt Ihnen jedoch in vielen Fällen die Entscheidung, ob und in welchem Umfang Sie z. B. Versicherungen, Wartungsdienste oder sonstige Leistungen in Anspruch nehmen, die nach Ihrer Ansicht für die ordnungsgemäße Bewirtschaftung des Gebäudes sinnvoll sind oder nicht und diese dann Ihrem Mieter weitergeben.

Objektiver Maßstab

Hier müssen Sie unter Zugrundelegung eines objektiven Maßstabs prüfen, ob Sie das Gebot der Wirtschaftlichkeit beachtet haben oder nicht. So können z. B. wöchentliche Reinigungskosten für Müllbehälter oder Kellerschächte überflüssig und somit unwirtschaftlich sein.

In welcher Höhe darf der Vermieter Betriebskosten in Rechnung stellen?

K

> **Hinweis:**
>
> In diesem Zusammenhang ist in erster Linie die Position **„sonstige Betriebskosten"** der Nr. 17 des § 2 Nr. 17 BetrKV relevant. Hier ist es möglich, durch individuelle Vereinbarung andere als die in den Nr. 1 bis 16 des § 2 BetrKV aufgezählten Kostenarten in Rechnung zu stellen. Ob z. B. eine Dachrinnenbeheizung, die aus Sicht des Vermieters sinnvoll erscheint, auch wirtschaftlich geboten ist, ist durchaus fraglich.

2 In welcher Höhe darf der Vermieter Betriebskosten in Rechnung stellen?

Neben dem Umfang der verschiedenen Positionen ist auch die in Rechnung gestellte **Höhe** der einzelnen Betriebskostenpositionen Anlass häufiger Streitigkeiten.

Ihnen als Vermieter steht grundsätzlich ein gewisser **Ermessensspielraum** zu, sowohl im Hinblick auf die **Auswahl** der einzelnen Dienstleister bzw. Lieferanten als auch auf den **Umfang** der Leistungen.

Ermessensspielraum

Dies ist insbesondere bei der Auswahl von Hausmeistern, Gärtner oder auch bei sonstigen Leistungserbringern von Bedeutung. Einerseits müssen Sie nicht den jeweils billigsten Anbieter auswählen, andererseits müssen die Kosten Ihres Vertragspartners nach **objektiven Gesichtspunkten** angemessen sein und dürfen nicht erheblich über dem ortsüblichen Durchschnitt liegen.

Grundsätzlich steht es im Ermessen des Vermieters, ob er mit den Arbeiten eine Privatperson oder ein gewerbliches Unternehmen beauftragt. Würde man dem Vermieter dieses Entscheidungsrecht nehmen, wäre er in der Bewirtschaftung seines Objekts unangemessen eingeschränkt (LG Hannover, v. 31.1.2002, 3 S 1268/01, WuM 03, 450). Die Übertragung der Wärmeversorgung des Anwesens auf einen gewerblichen Dritten verstößt nicht gegen das Gebot der Wirtschaftlichkeit. Auch zwingt es den Vermieter nicht zur **Änderung** der mietvertraglich vereinbarten indirekten Beheizungsart des Anwesens (z. B. Fern- bzw. Nahwärme), selbst wenn sie im Vergleich zur direkten Beheizung weitergehende Kosten verursacht (LG Bochum, 18.6.2004, 5 S 52/04, WuM 04, 477).

K Das Gebot der Wirtschaftlichkeit

Im Streitfall ist allerdings der Vermieter beweispflichtig dafür, dass ein angemessenes Kosten-Nutzen-Verhältnis vorliegt (AG Leipzig, v. 17.6.2003, 18 C 2588/03, WuM 03, 452).

2.1 Beispiel: Hausmeister oder Hauswart

Die Position eines **Hausmeisters oder Hauswarts** in der Abrechnung stellt besonders häufig einen Grund für Auseinandersetzungen zwischen Vermieter und Mieter dar. Zum Teil wird mieterseits z. B. die Höhe des Hausmeisterentgelts in Frage gestellt oder es wird der Einwand der Untätigkeit des Hauswarts oder Schlechterfüllung der Hausmeistertätigkeit vorgebracht.

Höhe der Kosten
Soweit Verträge mit den Haumeistern vorliegen, was in der Regel der Fall sein wird, da sich Vermieter zunehmend entsprechender Servicefirmen bedienen, ist der Nachweis über die Höhe der entstandenen Kosten insoweit unproblematisch. Allerdings werden von den Servicefirmen auch die Beträge von Putz- und Reinigungsmaterial mit einkalkuliert, weshalb die Kosten der Inanspruchnahme von Servicefirmen oft höher sein werden als bei einem herkömmlichen Hausmeister.

Sehr weitreichende Anforderungen stellt das AG Frankfurt bei der Geltendmachung erhöhter Kostenpositionen. Weichen danach die Hausmeisterkosten erheblich von den Durchschnittskosten ab, muss der Vermieter die Richtigkeit der abgerechneten Kosten darlegen, die Abweichung erläutern, die **Erforderlichkeit** beweisen und die Wahrung des Wirtschaftlichkeitsgebots eingehend darlegen (AG Frankfurt v. 5.6.2002, 33 C 4255/01-28, WuM 02, 376).

Wird ein Hauswart nach Stunden bezahlt, so ist vermieterseits der Nachweis des Tätigkeitsumfangs des Hausmeisters nicht immer leicht, wenn Arbeitszettel gar nicht oder nur unvollständig vorliegen. Wird dem Hauswart vorgeworfen, seine Tätigkeiten nicht ordentlich auszuführen, z. B. Putzleistungen, so kann dies, wenn sich dieser Vorwurf als richtig herausstellt, zu einem **Verstoß** gegen das Wirtschaftlichkeitsgebot führen, denn der Mieter zahlt letztendlich für Leistungen, die nicht oder nur schlecht erbracht werden.

Art und Umfang der Leistung
Auch die **Art** und **der Umfang** der Tätigkeit des Hauswarts ist nicht immer unproblematisch. Dürfen **Instandhaltungs- bzw. Instand-**

In welcher Höhe darf der Vermieter Betriebskosten in Rechnung stellen?   K

setzungskosten grundsätzlich einem Mieter nicht in Rechnung gestellt werden, so dürfte streng genommen ein Hausmeister auch keine Heizungseinstellung oder Heizungsentlüftung vornehmen, ohne dass ein Vorwegabzug dieser Kosten erfolgt.

Gleiches gilt für die **Verwaltungstätigkeit** eines Vermieters und somit auch für Aufgaben des Hausmeisters, die der Verwaltung zuzurechnen sind, z. B. Buchhaltung, Zusammenstellung von Rechnungsbelegen o. Ä.

Nach Auffassung des LG Gera hindern jedoch geringfügige Verwaltungstätigkeiten der Hausmeisterfirma, die in der Abrechnung allenfalls Centbeträge ausmachen, nicht die Nachzahlungsforderung des Vermieters aus der Betriebskostenabrechnung (U. v. 31.1.2001, 1 S 185/00, WuM 01, 615).

Bei der Vergabe von Gartenpflegearbeiten an Fremdfirmen hat der Vermieter, der diese Arbeiten bisher durch eigene Arbeitskräfte erledigen ließ, in der Abrechnung darzulegen, warum diese Kosten nunmehr wesentlich höher ausfallen, und für sein Vorgehen nachvollziehbare Gründe zu benennen. Die Verletzung der Darlegungspflicht führt nach Ansicht des AG Kiel dazu, dass die entsprechende Betriebskostenabrechnung nicht fällig wird (AG Kiel v. 18.4.2001, 113 C 490/00, MM 01, 418).

Gartenpflege

| **Experten-Tipp:**
| Verlangen Sie bei der Ermittlung der Kosten für Hausmeistertätigkeiten, Gartenpflege und Reinigungspersonal von diesen exakte Tätigkeitsnachweise und führen Sie auch von Zeit zu Zeit Kontrollen der Beauftragten durch.

Zur Überprüfung der Wirtschaftlichkeit der Beauftragung eines Hauswarts sind substanziierte Angaben des Vermieters zu den von diesem erbrachten Leistungen nach Art der Tätigkeit und Stundenaufwand erforderlich. Können diese Angaben vom Vermieter nicht erbracht werden, sind die Kosten auch nicht umlagefähig (AG Wetzlar, U. v. 25.3.2004, 39 C 2607/03, WuM 04, 339).

K Das Gebot der Wirtschaftlichkeit

2.2 Welche Höhe ist angemessen?

Umstände des Einzelfalls

Die **Angemessenheit** der Kostenhöhe kann nicht generell bestimmt werden, sondern ist unter Berücksichtigung der **konkreten Umstände des Einzelfalls** zu prüfen.

Dem Vermieter ist es daher zuzumuten, während der Dauer des Mietverhältnisses die **Marktverhältnisse** zu beobachten. Das bedeutet jedoch nicht, dass Sie bei Bekanntwerden eines günstigeren Anbieters einen sofortigen Wechsel des Vertragspartners herbeiführen müssen.

Andererseits können Sie sich nicht auf langjährige Verträge mit Dienstleistern einlassen, die Ihnen die Möglichkeit nehmen, bei veränderter Marktsituation zu günstigeren Anbietern zu wechseln.

> **Hinweis:**
> Bei einer Überschreitung der ortsüblichen Entgelte für einen Hausmeister um ca. sechs bis 8,6 Prozent würde es die Verpflichtung des Vermieters überspannen, wenn er Marktforschung betreiben müsste. **Analog** der für den Mietzins geltenden **Wesentlichkeitsgrenze** von 20 Prozent wäre eine Überschreitung der ortsüblichen Entgelte in dieser Größenordnung erst erheblich (AG Ebersberg, v. 19.11.02, 1 C 696/00).

Heizöl

Heizöl müssen Sie als Vermieter ebenfalls unter wirtschaftlichen Gesichtspunkten anschaffen und z. B. die günstigeren Sommerpreise den zumeist teureren Winterpreisen vorziehen. Die Heizölabrechnung darf für Sie kein Zusatz- bzw. Spekulationsgeschäft darstellen (OLG Koblenz 17.9.85, 3 U 1623/83, WuM 86, 282).

Fernwärmekosten auf Basis eines weit überdurchschnittlichen Bezugspreises muss der Mieter in der Regel nicht hinnehmen (LG Potsdam, U. v. 5.6.2003, 11 S 233/02, WuM 04, 480).

2.3 Wirtschaftlichkeitsgebot bei der Veränderung der Betriebskosten

In § 560 BGB sind die Voraussetzungen für die **Veränderung von Betriebskosten** geregelt. Eine Änderung der Betriebskosten kommt daher nur dann in Betracht, wenn sie auch den Grundsätzen der Wirtschaftlichkeit entspricht. Das bedeutet, dass auch hier, sowohl im Hinblick auf den Umfang der einzelnen Positionen, als auch im Hinblick auf die Höhe eine **Wirtschaftlichkeitsprüfung** stattzufinden hat.

3 Rechtsfolgen bei einem Verstoß

Soweit sich der **Verstoß gegen den Wirtschaftlichkeitsgrundsatz** nicht gegen die Abrechnung insgesamt wendet, was zumeist nicht der Fall sein wird, sondern nur gegen einzelne Rechnungspositionen, ist die Abrechnung formell nicht zu beanstanden, sodass Ausschluss- und Einwendungsfristen grundsätzlich nicht betroffen sind. Die Verletzung des Wirtschaftlichkeitsgebots führt zu einer **Vertragsverletzung** durch den Vermieter mit der Folge eines **Schadensersatzanspruchs** des Mieters auf **Freistellung** von den unwirtschaftlichen Kosten (Langenberg, „Betriebskostenrecht", G 45 ff.).

Mieter hat Anspruch auf Schadensersatz

In Frage kommen danach

- die vollständige **Streichung** einer nicht wirtschaftlichen, weil überflüssigen Position, z. B. wöchentliche Müllbehälterreinigung oder Wartung für Fenster durch eine Fachfirma (s. Pfeifer „Nebenkosten" 4. Aufl.), oder aber auch
- die **teilweise Reduzierung** des überhöhten Kostenansatzes auf ein angemessenes Niveau (AG Frankfurt a. M., v. 5.6.2002, 33 C 4255/01–28, WuM 02, 376).

L Einzelne Probleme der Heiz- und Warmwasserkostenabrechnung

1 Pflicht zur Verbrauchserfassung

Die Heizkostenverordnung (kurz: HeizkV) regelt die Erfassung und Abrechnung sowohl der Heizungskosten als auch der Kosten für Warmwasser. Sie gilt für Mietwohnungen, Eigentumswohnungen, Geschäftsräume und gemischt genutzte Gebäude.
Nach der HeizkV ist die Abrechnung der Heiz- und Warmwasserkosten **zwingend** vorgeschrieben.
Ausnahmen sind gemäß § 2 HeizkV nur erlaubt, wenn

- es sich um ein Zweifamilienhaus handelt, in dem der Vermieter eine Wohnung selbst bewohnt,
- die Wohnung über eine eigene Heizung verfügt,
- in dem vermieteten Einfamilienhaus nur eine Mietpartei wohnt,
- vereinbart wurde, dass ein höherer verbrauchsabhängiger Kostenanteil als 70 Prozent gelten soll, § 10 HeizkV.

Die Heizkostenverordnung gestattet weitere Ausnahmen:

- **§ 11 Abs. 1 HeizkV**: wenn das Anbringen der Ausstattung zur Verbrauchserfassung, die Erfassung des Wärmeverbrauchs oder die Verteilung der Kosten des Wärmeverbrauchs nicht oder nur mit unverhältnismäßig hohen Kosten möglich ist.
Unverhältnismäßig hohe Kosten liegen vor, wenn die erwarteten Einsparungen nicht ausreichen, um die laufenden und die Anschaffungskosten zu decken. Nach LG Hamburg (v. 5.6.1992, 311 S 272/90, WuM 1992, 490) liegt Unverhältnismäßigkeit vor, wenn die Kosten die Einsparungen um 200 bis 600 Prozent übersteigen;

Anspruch auf verbrauchsabhängige Abrechnung

Ausnahmen nach § 2 HeizkV

Nichtanwendbarkeit der Heizkostenverordnung

Einzelne Probleme der Heiz- und Warmwasserkostenabrechnung

- § 11 Abs. 2 HeizkV: wenn keine Wärmeverbrauchsbeeinflussung möglich ist, etwa wenn die Räume vor dem 1.7.1981 bezugsfertig geworden sind und die Nutzer den Wärmeverbrauch nicht beeinflussen können (Beispiel: Einrohrheizung, kombinierte Decken-Fußbodenheizung). Bei Räumen, die nach dem 1.7.1981 fertiggestellt wurden, hat der Mieter einen Anspruch auf Nachrüstung;
- § 11 Abs. 3 HeizkV: Alters- und Pflegeheime, Studenten- und Lehrlingsheime;
- § 11 Abs. 4 HeizkV: vergleichbare Gebäude oder vergleichbare Gebäudeteile, z. B. Hotels, Jugendheime;
- § 11 Abs. 5 HeizkV: energiesparende Wärmeversorgung. Diese Ausnahmevorschrift bezieht sich auf Anlagen zur Rückgewinnung von Wärme oder aus Wärmepumpen- oder Solaranlagen oder aus Anlagen der Kraft-Wärme-Koppelung oder Anlagen zur Verwertung von Abwärme, sofern der Wärmeverbrauch des Gebäudes nicht erfasst wird. Die Ausnahme muss aber von der zuständigen Stelle zugelassen sein;
- § 11 Abs. 6 HeizkV: Hausanlagen im Falle der Direktwärmelieferung.

Warmmiete

Liegt kein Ausnahmetatbestand nach § 2 oder § 11 HeizkV vor und vereinbaren die Vertragsparteien dennoch eine so genannte Brutto- oder **Warmmiete**, verstößt diese Vereinbarung gegen die Vorschriften der HeizkV.

Im Streitfall muss der Vermieter den Heiz- und Warmwasserkostenanteil aus der Warmmiete herausnehmen und diesen Betrag als Vorauszahlung für die entsprechenden Kosten abrechnen (OLG Schleswig v. 15.1.1986, 6 RE-Miet 71/85, WuM 1986, 330; BayObLG v. 23.6.1988, RE-Miet 3/88, WuM 1988, 257; LG Aschaffenburg v. 29.11.2002, 2 S 269/02).

2 Wie werden die Kosten umgelegt?

Die bei der Heiz- und Warmwasserkostenabrechnung ansatzfähigen Kosten sind in § 7 Abs. 2 HeizkV und § 8 Abs. 2 HeizkV geregelt. Zum Umfang der Kosten des Betriebs der zentralen Heizungsanlage wird auf die Ausführungen in Anhang 4 und hinsichtlich der Kosten des Betriebs der zentralen Warmwasserversorgung auf die Ausführungen in Anhang 5 verwiesen.

Nach § 7 Abs. 1 HeizkV sind von den Kosten des Betriebs der zentralen Heizanlage mindestens 50 und höchstens 70 Prozent nach dem erfassten Wärmeverbrauch der Nutzer zu verteilen. Die Vertragsparteien haben jedoch die Möglichkeit, einen höheren **Verbrauchskostenanteil** zu vereinbaren, § 10 Abs. 1 HeizkV. Dies setzt jedoch voraus, dass im gesamten Haus derselbe Maßstab vereinbart wird. — Umlagemaßstab

Die übrigen Kosten (= **Grundkosten**) sind nach der Wohn- oder Nutzfläche oder nach dem umbauten Raum zu verteilen. Es kann aber auch die Wohn- oder Nutzfläche oder der umbaute Raum der beheizten Räume zugrunde gelegt werden. Diesem Grundkostenanteil muss ein gleicher Maßstab für alle Wohnungen zugrunde liegen. — Grundkosten

Nach § 8 Abs. 1 HeizkV sind von den Kosten des Betriebs der zentralen Warmwasserversorgungsanlage ebenfalls mindestens 50 und höchstens 70 Prozent nach dem erfassten Warmwasserverbrauch, die übrigen Kosten nach der Wohn- oder Nutzfläche zu verteilen. — Warmwasser

> **Achtung:**
> Erfolgt die Abrechnung der Heizungs- oder Warmwasserkosten ausschließlich nach Flächenanteilen, liegt ein Verstoß gegen § 6 Abs. 1 HeizkV vor. Die Abrechnung ist nicht ordnungsgemäß und der Mieter kann die Zahlung einer Nachforderung verweigern.

Bei **Leerständen** von Wohnraum muss dies in die Abrechnung mit einbezogen werden. Die anteiligen Kosten sind vom Vermieter zu tragen.

Die Bestimmung des Abrechnungsmaßstabs obliegt dem Gebäudeeigentümer. Er kann diesen unter bestimmten Voraussetzungen für künftige Abrechnungszeiträume einmalig durch Erklärung gegenüber den Nutzern ändern:

- bis zum Ablauf von drei Abrechnungszeiträumen nach deren erstmaliger Bestimmung,
- bei Einführung einer Vorerfassung nach Nutzergruppen,

- nach Durchführung baulicher Maßnahmen, die nachhaltig Einsparungen von Heizenergie bewirken (§ 6 Abs. 4 S. 2 HeizKV).

3 Wie kann der Verbrauch erfasst werden?

Gemäß § 5 Abs. 1 HeizkV gibt es verschiedene Möglichkeiten zur Verbrauchserfassung:

Wärmezähler
- Wärmezähler ermitteln durch Messfühler die Temperaturdifferenz zwischen Vor- und Rücklauftemperatur des zu messenden Heizkreises. Die verbrauchte Wärme wird in Kilowattstunden gemessen. Wärmezähler sind eichpflichtige Geräte.

Heizkostenverteiler nach dem Verdunstungsprinzip
- Heizkostenverteiler sind keine Messgeräte. Sie zeigen keinen Verbrauch, sondern nur das Verhältnis zum Gesamtverbrauch an. Je nach Dauer und Intensität der Heizungserwärmung verdunstet aus einer oben offenen Ampulle eine Flüssigkeit. Anhand einer Skala kann abgelesen werden, wie viel verdunstet ist. Bei der jährlichen Ablesung muss eine neue Ampulle eingesetzt werden. Um den Verbrauch zu erfassen, werden die Anzeigenwerte aller Heizkostenverteiler des Hauses addiert. Durch diese Strichzahl werden die Heizungskosten geteilt. Das ergibt den Strichpreis. Der Strichpreis schwankt von Jahr zu Jahr, denn er hängt vom Gesamtverbrauch und den gesamten Kosten ab.
Heizkostenverteiler nach dem Verdunstungsprinzip weisen auch ohne Erwärmung durch die Heizanlage eine geringe Anzeige auf. Dieser Vorgang nennt sich **Kaltverdunstung.** Zu deren Kompensation sind die Flüssigkeitsampullen etwas über die obere Strichmarke gefüllt (Kaltverdunstungsvorgabe).

Elektronische Heizkostenverteiler
- Bei den elektronischen Heizkostenverteilern wird die Erwärmung des Heizkörpers durch Wärmefühler erfasst. Nach Dauer und Temperatur werden die Temperaturwerte durch einen Mikroschaltkreis verknüpft und an eine Zifferanzeige ausgegeben.

Warmwasserzähler
- Der Warmwasserzähler ermittelt die Menge des durchlaufenden Wassers in Kubikmetern. Es besteht eine fünfjährige Eichpflicht.

Werden in einem Gebäude unterschiedliche Erfassungsgeräte verwendet, muss eine Vorerfassung gemäß § 5 Abs. 2 Satz 1 HeizkV erfolgen. Bei unterschiedlichen Nutzungsarten (Wohnraum und Gewerbenutzung) kann der Gebäudeeigentümer eine Vorerfassung nach Nutzergruppen durchführen. *(Vorerfassung)*

Fallen die Erfassungsgeräte während des Abrechnungszeitraums aus, sodass der Verbrauch nicht ermittelt werden kann, darf der Verbrauch der betroffenen Räume auf der Grundlage des Verbrauchs in vergleichbaren früheren Abrechnungszeiträumen gemäß § 9a HeizkV geschätzt werden. *(Fehler bei der Verbrauchserfassung)*

Die **Schätzung** ist allerdings unzulässig, wenn sich der Hinderungsgrund auf mehr als 25 Prozent der gesamten Wohn- und Nutzfläche bezieht. In diesem Fall sind die Kosten insgesamt ausschließlich nach festen Maßstäben (Fläche- oder Raumvolumen) zu verteilen.

3.1 Wann gilt ein Kürzungsrecht des Mieters?

Soweit die Kosten nicht verbrauchsabhängig abgerechnet werden, kann der Mieter das Abrechnungsergebnis (nicht die Nachforderung) pauschal um bis zu 15 Prozent kürzen, § 12 Abs. 1 HeizkV. Das Kürzungsrecht besteht allerdings nicht mehr, wenn der Mieter nach Abrechnung der Heizkosten den Saldo ausgeglichen hat (LG Hamburg v. 1.10.1998, 307 S 91/98, WuM 2000, 311).

Das **Kürzungsrecht** besteht insbesondere bei

- **verbrauchsunabhängiger Abrechnung**: wenn die Heizkosten insgesamt nur nach Quadratmetern und nicht nach der HeizkV abgerechnet werden (AG Berlin-Schöneberg v. 7.5.1986, 14 C 49/86, GE 1987, 45);
- **mangelnder Ausstattung mit Verbrauchserfassungsgeräten** (AG Bremerhaven v. 20.4.1988, 51 C 1512/87, WuM 1989, 30): Dies gilt aber nicht, wenn der Mieter vor Mietabschluss bei Besichtigung der Wohnung klar erkennen konnte, dass die Räume noch nicht mit Geräten zur Heizkostenerfassung ausgestattet waren (AG Staufen v. 30.3.1998, 2 C 393/97, DWW 1998, 346);
- **Montagefehler**: Die fehlerhafte Montage von Heizkostenverteilern rechtfertigt die Kürzung nach § 12 Abs. 1 HeizkV (LG Hamburg v. 15.4.1988, 11 S 265/87, WuM 1988, 310);

L   Einzelne Probleme der Heiz- und Warmwasserkostenabrechnung

- Ausfall von 25 Prozent aller Verbrauchserfassungsgeräte (AG Köln v. 10.10.1996, 222 C 133/96, WuM 1997, 273);
- Überschreitung der Eichfrist bei Warmwasserzählern (BayObLG v. 26.3.1998, 2 Z BR 154/97, WuM 1998,371).

4 Bei Mieterwechsel: Zwischenablesung

Gesetzliche Bestimmung

Bei einem Mieterwechsel innerhalb eines Abrechnungszeitraums hat der Gebäudeeigentümer eine Zwischenablesung vorzunehmen, § 9b Abs. 1 HeizkV.

- Bezüglich des verbrauchsabhängigen Anteils erfolgt die Verteilung sowohl bei den Heiz- als auch bei den Warmwasserkosten auf der Grundlage der Zwischenablesung.
- Bezüglich des verbrauchsunabhängigen Anteils erfolgt die Verteilung bei den Heizkosten entweder nach Gradtagszahlen oder zeitanteilig und bei den Warmwasserkosten ausschließlich zeitanteilig gemäß § 9b Abs. 2 HeizkV, da der Warmwasserverbrauch nicht von der Jahreszeit abhängig ist.

4.1 Wenn keine Zwischenablesung möglich ist

Ist eine Zwischenablesung nicht möglich, sind die gesamten Kosten nach **Gradtagszahlen** oder **zeitanteilig** aufzuteilen (AG Berlin-Schöneberg v. 22.5.1989, 8 C 217/87, GE 1989,949). Was versteht man darunter?

Zeitanteilige Berechnung

Bei zeitanteiliger Berechnung wird für jeden Monat das Gleiche berechnet, also ein Zwölftel. Bei den Heizverbrauchskosten wäre eine solche Berechnung nicht richtig, da die Mieter in den Wintermonaten ein anderes Heizverhalten haben als in den Sommermonaten. Ein Mieter, der eine Wohnung nur von Februar bis April bewohnt, würde bei einer zeitanteiligen Berechnung zulasten der übrigen Hausbewohner und des Nachmieters bevorzugt. Erfahrungsgemäß machen die Monate Dezember, Januar und Februar etwa 48 Prozent des ganzjährigen Heizenergieverbrauchs aus.

Bei Mieterwechsel: Zwischenablesung

Die Gradtagstabelle gewichtet Monate mit hohem Heizverbrauch stärker als Monate, in denen wenig Wärme verbraucht wird. Damit werden Ungereimtheiten der rein zeitanteiligen Berechnung vermieden. Unter Zugrundelegung zwanzigjähriger Beobachtungswerte berücksichtigen die Gradtagszahlen den unterschiedlichen Wärmebedarf in den verschiedenen Monaten.

Gradtagstabelle: Gewichtung nach Heizverbrauch

Monat	Promille/Monat	Promille/Tag
September	30	30/30 = 1,0
Oktober	80	80/31 = 2,58
November	120	120/30 = 4,0
Dezember	160	160/31 = 5,16
Januar	170	170/31 = 5,48
Februar	150	150/28 = 5,35
Februar	150	150/29 = 5,17
März	130	130/31 = 4,19
April	80	80/30 = 2,66
Mai	40	40/31 = 1,29
Juni		
Juli	zusammen 40	40/92 = 0,43
August		

Beispiel:

Die Abrechnung umfasst den Zeitraum vom 1.1.2002 bis zum 31.12.2002. Am 31. März 2002 zieht Mieter A aus. Der nächste Mieter B zieht am 1. April 2002 ein. Es erfolgte keine Zwischenablesung.

Auf den Mieter A entfallen für Januar 170/1000 + Februar 150/1000 + März 130/1000 = 450/1000 der Heizkosten. Der Anteil für Warmwasser beträgt für A 3/12.

Der Mieter B trägt folgende Heizkosten: April 80/1000 + Mai 40/1000 + Juni/Juli/August 40/1000 + September 30/1000 + Oktober 80/1000 + November 120/1000 + Dezember 160/1000 = 550/1000 der Heizkosten; sein Warmwasserkostenanteil lautet 9/12.

4.2 Wer trägt die Kosten der Zwischenablesung?

Strittig ist die Frage, wer die **Kosten einer Zwischenablesung** zu tragen hat.

Uneinheitliche Rechtsprechung

§ 9b HeizkV enthält keine Regelung über die Kostentragung. In der Rechtsprechung wird diese Frage unterschiedlich beantwortet:

- Während einige Gerichte die Verteilung der Kosten der Zwischenablesung nach dem **Verursacherprinzip** vornehmen (AG Lörrach v. 9.12.1992, 3 C 432/92, WuM 1993, 68),
- legen andere (AG Rheine v. 3.9.1996, 14 C 90/96, WuM 1996, 715; AG Hamburg v. 8.2.1995, 45 C 1787/94, WuM 1996, 562; AG Oberhausen v. 26.10.1993, 32 C 359/93, DWW 1994, 24) die Kosten auf alle Mieter um.
- Auch wird die Auffassung vertreten, dass die Kosten der Zwischenablesung grundsätzlich vom Vermieter zu tragen sind (AG Münster v. 28.2.1996, 48 C 801,93, WuM 1996, 231; AG Augsburg v. 11.5.1995, 3 C 693/95, WuM 1996, 98).
- Das AG Coesfeld (v. 18.11.1994, 4 C 508/94, WuM 1994, 696) ist wiederum der Ansicht, dass der ausziehende Mieter diese Kosten zu übernehmen habe.

> **Experten-Tipp:**
>
> Angesichts der nicht eindeutigen Rechtslage empfiehlt es sich, eine vertragliche Regelung über die Kostentragung der Zwischenablesung zu treffen.
>
> Eine mietvertragliche Vereinbarung, die den Mieter verpflichtet, die Kosten der Zwischenablesung der Heizkostenverteiler zu tragen, welche er durch eine vorzeitige Vertragsbeendigung veranlasst hat, ist wirksam (AG Wetzlar, U. v. 26.2.2002, 39 C 2295/01 (39), WuM 03, 456).

M Betriebskostenabrechnung bei preisgebundenen Wohnungen

Das nachfolgende Kapitel widmet sich den Besonderheiten bei preisgebundenem Wohnraum. Die Vorschriften der Preisbindung finden Anwendung auf:

- öffentlich geförderten sozialen Wohnungsbau nach dem Wohnungsbindungsgesetz (§§ 8–8 b WoBindG),
- preisgebundene Wohnungen, die nach dem 20. Juni 1948 bezugsfertig geworden sind oder bezugsfertig werden,
- preisgebundenen Wohnraum nach den §§ 87a,111 oder 88b II. WoBauG, solange die Preisbindung besteht.

Anwendungsbereiche

1 Vermieter zur Betriebskostenabrechnung verpflichtet

Als Vermieter von preisfreiem Wohnraum können Sie bei Abschluss des Mietvertrags frei wählen, ob die Miete als Nettomiete mit Abschlagszahlungen auf die Betriebskosten zu zahlen ist oder ob es sich um eine Brutto- bzw. Inklusivmiete handeln soll. Bei preisgebundenem Wohnraum dagegen sind Sie **verpflichtet, eine Nettomiete zuzüglich einer Betriebskostenvorauszahlung** zu vereinbaren.

> **Achtung:**
> Seit der Verordnung vom 5.4.1984 (BGBl. 1984 I, S. 546) musste der Vermieter eine Bruttomiete in eine Nettokaltmiete spätestens bis zum 31.12.1986 umstellen. Die Verordnung gilt weiterhin, d. h. der Vermieter ist grundsätzlich verpflichtet, die Umstellung vorzunehmen, falls er dennoch eine Bruttomiete vereinbart haben sollte. Dabei ist es unerheblich, dass die Frist (31.12.1986) inzwischen verstrichen ist, da es sich nicht um eine Ausschlussfrist handelt.

M Betriebskostenabrechnung bei preisgebundenen Wohnungen

Änderung der Mietstruktur bei Preisbindung

Die einseitige Umstellung der Mietstruktur durch den Vermieter preisgebundenen Wohnraums ist eine **Ausnahme** zu dem Grundsatz, dass eine Änderung der Mietstruktur nur im Einvernehmen mit dem Mieter möglich ist.

Als Vermieter können Sie die Umstellung jederzeit, **spätestens jedoch bis zum Ablauf der Preisbindung** vornehmen (LG Koblenz v. 21.7.1995, 14 S 102/95, WuM 1996,560).

Nach Beendigung der Preisbindung können Sie die Umstellung nicht mehr einseitig erklären. Wenn die Preisbindung abgelaufen ist, können Sie die Mietstruktur nur noch im Einvernehmen mit dem Mieter ändern. Ist dies nicht möglich, bleibt es bei der ursprünglich festgelegten Bruttomiete (OLG Oldenburg v. 23.11.1983, 5 UH 1/83, WuM 1984,274; LG Berlin v. 19.11.1990, 61 S 120/90, GE 1991,45).

Einseitige Änderung

Gemäß § 10 Abs. 1 WoBindG können Sie durch einseitige Erklärung die bisherige Bruttomiete in eine Nettokaltmiete zuzüglich Betriebskostenvorauszahlung umstellen.

Sie haben ferner die Möglichkeit, den Katalog der vom Mieter zu tragenden Betriebskosten für zukünftige Abrechnungszeiträume auch auf solche Betriebskostenpositionen auszudehnen, deren Umlagefähigkeit im Mietvertrag noch nicht vereinbart war (LG Köln v. 31.1.1991, 6 S 261/90, WuM 1991,259). Dies gilt nach dem LG Mönchengladbach (v. 20.9.1996, 2 S 131/96, WuM 1997,272) auch, wenn der Mietvertrag erst nach dem 30.4.1984 abgeschlossen wurde.

> **Achtung:**
> Die einseitige Änderung der Mietstruktur durch den Vermieter scheidet aus, wenn die Umlage der Betriebskosten mietvertraglich ausdrücklich ausgeschlossen wurde oder wenn sich aus den Umständen etwas anderes ergibt (OLG Hamm v. 22.8.1997, 30 REMiet 3/97, WuM 1997,542), § 10 Abs. 4 WoBindG.

Gemäß § 10 Abs. 1 S. 2 WoBindG ist eine Gestaltungserklärung des Vermieters nur wirksam, wenn die Umstellung im Schreiben des Vermieters berechnet und erläutert wird. Folgender Inhalt wird vorausgesetzt (LG Aachen v. 28.10.1994, 5 S 177/94, WuM 1995, 545):

- neue oder fortgeschriebene Wirtschaftlichkeitsberechnung,
- Berechnung und Erläuterung der einzelnen Betriebskostenarten,
- Bekanntgabe des Abrechnungszeitraums und der Umlageschlüssel.

Inhalt der Gestaltungserklärung

Die Umstellung der Mietstruktur kann **nicht rückwirkend**, sondern nur für die Zukunft erfolgen.
Beim Wegfall der Preisbindung gilt die einseitig festgelegte Betriebskostenumlegung weiter.

2 Einzelheiten der Abrechnung

Sie müssen dem Mieter die Abrechnung für die Betriebskosten spätestens bis zum Ablauf des zwölften Monats nach dem Ende des Abrechnungszeitraums zuleiten, § 20 Abs. 3 S. 4 NMV. Hierbei handelt es sich um eine Ausschlussfrist (vgl. Kap. G 4.1).

Abrechnungsfrist

Bei preisgebundenem Wohnraum können Sie folgende Mietnebenkosten umlegen:

Umlegbare Beträge

- Betriebskosten § 20 NMV (vgl. Anhang),
- Umlageausfallwagnis §§ 20, 25a NMV,
- Zuschläge § 26 NMV,
- Vergütungen § 27 NMV.

Gemäß § 25a NMV versteht man unter dem Umlageausfallwagnis das Wagnis einer Einnahmenminderung, die durch uneinbringliche Rückstände von Betriebskosten oder nicht umlegbaren Betriebskosten infolge Leerstehens von Raum, der zur Vermietung bestimmt ist, einschließlich der uneinbringlichen Kosten einer Rechtsverfolgung auf Zahlung entsteht. Die Umlageausfallwagnis darf **zwei Prozent** der im Abrechnungszeitraum auf den Wohnraum entfallenden Betriebskosten nicht übersteigen.

Umlageausfallwagnis

Folgende Zuschläge können im Rahmen der NMV in Betracht kommen:

Zuschläge

- **Benutzung von Wohnraum zu anderen als Wohnzwecken, § 26 Abs. 1 Nr. 1, Abs. 2 NMV**
  Der Zuschlag setzt voraus, dass die Wohnung mit Genehmigung

Benutzung nicht zu Wohnzwecken

155

M Betriebskostenabrechnung bei preisgebundenen Wohnungen

der zuständigen Stelle ganz oder teilweise zu anderen als Wohnzwecken benutzt wird und dass durch die gewerbliche Nutzung eine erhöhte Abnutzung möglich ist.

Untervermietung
- **Zuschlag für die Untervermietung der Wohnung, § 26 Abs. 1 Nr. 2, Abs. 3 NMV**
  Der Untermietzuschlag fällt an, wenn der Mieter die Wohnung einem Dritten ganz oder teilweise zum selbstständigen Gebrauch überlässt. Der Zuschlag beträgt € 2,55 bei einem Untermieter pro Monat und € 5,12 bei zwei oder mehr Untermietern.
  Bei preisfreiem Wohnraum kann der Vermieter unter Umständen auch einen Untermietzuschlag fordern, wenn ihm die Duldung der Untervermietung ansonsten nicht zuzumuten wäre. Dies ist dann der Fall, wenn er eine Inklusivmiete vereinbart hat und die verbrauchsabhängigen Betriebskosten nicht abgerechnet werden. Der Untermietzuschlag ist ein Teil der Miete.
- **Zuschlag wegen Ausgleichszahlung nach § 7 WoBindG, § 2 Abs. 1 Nr. 3, Abs. 4 NMV**

Modernisierung
- **Zuschlag zur Deckung erhöhter laufender Aufwendungen**, die nur für einen Teil der Wohnungen des Gebäudes oder der Wirtschaftseinheit entstehen, **§ 26 Abs. 1 Nr. 4, Abs. 5 NMV**
  Der Zuschlag kann mit Genehmigung der Bewilligungsstelle erhoben werden, wenn in der Wohnung Modernisierungsmaßnahmen durchgeführt wurden.
- Zuschlag für **Nebenleistungen des Vermieters**, die nicht allgemein üblich sind oder nur einzelnen Mietern zugute kommen, **§ 26 Abs. 1 Nr. 5, Abs. 6 NMV**
  Diese Regelung betrifft nur Mietverträge vor In-Kraft-Treten der Neubaumietenverordnung im Jahre 1970.
- Zuschlag für Wohnungen, die **durch den Ausbau von Zubehörräumen neu geschaffen** wurden, **§ 26 Abs. 1 Nr. 6, Abs. 7 NMV**
  Wenn einer Wohnung Zubehörräume weggenommen werden, ohne dass ein vergleichbarer Ersatz gestellt wird, ist die Miete gemäß § 7 Abs. 1 NMV entsprechend zu senken. Für den neu geschaffenen Wohnraum darf der Vermieter dementsprechend einen Zuschlag fordern.

Einzelheiten der Abrechnung **M**

Der Vermieter kann mit dem Mieter mietvertraglich neben der Einzelmiete auch die Zahlung von Vergütungen vereinbaren, §§ 27, 28 NMV:

Vergütungen

- für die Überlassung einer Garage,
- für die Überlassung eines Stellplatzes,
- für die Überlassung eines Hausgartens,
- für die Mitvermietung von Einrichtungs- und Ausstattungsgegenständen,
- für laufende Leistungen zur persönlichen Betreuung und Versorgung.

2.1 Welcher Umlageschlüssel kommt in Frage?

Bei preisgebundenen Wohnungen sind für bestimmte Betriebskostenarten die Abrechnungsmaßstäbe gesetzlich vorgeschrieben:

- Die Kosten des Betriebs der zentralen Brennstoffversorgungsanlage: Diese Kosten dürfen Sie nur nach dem Brennstoffverbrauch umlegen, § 23 Abs. 2 NMV.

  Zentrale Versorgungsanlage

- Grundgebühr des Breitbandkabelanschlusses: Gemäß § 24a NMV dürfen Sie die monatlichen Grundgebühren zu gleichen Teilen nur auf die Wohnungen umlegen, die mit Zustimmung des Nutzungsberechtigten angeschlossen wurden. Die übrigen Kosten des Breitbandkabelnetzes dürfen Sie nach einem anderen, einvernehmlich mit allen Mietern festgelegten Umlagemaßstab verteilen.

  Kabelanschluss

- Die Kosten der Einrichtung für die Wäschepflege: Diese Kosten dürfen Sie nur auf die Benutzer der Einrichtungen umlegen, § 25 Abs. 2 NMV.

  Wäschepflege

- Die Kosten der Müllbeseitigung: Diese Kosten müssen Sie gemäß § 22a NMV nach einem Maßstab, der der unterschiedlichen Verursachung Rechnung trägt, oder nach dem Flächenmaßstab umlegen.

  Müllbeseitigung

- Die Kosten der Wasserversorgung: Die Wasserkosten sind zwingend nach dem Verbrauch abzurechnen, § 21 NMV, wenn alle Wohnungen mit Wasserzählern ausgerüstet sind.

  Wasserversorgung

M Betriebskostenabrechnung bei preisgebundenen Wohnungen

Entwässerung
- Die Kosten der Entwässerung: Gemäß § 21 Abs. 3 S. 2 NMV sind die Kosten der Entwässerung entsprechend dem Umlagemaßstab der Wasserversorgung abzurechnen.

Aufzug
- Die Kosten des Betriebs von Aufzügen: Die Aufzugskosten dürfen Sie nach einem Maßstab verteilen, der mit allen Mietern einvernehmlich festgelegt wurde, § 24 NMV. Der Erdgeschossmieter darf dabei gemäß § 24 Abs. 2 NMV ausgenommen werden.

Heizung und Warmwasser
- Die Heiz- und Warmwasserkosten: Die Heiz- und Warmwasserkosten dürfen nur entsprechend den Vorschriften der Heizkostenverordnung umgelegt werden (vg. Kap. L).

N Prozessrechtliche Fragen

1 Welches Gericht ist zuständig?

Für Rechtsstreitigkeiten, die **Wohnraummietverhältnisse** betreffen, ist grundsätzlich sowohl **örtlich**, § 29a ZPO, als auch **sachlich**, § 23 Abs. 1 Nr. 2a GVG, **ausschließlich** das **Amtsgericht zuständig**, in dessen Bezirk sich die Wohnung befindet. Eine Ausnahme hiervon besteht für Wohnraum der nur zum vorübergehenden Gebrauch überlassen wurde, § 2 a Abs. 2 ZPO, § 549 Abs. 2 Nr. 1 bis 3 BGB. Die ausschließliche Zuständigkeit in erster Instanz ist unabhängig vom Streitwert.

Wohnraummietverhältnisse: Amtsgericht

Anders ist es bei Gewerbemietverhältnissen:

Gewerbemietverhältnisse: Streitwert entscheidend

- Hier richtet sich die **sachliche** Zuständigkeit nach dem Streitwert. Bis zu einem Streitwert von **€ 5.000,-** ist das Amtsgericht sachlich zuständig, bei darüber liegendem Streitwert das Landgericht.
- Für die **örtliche** Zuständigkeit gilt auch hier die ausschließliche Zuständigkeit des Gerichts, in dessen Bezirk sich die Räume befinden, § 29a ZPO.

2 In manchen Bundesländern obligatorisch: das Schlichtungsverfahren

Mit In-Kraft-Treten des „Gesetzes zur Förderung der außergerichtlichen Streitbeilegung" des Bundes vom 15.12.1999 zum 1.1.2000, haben die einzelnen Bundesländer die Möglichkeit erhalten, vor Erhebung einer Klage vor dem Amtsgericht ein **obligatorisches Schlichtungsverfahren** zwingend vorzuschreiben. Hiervon haben die Bundesländer Baden-Württemberg, Bayern, Brandenburg, Hes-

N Prozessrechtliche Fragen

sen, Nordrhein-Westfalen, Saarland und Sachsen-Anhalt bereits Gebrauch gemacht. Betroffen sind

Wann kommt die Schlichtung in Betracht?

- **vermögensrechtliche Streitigkeiten** bis zu einem Streitwert von € 750,-,
- bestimmte Ansprüche aus dem Nachbarrecht sowie
- Verletzungen von persönlicher Ehre, sofern nicht in Rundfunk und Presse begangen.

Für Streitigkeiten aus dem Bereich des Betriebskostenrechts ist dies von großer Bedeutung, liegen die Streitwerte für entsprechende Klagen, z. B. Nachforderung aus einer Betriebskostenabrechnung oder Erstattung eines Abrechnungssaldos, in der Regel nicht über € 750,-. Ist durch Landesrecht ein obligatorisches Güteverfahren vorgeschrieben, so **muss** der Einigungsversuch der Klageerhebung vorausgehen. Er kann nicht nach der Klageerhebung nachgeholt werden. Eine ohne den Einigungsversuch erhobene Klage ist als unzulässig abzuweisen (BGH, U. v. 23.11.2004; VI ZR 336/03, WuM 05, 64 ff.). Eine **Nachholung der außergerichtlichen Schlichtung während des Klageverfahrens ist unzulässig** (LG Ellwangen v. 1.3.2002, 1 S 18/02, NZM 2002, 408).

Mahnverfahren: keine Schlichtung nötig

Wird dagegen der Zahlungsanspruch im Wege eines **Mahnverfahrens** gerichtlich geltend gemacht, so bedarf es nicht eines vorangehenden Schlichtungsvefahrens. Auch ein nach Widerspruch gegen den Mahnbescheid durchzuführendes streitiges Verfahren ist dann nicht erst der Schlichtung zuzuführen.

Für die Beantwortung der Frage, ob es sich bei dem Streitgegenstand um eine obligatorische Schlichtungsangelegenheit handelt oder nicht, müssen Sie die in § 15a Abs. 2 EGZPO geregelten **Ausnahmen** berücksichtigen, z. B. Klagen, die innerhalb einer gesetzlichen oder gerichtlichen Frist zu erheben sind (beispielsweise Klage auf Zustimmung zu einer Mieterhöhung).

Gemischte Anträge

Ein weiteres prozessrechtliches Problem kann sich dann ergeben, wenn ein **schlichtungsbedürftiger** mit einem **nicht schlichtungsbedürftigen Antrag** zusammentrifft, z. B. wenn eine Betriebskostennachforderung unter € 750,- zusammen mit einer Räumungsklage geltend gemacht wird. Der Räumungsanspruch an sich ist jedenfalls nicht schlichtungsbedürftig.

Das LG Aachen hat hier aus **prozessökonomischen und wirtschaftlichen Gründen** entschieden, dass das gesamte Verfahren nicht schlichtungsbedürftig ist, wenn ein Antrag nicht der obligatorischen Schlichtung unterliegt (LG Aachen v. 11.3.2002, 6 T 67/02, NZM 2002, 503).

Die Praxis hat gezeigt, dass das obligatorische Schlichtungsverfahren nur allzu gerne durch Antrag auf Durchführung eines Mahnverfahrens vermieden wird und es somit gleichwohl zu einer gerichtlichen Auseinandersetzung zwischen den Parteien kommt.

Gerade im Betriebskostenrecht, wo es in der Regel nicht um sehr hohe Streitwerte geht, sollten die Parteien die obligatorische Schlichtung mehr nutzen, zumal sie auch erheblich günstiger ist als ein gerichtliches Verfahren.

Günstiger als Gerichtsverfahren

Als Vermieter sollten Sie auch das Risiko, dass Ihre Betriebskostenabrechnung formell nicht ordnungsgemäß oder zumindest materiell nur teilweise durchsetzbar ist und Sie somit mit den Verfahrenskosten zumindest teilweise belastet werden, nicht unterschätzen.

Durch das Schlichtungsverfahren besteht für die Parteien die Chance, bei Einigung das Mietverhältnis „in Würde" fortsetzen zu können. Es geht keine Partei aus einem gerichtlichen Verfahren als Verlierer hervor.

3 Welche Ansprüche kann der Vermieter geltend machen?

Im Wege einer **Zahlungsklage** können Sie als Vermieter folgende Ansprüche gegenüber dem Mieter geltend machen:

- Der Mieter schuldet Ihnen, sofern Sie dies vertraglich vereinbart haben, auch die **Zahlung von Vorschüssen** auf die Betriebskosten, § 535 Abs. 2 BGB (vgl. auch Kap. D). Kommt der Mieter dieser Zahlungsverpflichtung nicht nach, so können Sie die fehlenden Vorauszahlungen gerichtlich einklagen. Für den Bereich des Wohnraummietrechts müssen Sie hier die Regelungen zur Abrechnungsfrist und zur Abrechnungsreife beachten (vgl. Kap. G).

Nachforderungen nicht gezahlter Vorauszahlungen

- Haben Sie bereits fehlende Vorauszahlungen eingeklagt und tritt während des Prozesses die Abrechnungsreife ein, so müssen Sie Ihren **Klageantrag** auf Zahlung des Abrechnungssaldos **umstellen**, § 264 Nr. 3 ZPO, (OLG Düsseldorf v. 14.12.2000, 10 U 134/98, ZMR 01, 882, GE 01, 488).
- Haben Sie hingegen noch nicht abgerechnet, obwohl Abrechnungsreife bereits vorliegt, so haben Sie Ihren zunächst auf Zahlung von Vorschüssen gerichteten Klageantrag in der **Hauptsache für erledigt** zu erklären. Denn ein Saldo, auf den Sie den Antrag umstellen könnten, liegt ja gerade nicht vor (s. AG Hamburg-Bergedorf, U. v. 29.6.2004, 409 C 90/04, ZMR 04/826).

Im Hinblick auf die Ausschlussfrist des § 556 Abs. 3 S. 2, 3 BGB ergibt sich für Sie bei Wohnraummietverträgen folgende Problematik:

Hat der Mieter Vorschüsse nicht gezahlt und haben Sie diese eingeklagt, aber bei Vorliegen der Abrechnungsreife **nicht** über die Betriebskosten abgerechnet, so können Sie einerseits die Vorschüsse nicht mehr gerichtlich geltend machen, andererseits aber mangels Abrechnung Ihren Klageantrag auch nicht umstellen. Die Geltendmachung eines Saldos aus einer **verspäteten Abrechnung** ist wegen § 556 Abs. 3 S. 3 BGB grundsätzlich nicht mehr möglich. Dies würde jedoch zu dem unbilligen Ergebnis führen, dass Sie vom Mieter weder die geschuldeten Vorauszahlungen noch den Saldo aus der Abrechnung erhalten. Der nicht vertragstreue Mieter würde dann bevorzugt.

- Nach Langenberg handelt es sich bei einer entsprechenden Nachforderung jedoch nicht um einen Zahlungsanspruch i. S. d. § 556 Abs. 3 S. 3 BGB, weshalb der Vermieter nicht mit seiner Nachforderung ausgeschlossen sein soll (Langenberg, „Betriebskostenrecht", G 80). Zinsen auf die nicht gezahlten Vorschüsse schuldet der Mieter gleichwohl.
- Nach Ansicht des OLG Dresden (v. 12.3.2002, 5/2557/01, ZMR 02, 416), kann der Vermieter die zunächst nicht nachvollziehbare Abrechnung auch noch während des Rechtsstreits durch die notwendigen Erläuterungen prüffähig machen, und zwar auch noch im Verlaufe des Berufungs-

verfahrens. Dies kann dann jedoch zu Kostennachteilen für den Vermieter führen.
Nach Auffassung des OLG Düsseldorf kann ein Vermieter, der erst im Berufungsverfahren seine Klage auf Zahlung von Vorschüssen auf Zahlung des Abrechnungssaldos einstellt, dieses nicht mehr geltend machen, wenn er seinen Klageantrag bereits in 1. Instanz hätte einstellen können (OLG Düsseldorf, 9.10.2003, I-10 U 174/02, ZMR 04, 30).

- Sie können bereits vor Ablauf der Einwendungsfrist, § 556 Abs. 3 S. 5 BGB, eine Klage auf Zahlung des Abrechnungssaldos erheben. Allerdings kann der Mieter, solange die Frist zur Geltendmachung von Einwendungen noch nicht abgelaufen ist, diese auch in einem Prozess vorbringen. Führen die Einwendungen des Mieters zu einer vollständigen oder teilweisen Klageabweisung, so müssen Sie als Vermieter die Kosten des Verfahrens tragen, §§ 91, 92 Abs. 1 ZPO.

Zahlung des Saldos aus der Betriebskostenabrechnung

Achtung:
Haben Sie den Saldo aus einer Betriebskostenabrechnung eingeklagt und stellt sich im Laufe des Prozesses heraus, dass die Abrechnung nicht den gesetzlichen Anforderungen genügt, kann eine daraufhin von Ihnen erklärte **Klagerücknahme** dazu führen, dass eine neuerlich erstellte Abrechnung wegen der bereits abgelaufenen Abrechnungsfrist Ihnen die Geltendmachung des sich hieraus ergebenden Saldos verwehrt. Achten Sie daher darauf, dass Sie nicht vorschnell die Rücknahme einer entsprechenden Klageforderung erklären. Gehen Sie in einem Verfahren dazu über, die Abrechnung, soweit möglich und zulässig, nachzubessern.

- Bei der Erhöhung der Betriebskostenpauschale handelt es sich ebenfalls um einen **Zahlungsanspruch** des Vermieters, sofern die materiell rechtlichen Voraussetzungen des § 560 Abs. 2 BGB gegeben sind. Eine Zustimmung des Mieters ist nicht erforderlich. Zahlt der Mieter auf Ihre berechtigte Erhöhungserklärung nicht, so können Sie direkt auf Zahlung klagen.

Anspruch auf Erhöhung der Betriebskostenpauschale

N Prozessrechtliche Fragen

Anpassung der Vorauszahlungen
- Ergibt sich aus der Abrechnung eine Unterdeckung, so können Sie den Mieter direkt auf Zahlung der erhöhten Vorauszahlung verklagen, sofern im Übrigen die materiellrechtlichen Voraussetzungen des § 560 Abs. 4 BGB gegeben sind.

4 Welche Ansprüche kann der Mieter geltend machen?

Erstattungsanspruch
- Der Mieter kann im Wege einer Zahlungsklage die Erstattung eines Guthabens aus einer Betriebskostenabrechnung geltend machen.

Rückzahlung von Betriebskosten
- Hat der Mieter **Vorauszahlungen oder Pauschalen** geleistet, ohne dass hierfür eine rechtliche Grundlage vorlag, so kann er die **Rückzahlung** dieser Beträge ebenfalls im Wege einer Zahlungsklage geltend machen. Der Rückforderungsanspruch an sich richtet sich nach **bereicherungsrechtlichen Grundsätzen** (LG Münster, v. 14.8.2001, 9 S 37/01, WuM 01, 578). Anderer Auffassung ist jedoch das OLG Koblenz, das den Anspruch des Mieters auf Rückerstattung aus einer ergänzenden Auslegung des Mietvertrags herleitet und nicht auf §§ 812 ff. BGB stützt (U. v. 15.4.02, 5 W 235/02, ZMR 02, 519).

  Bei einem **gewerblichen Mietvertrag** steht dem Mieter bei nicht fristgemäßer Abrechnung der Betriebskosten auch dann kein Anspruch auf Rückzahlung geleisteter Vorschüsse zu, wenn der Mietvertrag beendet wurde (OLG Naumburg, v. 27.3.2001, 9 U 211/00, GuT 02, 14).

  Ein Mieter, der vom Vermieter Betriebskostenvorschüsse für einen Abrechnungszeitraum, über den der Vermieter nicht ordnungsgemäß abgerechnet hat, zurückfordert, ist darlegungspflichtig für die Höhe des Rückforderungsanspruchs, d. h. er muss den zu viel geleisteten Betrag detailliert beziffern. Unter Zugrundelegung der früheren Abrechnungen und aufgrund der Einsicht in die Unterlagen ist es dem Mieter grundsätzlich möglich und zumutbar, die entstanden Kosten zu schätzen (LG Köln, v. 29.3.2001, 1 S 259/00, ZMR 01, 547).

Welche Ansprüche kann der Mieter geltend machen?

- Das Recht des Mieters, **Einsicht** in die Belege bzw. Unterlagen zu nehmen, ist ebenfalls einklagbar. Der **Anspruch auf Auskunft** über bestimmte Betriebskosten unter Angabe des Verteilerschlüssels ist gem. § 888 ZPO (Zwangsvollstreckung bei unvertretbarer Handlung) gegen den Vermieter zu vollstrecken (LG Wuppertal v. 22.4.02, 6 T 199/02, WuM 02, 273).

  Einsichtsrecht

- Der Mieter kann den Vermieter auch auf **Durchführung einer Abrechnung** über die Betriebskosten verklagen, sofern er zur Zahlung von Vorschüssen verpflichtet war, auch wenn es der Vermieter versäumt hat, rechtzeitig abzurechnen. Der Mieter wird regelmäßig dann auf Erstellung einer Abrechnung bestehen, wenn er mit einer Erstattung rechnet. In diesem Fall sollte der Mieter im Wege der **Stufenklage**, § 254 ZPO, vorgehen und den Vermieter zunächst auf Abrechnung und dann auf Erstattung des Guthabens in Anspruch nehmen.

  Anspruch auf Rechnungslegung

  – Die Zwangsvollstreckung aus einem entsprechenden Urteil erfolgt gemäß § 887 ZPO, da die Erstellung einer Betriebskostenabrechnung eine sog. **vertretbare Handlung** darstellt, denn sie kann auch von einem Dritten durchgeführt werden (LG Münster v. 25.11. 99, 5 T 795/99, ZMR 2000, 227, LG Wuppertal v. 22.4.2002 a. a. O.; a. A. AG Augsburg, B. v. 26.11.2003, 19 C 2340/03, ZMR 04, 272). Auch die Tatsache, dass sich die erforderlichen Unterlagen im Besitz des Schuldners befinden, soll daran nichts ändern (LG Rostock v. 24.10.2002, 2 T 304/02, NZM 03, 40).

  – Fehlen jedoch wesentliche Unterlagen für die Erstellung der Betriebskostenabrechnung und ist insbesondere ein Umlageschlüssel nicht vereinbart, handelt es sich nach Ansicht des LG Berlin um eine unvertretbare Handlung, sodass sich die Zwangsvollstreckung nach § 888 ZPO richtet. Die Festsetzung eines Zwangsgeldes von DM 2.000,- für einen Vermieter, der während der ganzen Mietdauer nicht abgerechnet hat, ist angemessen (LG Berlin v. 16.1.2002, 65 T 3/02, GE 2002, 395).

  – Hat der Mieter einen **titulierten Anspruch** auf Erteilung der Betriebskostenabrechnung, kann er diesen nach Ansicht des KG Berlin nach § 888 ZPO vollstrecken. Wendet der Vermieter ein, er sei hierzu nicht in der Lage, muss er die entspre-

N Prozessrechtliche Fragen

chenden Tatsachen einschließlich der Beweismittel, aus denen sich die Unmöglichkeit der Handlung ergibt, in einer für den Mieter nachvollziehbaren Weise darlegen (KG Berlin v. 25.2.02, 8 W 420/01, NZM 02, 671).
Hat der Vermieter nach Ablauf der Ausschlussfrist, § 556 Abs. 3 S. 2 BGB, eine Abrechnung erstellt, aus der sich eine Nachforderung ergibt, und hat der Mieter daraufhin den Saldo ausgeglichen, so stellt sich die Frage, ob der Mieter diesen Betrag vom Vermieter wieder zurückfordern kann.
Ist die Abrechnungsfrist abgelaufen, so ist der Vermieter von der Geltendmachung des Saldos ausgeschlossen, § 556 Abs. 3 S. 3 BGB. Der Mieter hat somit ohne Rechtsgrund gezahlt, weshalb ihm ein Erstattungsanspruch gem. §§ 812 ff. BGB grundsätzlich zusteht. Ob die Zahlung durch den Mieter ein Schuldanerkenntnis darstellt, ist sehr zweifelhaft, da dem Mieter in der Regel ein **Rechtsbindungswille** fehlt. Denn hätte er die wahre Rechtslage gekannt, hätte er wohl kaum die Nachforderung beglichen. Nimmt man allein durch die Zahlung ein Anerkenntnis als gegeben an, unterliefe man den eindeutigen gesetzgeberischen Willen, nämlich der Ausschluss von Nachforderungen durch den Vermieter. Es bleibt abzuwarten, wie sich die Rechtsprechung hierzu stellt.

Ermäßigung der Betriebskostenpauschale
- Nach § 560 Abs. 3 BGB ist der Vermieter verpflichtet, eine **Betriebskostenpauschale** vom Zeitpunkt ihrer **Ermäßigung** an herabzusetzen. Um überprüfen zu können, ob ein Anspruch auf Reduzierung der Pauschale besteht, hat der Mieter gegenüber dem Vermieter einen einklagbaren **Auskunftsanspruch**. Er ist jedoch nicht berechtigt, einseitig die Reduzierung der Pauschale vorzunehmen. Vielmehr hat er einen einklagbaren **Anspruch auf Herabsetzung** der Pauschale. Hat er danach für die Vergangenheit überhöhte Zahlungen erbracht, so kann er diese im Wege einer **Zahlungsklage** vom Vermieter zurückfordern.

Reduzierung von Vorauszahlungen
- Ein Anspruch auf **Reduzierung von Vorauszahlungen** auf die Betriebskosten ergibt sich aus § 560 Abs. 4 BGB. Danach hat jede Vertragspartei das Recht, nach erfolgter Abrechnung durch Erklärung in Textform eine Anpassung der Vorauszahlungen auf eine angemessene Höhe **vorzunehmen**. Der Mieter bedarf daher

grundsätzlich nicht der Zustimmung des Vermieters für die Herabsetzung der Vorschüsse.
Ist der Vermieter mit der vom Mieter vorgenommenen Reduzierung der Vorauszahlungen nicht einverstanden, kann er eine den Vorgaben des § 560 Abs. 4 BGB entsprechende Erhöhungserklärung abgeben oder aber den seiner Ansicht nach gerechtfertigten Vorauszahlungsbetrag einklagen.

Stichwortverzeichnis

Abflussprinzip 97, 99
Abrechnung der Betriebs-
  kosten 55
  Form 69
  Inhalte 70
Abrechnungsreife 95
Abrechnungssaldo 76
Abrechnungszeitraum 95
Abschlagszahlung *siehe*
  Betriebskostenvorauszah-
  lung
Abwasser 88
Änderung der Mietstruktur
  26
  Erklärung 31
  Fristen 33
Änderungskündigung 42
Anpassungsvorbehalt 42
Ansprüche des Mieters 164
Ansprüche des Vermieters
  161
Antenne 91, 196
Aufrechnung 133
Aufzug 89, 184
Ausgabenrechnung 97
Ausschlussfrist 73, 100, 101

Belegeinsicht *siehe* Einsichts-
  recht des Mieters
Beleuchtung 91, 192
Betriebskosten gem. § 19 Abs.
  2 WoFG 13
Betriebskosten, nicht umlage-
  fähige 202
Betriebskosten, sonstige 198

Betriebskostenabrechnung
  Einwendungen des Mieters
  109
  Fristen 100
  Korrektur 104
  Ordnungsgemäßheit 104
Betriebskostenpauschale 15,
  18, 20, 41
  Anpassungsvorbehalt 42
  Ermäßigung 52
Betriebskostenvorauszahlung
  15, 18, 20, 55, 75
  Angemessene Höhe 60
  Anpassung 64
  Erstvermietung 61
  Fälligkeit 63
  Neuvermietung 60
  Rückforderung 107
  Zurückbehaltung 107
Betriebsstrom 178
Bewachungskosten 200
Blitzschutzanlagen 199
Breitbandkabel 92, 196
Brennstoffkosten 178
Brennstoffversorgungsanlage,
  zentrale 181
Bruttokaltmiete 18
Bruttowarmmiete 17

Dachrinnenheizung 199
Dachrinnenreinigung 199
Druckerhöhungsanlage 200

Eichgültigkeit 83
Eichkosten 175

Stichwortverzeichnis

Eigenleistungen 14
Einrichtung der Wäschepflege 92, 197
Einsichtsrecht des Mieters 76, 111
Einwendungen 109
Elektroanlagen
  Überprüfung 200
Entwässerung 176
Ergänzende Vertragsauslegung 39
Erhöhungsvorbehalt 44
Etagenheizung
  Wartung 183

Fernwärme 182
Feuerlöschgeräte 199
Flächenmaßstab 79
Fremdleistungen 14

Gartengeräte 190
Gartenpflege 90, 141, 190
Gaseinzelfeuerstätte 183
Gebäudereinigung 189
Gebot der Wirtschaftlichkeit 137
  Änderung der Betriebskosten 142
  Gartenpflege 141
  Hausmeister 140
  Verstoß 143
Gegensprechanlage 201
Gemeinschaftsantenne 196
Gemeinschaftseinrichtung 200
Gerichtliche Zuständigkeit 159
Gewerbemietverhältnisse 42
Gewerbliche Mietverhältnisse 16, 27

Gradtagstabelle 151
Grubenentleerung 177
Grundsatz der Wirtschaftlichkeit 195
Grundsteuer 87, 173

Haftpflichtversicherung 193
Hausmeister 91, 140
Hausmeistertätigkeiten, typische 194
Hausreinigung 90
Hauswart 140, 194
Heiz- und Warmwasserkosten 17
Heizkesselreinigung 179
Heizkosten 177
  Kürzungsrecht des Mieters 149
  Umlagemaßstab 147
Heizkostenabrechnung 106, 145
Heizkostenverordnung (HeizkV) 145
Heizkostenverteiler 148

Inklusivmiete *siehe* Bruttowarmmiete
Insolvenzverfahren 117
Instandhaltungs- und Instandsetzungskosten 202

Kabelanschluss 92, 196
Kapitalkosten 202
Kautionsabrechnung 134
Konkludentes Verhalten 58
  siehe Schlüssiges Verhalten
Kontoführungsgebühren 201
Kostenabgrenzung 98

Lastenaufzug 184

Stichwortverzeichnis

Leerstand *siehe* Objektleerstand
Leistungsabrechnung 97
Lift 89, 184
Lüftungsanlage 200

Mahnverfahren 160
Maschinelle Wascheinrichtung *siehe* Einrichtung der Wäschepflege
Mehrwertsteuer 66
Mieterwechsel 118, 150
Mietstruktur 17
   Änderung *siehe* Änderung der Mietstruktur
Miteigentumsanteile 83
Müllabfuhr 90, 186
Müllabsauganlage 187
Müllkompressor 187
Müllmengenerfassungsgerät 187
Müllschlucker 187
Münzwaschautomat 198

Nachzahlungsanspruch des Vermieters 76
Nebenkosten 13
Nettokaltmiete 18
Neueinführung von Betriebskosten 38
Nicht umlagefähige Betriebskosten 202
Notstromaggregat 201
Nummerierung § 9 UStG 70
Nutzfläche 74, 80

Objektbezogene Kosten 14
Objektleerstand 86, 147
Öltankreinigung 179

Pachtverhältnis 132

Personenaufzug 184
Personenzahl 81
Pflanzen
   Erneuerung 191
Preisgebundener Wohnraum 153
   Verteilerschlüssel 157
Prüfungs- und Überlegungsfrist 76, 123
Pumpen
   Wartung 201

Recht zur Aufrechnung 133
Rückstausicherung 201

Sachversicherung 193
Schlichtungsverfahren 159
Schließanlagen 201
Schlüssiges Verhalten 34
Schornsteinreinigung 193
Schuldrechtsreform 21
Sicherheitsbeleuchtung 201
Sonstige Betriebskosten 198
Sozialer Wohnungsbau 15, 17
Sperrmüll 188
Spielplatz 192
Sprinkleranlage 201
Sprühwasser-Löschanlage 201
Straßenreinigung 90, 186

Teilbruttokaltmiete 19
Teilinklusivmiete *siehe* Teilbruttokaltmiete
Teilweise Umlage 28
Textform 31, 69
Transparenzgebot 22
Trinkwasseruntersuchung 176

Umlage der Betriebskosten 15
   Vertragliche Grundlage 16

Stichwortverzeichnis

Umlageschlüssel *siehe* Verteilerschlüssel
Ungezieferbekämpfung 189
Verbrauchserfassung 83, 148
　Ausstattung 180
Verbrauchsermittlung 28
Verjährung 121
　Ansprüche des Mieters 123
　Ansprüche des Vermieters 121
　Fristberechnung 123
　Hemmung 125
　Neubeginn 124
Vermieterwechsel 115
Versicherungen 91
Versicherungskosten 193
Verteilerschlüssel 73, 79
　Änderung 93
　Gemischt genutzte Anwesen 84
　Grundsteuer 87
　Lift 89
　Miet- oder Wohneinheiten 82
　Miteigentumsanteile 83
　Personenzahl 81
　Verbrauchs- und Verursachungserfassung 83
　Wasser und Abwasser 88
　Weitere Betriebskosten 90
　Wohn- und Nutzfläche 80
Vertragsklauseln, vorformulierte 21
Verursachungsermittlung 30
Verwaltungskosten 202
Verwirkung 121, 128
Vorbehaltsklausel 38
Vorerfassung 29, 149

Vorwegabzug 84
Wärme
　Gewerbliche Lieferung 182
Wärmecontracting 182
Wärmezähler 148
Warmmiete 146
Warmwasserkosten 183
　Umlagemaßstab 147
Warmwasserkostenabrechnung 145
Warmwasserzähler 148
Wascheinrichtung, maschinelle *siehe* Einrichtung der Wäschepflege
Wäschepflege *siehe* Einrichtung der Wäschepflege
Wasser 88
Wasseraufbereitungsanlage 176
Wasserverbrauch 174
Wasserversorgungsanlage 175
Wasserzähler 29
Wirtschaftlichkeit *siehe* Gebot der Wirtschaftlichkeit
Wohnfläche 74, 80
Wohnflächenverordnung (WoFlV) 81
Wohnraummietverhältnisse 15, 27, 42

Zählerkosten 174
Zurückbehaltungsrecht 133
Zuständigkeit des Gerichts 159
Zwischenablesung 119, 150
　Kosten 152

Anhang 1: Die Betriebskostenarten im Einzelnen

§ 2 BetrKV enthält die Aufstellung der einzelnen Betriebskosten einschließlich der Heiz- und Warmwasserkosten.

1. Die laufenden öffentlichen Lasten des Grundstücks

Nach § 2 Nr. 1 BetrKV gehören zu den umlagefähigen öffentlichen Lasten „namentlich die Grundsteuer".

Es zählen also dazu: die Grundsteuer, Realkirchensteuern, Deichabgaben sowie Beiträge zu Wasser- und Bodenverbänden, nicht aber die Personen- oder Realsteuern des Vermieters und auch nicht die Hypothekengewinnabgabe oder Anliegerbeiträge aus Erschließungs- oder Anschlussmaßnahmen.

Der Vermieter ist grundsätzlich berechtigt, die Grundsteuer in voller Höhe an die Mieter weiterzugeben.

Bei **gemischt genutzten Objekten** ist aber gemäß § 556a Abs. 1 BGB ein **Vorwegabzug** für den gewerblich genutzten Anteil vorzunehmen (vgl. Kap. E 3), wenn der Vermieter einen einheitlichen Grundsteuerbescheid erhält (LG Hamburg v. 27.6.2000, NZM 2001, 806). Vorwegabzug

Die Grundsteuer wird mit einem Hebesatz auf den Einheitswert berechnet. Der Einheitswert wird vom Finanzamt nach den Rohmieten ermittelt, wobei die Finanzbehörde unterschiedliche Multiplikatoren für die Wohnungen, Gewerberäume und Garagen ansetzt. Kurz gesagt, die Grundsteuer spiegelt das Verhältnis der unterschiedlichen Nutzungen wider. Der Vermieter hat daher die jeweiligen Anteile für Wohn- und Gewerberaum, wie sie aus dem Einheitswertbescheid zu ersehen sind, zueinander ins Verhältnis zu setzen und die Wohnungsmieter nach dem Flächenmaßstab nur mit den für sie maßgeblichen Kosten zu belasten. Grundsteuer

Nach dem AG Hamburg (v. 15.8.2001, WuM 2002, 265) gilt dies jedoch nicht, wenn der Anteil der gewerblich genutzten Fläche lediglich 15 Prozent der Gesamtfläche beträgt, da dann die Mehrbelastung der Wohnungsmieter kaum ins Gewicht fällt und dem Vermieter der zusätzliche Abrechnungsaufwand nicht zugemutet werden kann.

Auch Grundsteuererhöhungen, soweit sie durch die Aufteilung im Wohnungseigentum entstehen, sind umlegbar. Grundsteuererhöhungen können auch nachträglich umgelegt werden, wenn eine Neufestsetzung durch das Finanzamt erfolgt. Dies gilt auch dann, wenn in den vorangegangenen Abrechnungen kein Vorbehalt enthalten war (LG Berlin v. 15.2.2002, 64 S 289/01, GE 2002, 595).

2. Die Kosten der Wasserversorgung

Nach § 2 Nr. 2 BetrKV gehören hierzu „die Kosten des Wasserverbrauchs, der Grundgebühren, die Kosten der Anmietung oder anderer Arten der Gebrauchsüberlassung von Wasserzählern sowie die Kosten ihrer Verwendung einschließlich der Kosten der Eichung sowie der Kosten der Berechnung und Aufteilung, die Kosten der Wartung von Wärmemengenreglern, die Kosten des Betriebs einer hauseigenen Wasserversorgungsanlage und einer Wasseraufbereitungsanlage einschließlich der Aufbereitungsstoffe."

Kosten des Wasserverbrauchs	Es sind nur die Kosten des tatsächlichen Verbrauchs im Verbrauchszeitraum anzusetzen. Unabhängig davon, ob die Wasserkosten als öffentlich-rechtliche Gebühr oder als privatrechtliches Entgelt erhoben werden, kommt es auf die Endabrechnung an. Mehrkosten durch Umbau- oder Instandsetzungsarbeiten gehen genauso zulasten des Vermieters wie Mehrverbrauch wegen Rohrbruchs oder defekter Toilettenspülung (AG Bergisch Gladbach v. 8.3.1983, WuM 1984, 230). Die Mehrbeträge sind von den Wasserkosten abzuziehen.
Grundgebühren	Die Grundgebühren beinhalten die Vorhaltekosten des Wasserwerks und die Kosten des Rohrnetzes.
Zählerkosten	Sind die Zähler angemietet, erhebt das Wasserwerk eine Zählermiete. Zusätzliche Kosten für den Zähleraustausch sind umlagefähig.

Stehen die Zähler im Eigentum des Vermieters, sind Reparaturkosten von Wasserzählern nicht umlagefähig, wohl aber die **Wartungskosten.**

In § 2 Nr. 2 BetrKV wurde die Umlagefähigkeit der Eichkosten für Kalt- und Warmwasserzähler entsprechend dem Eichgesetz bzw. der Eichordnung neu eingeführt. Bei Wasserzählern handelt es sich um eichpflichtige Geräte nach dem Eichgesetz bzw. der Eichordnung. Die Pflicht zur Nacheichung nach Ablauf der Eichgültigkeit obliegt dem Vermieter als Betreiber der Messgeräte. Soweit zu demselben Zweck aus Gründen der Kostenersparnis (Wirtschaftlichkeitsgebot) das alte Messgerät gegen ein neues (generalüberholtes oder fabrikneues) Messgerät ausgetauscht wird – wie dies in der Praxis üblicherweise der Fall ist –, zählen auch diese Kosten zu den Eichkosten im Sinne der Nr. 2. Die Umlagefähigkeit der Eichkosten hatte die Rechtsprechung aber bereits vor Erlass der BetrKV anerkannt (AG Neuss, v. 1.6.1988, DWW 1988, 284; AG Bremerhaven, v. 1.10.1986, DWW 1987, 19).

Auch die Kosten für die Nachbeglaubigung von Messgeräten sind ansetzbar.

Im preisgebundenen Wohnraum können die Kosten der Berechnung und Aufteilung auf einzelne Nutzer nur umgelegt werden, wenn alle Wohnungen mit Wasserzählern ausgestattet sind, § 21 Abs. 2 S. 3 NMV (Kap. K 2). *Kosten der Berechnung und Aufteilung auf einzelne Nutzer*

Bei preisfreiem Wohnraum besteht nur für Neubauten eine Verpflichtung, Wasserzähler einzubauen. Hat der Vermieter Wasserzähler einbauen lassen, kann er gemäß § 556a Abs. 2 BGB künftig nach Verbrauch abrechnen und die Abrechnungskosten eines Abrechnungsunternehmens umlegen.

Umlagefähig sind die Kosten des Betriebs eines hauseigenen Brunnens, einer Pumpenanlage oder eines kleinen Wasserwerks, das ein Gebäude versorgt. Hier können sowohl Stromkosten als auch Wartungskosten angesetzt werden, nicht aber Reparaturkosten. *Hauseigene Wasserversorgungsanlage*

Ebenfalls umlagefähig sind die Kosten einer dazugehörigen Druckerhöhungsanlage, mit deren Hilfe in Hochhäusern der Wasserdruck im Netz des externen Lieferanten auch für die oberen Etagen ausreichend dimensioniert wird.

Anhang 1

Wasseraufbereitungsanlage

Wartungs- und Austauschkosten für Wassermengenregler gehören ebenfalls zu den umlagefähigen Kosten (Langenberg, A 52). Strom- und Wartungskosten einer Wasseraufbereitungsanlage zählen zu den Betriebskosten (AG Steinfurt v. 8.7.2004, 4 C 59/04, WuM 2004, 567). Ansatzfähig sind die regelmäßig zu erneuernden Aufbereitungsstoffe wie Filter und chemische Zusätze wie Phosphat (AG Friedberg v. 14.3.1985, WuM 1995, 369, aber nur bei Vereinbarung).
Ob Maßnahmen, die dem Korrosionsschutz dienen, umlegbar sind, ist strittig. Das AG Lörrach (v. 31.1.1995, WuM 1995, 593), das AG Regensburg (v. 11.8.1993, 9 C 2418/93, WuM 1995, 319) und das AG Friedberg (v. 18.3.1998, WuM 2000,381) verneinen die Umlagefähigkeit, denn die Maßnahmen dienen nicht der Verbesserung der Wasserqualität und stellen deshalb auch keine Aufbereitung dar. Das AG Dresden (v. 16.2.2002, 143 C 3528/00, NZM 2001,708) bejaht die Umlagefähigkeit jedoch mit Hinweis auf die Vertragsfreiheit.
Die Kosten einer behördlich angeordneten Trinkwasseruntersuchung sind nach der Rechtsprechung umlagefähig (AG Wesel v. 20.6.1990, 26 C 115/90, WuM 1990,443; AG Ulm v. 19.5.2000, 2 C 537/00, ZMR 2001,550), nicht dagegen die Kosten für einen von einer Mietpartei in Auftrag gegebenen Wasserprüfung.

3. Die Kosten der Entwässerung

Nach § 2 Nr. 3 gehören hierzu „die Kosten der Haus- und Grundstücksentwässerung, die Kosten des Betriebs einer entsprechenden nichtöffentlichen Anlage und die Kosten des Betriebs einer Entwässerungspumpe".

Nicht zu den Betriebskosten gehören die einmaligen Kanalanschlussgebühren oder die Anlage-, Umbau- und Instandhaltungskosten an hauseigenen Entwässerungsanlagen.
Hierzu gehören sämtliche Gebühren für die Haus- und Grundstücksentwässerung durch eine öffentliche Entwässerungseinrichtung (Kanal- oder Sielgebühren), unabhängig davon, ob sie für Schmutz- oder Regenwasser erhoben werden (OLG Düsseldorf v. 3.2.2000, WuM 2000, 591).

Enthält der Mietvertrag anstelle des Begriffs „Entwässserung" den Begriff „Abwasser" ist streitig, ob darunter auch das in das Kanalsystem abfließende Regenwasser gemeint ist. Der Mieter hat dann beide Gebühren zu zahlen, wenn die Gemeinde ihre Gebührenstruktur dahingehend verändert hat, dass anstelle einer Abwassergebühr nunmehr eine Gebühr für Schmutzwasser und eine Gebühr für Niederschlagswasser zu zahlen ist (LG Hannover v. 7.1.2004, 12 S 53/03, NZM 2004, 343).

Bei einer hauseigenen Abwasseranlage wie Sammelgrube, Sickergrube oder biologische Kläranlage (AG Bergisch Gladbach v. 4.4.1984, WuM 1985, 369) sind die Entleerungskosten, d. h. Abfuhr des gesammelten Schmutzwassers oder Klärschlamms, Reinigungskosten und Kosten der Wartung der Anlage, ansatzfähig (Langenberg, A 56), so auch AG Greiz (v. 25.6.1998, 1 C 115/98, WuM 99, 65). Grubenentleerung

Ist eine Entwässerungspumpe im Einsatz, sind die Strom- und Wartungskosten umlegbar.

Nicht zu den Betriebskosten gehören die Instandhaltungskosten an hauseigenen Entwässerungsanlagen oder Kosten für die Beseitigung von Rohrverstopfungen (OLG Hamm v. 19.5.1982, WuM 1982, 201) oder vorbeugende Rohrreinigungen.

4. Die Kosten der Heizung

a. Die Kosten des Betriebs der zentralen Heizungsanlage einschließlich der Abgasanlage

Nach § 2 Nr. 4a BetrKV zählen zu den Heizungskosten die „Kosten des Betriebs der zentralen Heizanlage einschließlich Abgasanlage; hierzu gehören die Kosten der verbrauchten Brennstoffe und ihrer Lieferung, die Kosten des Betriebsstroms, die Kosten der Bedienung, Überwachung und Pflege der Anlage, der regelmäßigen Prüfung ihrer Betriebsbereitschaft und Betriebssicherheit einschließlich der Einstellung durch eine Fachkraft, der Reinigung der Anlage und des Betriebsraums, die Kosten der Messungen nach dem Bundes-Immissionsschutzgesetz, die Kosten der Anmietung oder anderer Arten der Gebrauchsüberlassung einer

Anhang 1

Ausstattung zur Verbrauchserfassung einschließlich der Kosten der Eichung sowie der Kosten der Berechnung und Aufteilung."

Kosten der verbrauchten Brennstoffe

Die Kosten der verbrauchten Brennstoffe umfassen auch Kosten der Brennstoffzusätze und Anfeuerungsmaterial. Kosten für das **Trockenheizen** eines Neubaus können nicht angesetzt werden, da sie nicht laufend, sondern einmalig entstehen. Beachten Sie, dass es auf den **Verbrauch** ankommt. Entscheidend ist also nicht der Zeitpunkt der Brennstoffrechnung, sondern der Zeitraum, in dem der Brennstoff verbraucht wurde. Unter dem Gesichtspunkt der Wirtschaftlichkeit hat der Vermieter das günstigste Brennstoffangebot zu wählen. Zwar steht ihm eine gewisse Dispositionsfreiheit zu, die üblichen Kosten dürfen aber nicht um mehr als 20 Prozent überschritten werden (AG Tempelhof v. 27.5.1998, 2 C 516/97, GE 1998, 1465).

Der Vermieter darf auch nur die tatsächlich entstandenen Kosten ansetzen. Mengenrabatte sowie Preisnachlässe sind zugunsten des Mieters zu berücksichtigen. Er muss auf jeden Fall die Position „Brennstoffkosten" erläutern, um dem Mieter die Möglichkeit der Prüfung zu geben, ob Investitionskosten des Heizungsbetreibers in der Position sind (LG Erfurt v. 12.4.2002, 2 S 218/01, WuM 2002,317).

Kosten der Lieferung der Brennstoffe

Lieferkosten sind die Beträge, die der Brennstofflieferant dem Vermieter in Rechnung stellt, nicht aber dafür aufgewandte Eigenleistungen. Übliche und angemessene Trinkgelder dürfen angesetzt werden.

Kosten des Betriebsstroms

Zu den Kosten des Betriebsstroms gehören sämtliche Stromkosten, die für das Betreiben der Heizungsanlage anfallen, z. B. der Strom für Pumpen, Brenner, elektrisch arbeitende Wärmefühler, elektrische Wärmepumpen, für die Beleuchtung des Heizraums sowie für Strom, der im Rahmen der Überwachung, Pflege und Reinigung der Anlage verbraucht wird.

Die Kosten für den Betriebsstrom können auch dann auf den Mieter umgelegt werden, wenn es keinen Zwischenzähler gibt. In diesem Fall werden die Stromkosten entweder prozentual ermittelt oder sie dürfen nach dem Anschlusswert der betroffenen Geräte errechnet werden. Die Stromkosten dürfen mit ca. fünf Prozent der gesamten Heizkosten veranschlagt werden (LG Hannover v. 19.4.1991, 8 S 53/90, WuM 1991, 540). Der Stromverbrauch kann nach folgender

Formel errechnet werden: Anschlusswert der elektrischen Geräte ×
24 Stunden × Anzahl der Heiztage × Strompreis = Betriebsstrom
(LG Berlin v. 21.2.1978, 63 S 166/77).

Zu den Kosten der Bedienung, Überwachung und Pflege der Anlage gehören die Sach- und Personalkosten einschließlich der Sozialbeiträge, die dem Eigentümer laufend entstehen, insbesondere beim arbeitsintensiven Betrieb einer Koks-Zentralheizung. Bei vollautomatischen Öl- oder Gasheizungen werden Bedienungskosten meistens nicht anerkannt. Es sei denn, es handelt sich um eine größere Anlage. *Bedienung, Überwachung und Pflege der Anlage*

Zu den Kosten der regelmäßigen Prüfung der Betriebsbereitschaft und Betriebssicherheit einschließlich der Einstellung durch eine Fachkraft zählen die Kosten für einen Wartungsdienst (nicht Reparaturen). Eine Wartung beinhaltet z. B. das Überprüfen und Einstellen der Feuerungseinrichtungen, das Reinigen und Einstellen des Brenners einschließlich neuer Dichtungen, Filter und Zerstäuberdüsen, das Überprüfen der zentralen regeltechnischen Einrichtungen, Probeläufe, Messungen der Abgaswerte und der Abgastemperaturen, Kontrolle und Nachfüllen des Wasserstandes (OLG Düsseldorf v. 8.6.2000, 10 U 94/99, NZM 2000, 762). Auch die Kosten der Dichtigkeitsprüfung (§ 10 Abs. 3 EnEV) gehören zu den umlegbaren Betriebskosten (AG Bad Wildungen v. 20.6.2003, C 66/03, WuM 04, 669.) *Prüfung der Betriebsbereitschaft und -sicherheit*

Zu den Kosten der Reinigung der Anlage und des Betriebsraums gehört die Reinigung des Heizkessels durch Entfernung von Verbrennungsrückständen und Wasserablagerungen, insbesondere das Auswechseln kleinerer Teile, der Austausch eines Filtersatzes, das Zerlegen und der anschließende Zusammenbau des Ölbrenners, notwendige Dichtungen. *Reinigung der Anlage und des Betriebsraums*

- Strittig ist die Frage, ob die **Reinigung des Öltanks** sowie das **Beseitigen des Ölschlamms** unter die Reinigung der Anlage fällt. Nach Ansicht des AG Regensburg (v. 11.8.1993, 9 C 2418/93, WuM 1995, 319) gehört die Reinigung des Öltanks zu den Betriebskosten, auch wenn sie in größeren zeitlichen Abständen erfolgt (**aperiodisch**), wenn es sich um eine bloße Wartung des Öltanks z. B. durch Entfernung von Ölschlammrückständen handelt. Nach AG Friedberg (v.10.10.1984, C 1510/83, WuM 1985, 370) können die Kosten der Tankreinigung umgelegt werden, *Reinigung des Öltanks strittig* wenn dies mietvertraglich vereinbart wurde. Die herrschende Rechtsprechung dagegen ist der Auffassung, dass es sich bei Tankreinigungskosten um nicht umlagefähige Instandhaltungskosten handelt (LG Hamburg v. 22.6.1989, 7 S 121/88, WuM 1989,522; AG Ahrensburg v. 13.7.2000, 46 C 303/99, WuM 2002,117; AG Hamburg v. 16.12.1997, 49 C 617/97, WuM 2000,332; AG Rendsburg v. 22.10.2001, 11 C 117/01, WuM 2002,232).

- Die Kosten der **Beschichtung oder des Anstrichs des Öltanks** sind Instandhaltungskosten (LG Frankenthal v. 10. 4.1995, 2 S 483/84, ZMR 1985, 302).
- Bei den Kosten für die **Spülung einer Fußbodenheizung** handelt es sich ebenfalls nicht um umlegbare Betriebskosten, sondern um Kosten, die in den Bereich der Instandhaltung fallen (AG Köln v. 27.8.1998, 222 C 376/97, WuM 1999,235).

Messungen nach Bundes-Immissionsschutzgesetz

Die Kosten für Messungen nach dem Bundes-Immissionsschutzgesetz, auch soweit sie vom Schornsteinfeger durchgeführt werden, sind umlegbar. Bei Zentralheizungen besteht die gesetzliche Verpflichtung zur jährlichen Überprüfung der Feuerungsanlage durch den Schornsteinfeger.

Ausstattung zur Verbrauchserfassung

Unter Ausstattung zur Verbrauchserfassung sind z. B. Wärmezähler und Heizkostenverteiler zu verstehen. Wenn diese Geräte gemietet oder geleast werden, gehören die Miet- oder Leasingkosten zu den Betriebskosten. Hinsichtlich der Mietkosten ist zu beachten, dass diese nur dann umgelegt werden können, wenn der Vermieter das Beteiligungsverfahren gemäß § 4 Abs. 2 S. 2 HeizkV durchgeführt hat. Der Vermieter muss den Nutzern unter Angabe der dadurch verursachten Mehrkosten mitteilen, dass er die Geräte zur Verbrauchserfassung mieten will. Die Anmietung ist unzulässig, wenn die Mehrheit der Nutzer binnen Monatsfrist widerspricht.

Auch **aperiodische Kosten**, also Kosten, die zwar regelmäßig, aber in längeren zeitlichen Abständen anfallen, sind umlagefähig. Wenn kein Leasing- oder Mietvertrag hinsichtlich der Geräte zur Verbrauchserfassung besteht, ist der Vermieter gezwungen, nach Ablauf der Eichgültigkeit die Geräte austauschen zu lassen. Die Eich- und Wartungskosten für die Erfassungsgeräte sind ebenso umlagefähig wie die Austauschkosten anlässlich einer Eichung. Hierbei können die Kosten auf mehrere Jahre aufgeteilt werden (AG Koblenz v. 28.5.1996, 42 C 970/96, DWW 1996, 252). Ebenfalls umlagefähig sind Kosten für den Austausch von Flüssigkeitsampullen oder den Ersatz von Batterien.

Zu den Kosten der Berechnung und Aufteilung gehören die Kosten der Erstellung der Heizkostenabrechnung (z. B. Kosten für den Wärmemessdienst) sowie die Kosten für die Ablesung.

Kosten der Berechnung und Aufteilung

Nach den Richtlinien zur Durchführung der verbrauchsabhängigen Heizkostenabrechnung (Fassung vom 17.11.1989) sind zwei Ablesetermine im Abstand von mindestens zwei Wochen durchzuführen. Bei Nichteinhalten des Termins wird der Verbrauch geschätzt. Das LG München I (v. 22.2.2001, WuM 2001, 190) lehnt die Kostenpflichtigkeit des zweiten Ablesetermins ab.

Belaufen sich die Kosten des Wärmemessdienstes auf etwa die Hälfte der Energiekosten der Abrechnungsperiode, so ist die Heizkostenabrechnung fehlerhaft, solange der Vermieter nicht nachweist, dass am Markt keine günstigere Wärmedienstleistung zu erlangen ist (AG Münster v. 14.9.2001, 3 C 3188/01, WuM 2001,499).

b. Die Kosten des Betriebs einer zentralen Brennstoffversorgungsanlage

§ 2 Nr. 4b BetrKV: die *„Kosten des Betriebs einer zentralen Brennstoffversorgungsanlage; hierzu gehören die Kosten der verbrauchten Brennstoffe und ihrer Lieferung, die Kosten des Betriebsstroms und die Kosten der Überwachung sowie die Kosten der Reinigung der Anlage und des Betriebsraums."*

Dabei handelt es sich vorrangig um zentrale Öllagertanks (gilt auch für Gasversorgungsleitungen), von denen aus Versorgungsleitungen zu den in den Wohnungen befindlichen Einzelheizungen der Mieter (Etagenheizungen) führen. Eine Hausanlage, die an das öffentliche oder städtische Gasleitungsnetz angeschlossen ist, fällt nicht unter diese Vorschrift.

Zu diesen Kosten gehören die Kosten der verbrauchten Brennstoffe und ihrer Lieferung, die Kosten des Betriebsstroms und die Kosten der Überwachung sowie die Kosten der Reinigung der Anlage und des Betriebsraums.

c. Die Kosten der gewerblichen Lieferung von Wärme/ Wärmecontracting

§ 2 Nr. 4c BetrKV: *„Die Kosten der eigenständig gewerblichen Lieferung von Wärme, auch aus Anlagen im Sinne von Nr. 4a; hierzu gehören das Entgelt für die Wärmelieferung und die Kosten des Betriebs der zugehörigen Hausanlagen entsprechend Nr. 4a."*

Früher: Fernwärme

Diese Position betrifft den früheren Punkt „Fernwärme" und umfasst jetzt neben der herkömmlichen Fernwärme auch die so genannte Nahwärme oder die so genannten Blockheizkraftwerke und gleichfalls die Wärmelieferung durch – etwa zugepachtete – Zentralheizungsanlagen. Die „eigenständige" Lieferung ist gegeben, wenn der Lieferant die Anlage im eigenen Namen und für eigene Rechnung betreibt und die Wärme ebenso liefert.

Umstellung auf Wärmecontracting

Der Vermieter ist berechtigt, von der Eigenerzeugung von Wärme (z. B. Zentralheizung) auf Fernwärme umzustellen, ohne dass es der Einwilligung des Mieters bedarf.

Diese Umstellung auf **Wärmecontracting** wirft die Frage auf, ob der volle Wärmepreis in die Heizkostenabrechnung einfließen darf. Während bei der Eigenerzeugung von Wärme nur Verbrauchskosten angesetzt werden dürfen, enthält der Wärmepreis (bei der Fernwärme) nicht nur Verbrauchsanteile, sondern auch einen Anteil für die Abschreibung der Heizungsanlage sowie ein Gewinnanteil für das Wärme-Unternehmen. Grundsätzlich ist die Umlage der Wärmekosten gemäß §§ 1, 7 HeizkV zulässig.

Das BGH-Urteil v. 16.7.2003 (VIII ZR 286/02, NZM 03, 757) hat die bis dahin bestehende Diskussion in der Rechtsprechung um die Umlegbarkeit des Wärmepreises beendet. Danach darf der volle Wärmepreis auf die Mietpartei umgelegt werden.

d. Die Kosten der Wartung von Etagenheizung und Gaseinzelfeuerstätten

§ 2 Nr. 4d BetrKV: *"Die Kosten der Reinigung und Wartung von Etagenheizungen und Gaseinzelfeuerstätten; hierzu gehören die Kosten der Beseitigung von Wasserablagerungen und Verbrennungsrückständen in der Anlage, die Kosten der regelmäßigen Prüfung der Betriebsbereitschaft und Betriebssicherheit und der damit zusammenhängenden Einstellung durch einer Fachkraft sowie die Kosten der Messungen nach dem Bundes-Immissionsschutzgesetz."*

Die Beseitigung von Wasserablagerungen erfolgt üblicherweise durch die Entkalkung oder Reinigung der wasserführenden Teile, insbesondere des Kessels, der Heizkörper und der Leitungen.
Zur Beseitigung von Verbrennungsrückständen gehört auch die Reinigung des Brennerraums, des Kessels, des Brenners und der Abgasanlage.

5. Die Kosten der Warmwasserversorgung

- § 2 Nr. 5a BetrKV: *"Die Kosten des Betriebs der zentralen Warmwasserversorgungsanlage".*
  Hierzu gehören die Kosten des Frischwasser, soweit sie nicht schon entsprechend Nr. 2 berücksichtigt wurden, und die Kosten der Wassererwärmung entsprechend Nr. 4a oder
- § 2 Nr. 5b BetrKV: *"Die Kosten der eigenständig gewerblichen Lieferung von Warmwasser, auch aus Anlagen im Sinne des Buchstabens a".*
  Hierzu gehören das Entgelt für die Lieferung des Warmwasser und die Kosten des Betriebs der zugehörigen Hausanlagen entsprechend Nr. 4a oder
- § 2 Nr. 5c BetrKV: *"Die Kosten der Reinigung und Wartung von Warmwassergeräten".*
  Hierzu gehören die Kosten der Beseitigung von Wasserablagerungen und Verbrennungsrückständen im Innern der Geräte sowie der regelmäßigen Prüfung der Betriebsbereitschaft und Betriebssicherheit und der damit zusammenhängenden Einstellung durch eine Fachkraft."

| Boiler- | Diese Kosten fallen an, wenn in der Wohnung keine zentrale Warm- |
| entkalkung | wasserversorgung besteht, sondern das Warmwasser dezentral durch **Boiler** oder **Durchlauferhitzer** erfolgt. |

6. Die Kosten verbundener Heizungs- und Warmwasserversorgungsanlagen

- § 2 Nr. 6a BetrKV: *„Die Kosten bei zentralen Heizungsanlagen entsprechend Nr. 4a und Nr. 2, soweit sie nicht bereits berücksichtigt sind"* oder
- § 2 Nr. 6b BetrKV: *„bei der eigenständig gewerblichen Lieferung von Wärme entsprechend Nr. 4c und Nr. 2, soweit sie nicht dort bereits berücksichtigt sind"* oder
- § 2 Nr. 6c BetrKV: *„bei verbundenen Etagenheizungen und Warmwasserversorgungsanlagen entsprechend Nr. 4d und Nr. 2, soweit sie nicht dort bereits berücksichtigt sind."*

7. Die Kosten des Betriebs des Personen- und Lastenaufzuges

§ 2 Nr. 7 BetrKV: *„Hierunter fallen die Kosten des Betriebsstroms, der Beaufsichtigung, der Bedienung, Überwachung und Pflege der Anlage, der regelmäßigen Prüfung ihrer Betriebsbereitschaft und Betriebssicherheit einschließlich der Einstellung durch eine Fachkraft sowie die Kosten der Reinigung der Anlage."*

| Betriebsstrom | Zum Betriebsstrom gehört der elektrische Strom für die maschinelle Einrichtung und derjenige für die Beleuchtung des Fahrkorbs. |
| Beaufsichtigung, Bedienung und Überwachung der Anlage | Seit Inkrafttreten der Betriebssicherheitsverordnung (BetrSichV) (BGBL I 2002, S. 3777) am 1.1.2003, welche die Aufzugsverordnung abgelöst hat, gelten erhöhte Sicherheitsprüfungen für bestehende und neue Aufzugsanlagen. Wer einen Personenaufzug betreibt, muss die besonderen Vorschriften für eine überwachungsbedürftige Anlage beachten, § 12 BetrSichV. Die Beschäftigungskosten für den Aufzugswärter sind umlagefähig. Richtet der Eigentümer anstelle ei- |

nes Aufzugswärters eine Notrufbereitschaft ein, die aus dem Fahrkorb ständig erreichbar ist, sind die Kosten der **Notrufbereitschaft** ansatzfähig (AG Hamburg v. 6.1.1987, 43a C 432/86, WM 1987, 127; LG Gera v. 31.1.2001, 1 S 185/00, WuM 2001, 615; AG Frankfurt v. 14.7.2000, 301 C 7149/00, WuM 2001,615).

Gemäß § 15 BetrSichV ist der Eigentümer verpflichtet, den Aufzug in wiederkehrenden Abständen einer Hauptprüfung oder zusätzlichen Zwischenprüfungen zu unterziehen. Diese Prüfungen werden grundsätzlich vom TÜV oder Sachverständigen vorgenommen. Die Prüfkosten sowie die Kosten für Prüfgewichte können umgelegt werden. Sollte eine erneute Abnahme notwendig sein, z. B. nach einem Schadensfall, sind diese Kosten nicht umlegbar. Pflege und regelmäßige Prüfung der Betriebssicherheit

§ 12 Abs. 3 BetrSichV schreibt vor, dass die Aufzugsanlage regelmäßig zu warten ist. Grundsätzlich sind Wartungskosten umlegbar. Die Wartung darf aber nur folgende Arbeiten umfassen: Überprüfung aller Sicherheitsteile, der Schalthebel, der Kabinenbeleuchtung, der Anzeigegeräte und des Ölstands im Gestriebe sowie den Abschmierdienst und Ölwechsel. Die Wartungskosten dürfen neben dem Arbeitslohn für vorgenannte Tätigkeiten auch Kleinmaterial beinhalten: Schrauben, Muttern, Splinten, Kohlen, Kontakte und sonstige Kleinteile. Wartung

Schließt der Eigentümer mit der Wartungsfirma einen **Voll- oder Systemwartungsvertrag** ab, ist zu berücksichtigen, dass diese Verträge Instandhaltungskostenanteile beinhalten, die auf den Mieter nicht umgelegt werden dürfen.

- Soweit die Rechnung der Wartungsfirma die Kostenanteile getrennt ausweist, ergeben sich keine Schwierigkeiten, die Kosten in umlegbare Wartungskosten und nicht umlegbare Instandhaltungs- bzw. Reparaturkosten zu unterteilen.
- Ergibt sich aus der Rechnung keine genaue Aufteilung, ist der Reparaturkostenanteil zu schätzen. Die Rechtsprechung nimmt pauschale Kürzungen zwischen 20 und 50 Prozent vor (LG Düsseldorf: 20 %, v. 22.10.1998, 21 S 191/98, DWW 1999, 354; LG Berlin: 20 %, v. 27.3.1990, 29 S 172/89, GE 1990, 655; LG Essen: 50 %, v. 12.4.1991, 1 S 768/90, WM 1991, 702; LG Duisburg (WuM 04,717) 40-50 %).

- Das LG Berlin geht in seiner Entscheidung vom 13.4.1999 sogar so weit, dass es eine Abrechnung als unwirksam ansieht, wenn die Erläuterung des Instandhaltungsanteils im Vollwartungsvertrag fehlt (64 S 415/98, GE 1999, 777).

Behebung einer Betriebsstörung

Bei den Kosten für die Behebung einer Betriebsstörung ist zu prüfen, wie die Störung behoben werden konnte.

- Gelang sie durch Wartungsarbeiten, sind diese Kosten umlagefähig (LG Duisburg v. 2.3.2004, 13 S 265/03, WuM 04, 717).
- Mussten dagegen Teile ausgetauscht werden, handelt es sich um nicht umlagefähige Reparaturkosten.

Reinigung der Anlage

Die Kosten der Reinigung der Aufzugsanlage beinhalten die Reinigungskosten von Teilen und Flächen außerhalb des Fahrkorbs (Außenflächen des Fahrkorbs, Seile, Räder u. Ä.).

> **Achtung:**
> Die Kosten der Reinigung des Fahrkorbs zählen zu den Kosten der Gebäudereinigung.

Erdgeschossmieter

Umstritten ist, ob die Kosten des Aufzugs grundsätzlich auch auf **Erdgeschossmieter** umgelegt werden können (LG Hannover v. 7.10.1989, 11 S 8/89, WuM 1990, 228; LG Kiel v. 3.8.2000, 8 S 310/99, NZM 2001, 92). Entscheidend ist, ob der Erdgeschossmieter einen Nutzen vom Aufzug hat, wenn er z. B. damit in den Keller, zur Tiefgarage oder zum Speicher gelangen kann (OLG Düsseldorf v. 18.9.1985, 3 W 317/85, NJW-RR 1986, 95). Hat er keinerlei Vorteil durch einen Lift, scheidet die Umlage aus (AG Braunschweig v. 27.9.1995, 114 C 3016/95, WuM 1996, 284).

8. Die Kosten der Straßenreinigung und Müllbeseitigung

§ 2 Nr. 8 BetrKV: „Dazu gehören die für die öffentliche Straßenreinigung und Müllbeseitigung zu entrichtenden Gebühren und die Kosten entsprechender nichtöffentlicher Maßnahmen. Zu den Kosten der Müll-

beseitigung gehören namentlich die für die Müllabfuhr zu entrichtenden Gebühren, die Kosten entsprechender nichtöffentlicher Maßnahmen, die Kosten des Betriebs von Müllkompressoren, Müllschluckern, Müllabsauganlagen sowie des Betriebs von Müllmengenerfassungsanlagen einschließlich der Kosten der Berechnung und Aufteilung."

Umlagefähig sind sämtliche Straßenreinigungskosten, unabhängig davon, ob die Reinigung durch die Gemeinde, den Eigentümer oder einen von ihm beauftragten Dritten durchgeführt wird. Zu den Straßenreinigungskosten zählen auch die Kosten für den Winterdienst. Auch die Kosten für Reinigungsmittel sind ansetzbar, im Winter vor allem Streugut.

Die Wartungs- und Reparaturkosten maschineller Arbeitshilfen gehören ebenfalls zu den umlagefähigen Betriebskosten, da der Einsatz motorgetriebener Geräte gegenüber den Lohnkosten einer manuellen Reinigung deutlich günstiger ist (LG Berlin v. 13.3.1986, 62 S 94/85, GE 1986, 1121; LG Hamburg v. 13.7.1989, 7 S 185/88, WuM 1989, 640). *Wartungs- und Reparaturkosten*

Ob die Erstanschaffung und auch die Ersatzbeschaffung von Reinigungsgeräten wie z. B. eines Schneeräumgeräts ansetzbar ist, ist umstritten. Während das LG Hamburg (v. 30.5.1985, 7 S 326/84, WuM 1985, 390) und das AG Lörrach (v. 2.11.1994, 3 C 336/94, WuM 1996, 628) dies verneinen, bejahen das LG Berlin (v. 9.3.2000, 62 S 463/99, GE 2000, 539) und das AG Schöneberg (v. 20.12.2000, 6 C 206/00, NZM 2001, 808) die Ansetzbarkeit von Anschaffungskosten solcher Geräte, da auch dann die Kosten auf Dauer immer noch niedriger sind als bei einer Beauftragung eines Fremdunternehmens für eine rein manuelle Ausführung. *Reinigungsgeräte*

Dieselbe Begründung gilt für die Kosten eines Laubsaugers (LG Berlin, v.9.3.2000, 62 S 463/99, GE 2000, 539).

Hat der Vermieter einem Mieter den Winterdienst mietvertraglich auferlegt und erhält der Mieter dafür als Vergütung einen Mietnachlass, können diese Kosten auf alle Mieter umgelegt werden. Erfüllt der Mieter seine mietvertraglichen Pflichten nicht, darf der Vermieter nach Abmahnung die Arbeiten an eine Firma vergeben. Die dadurch entstehenden Kosten hat aber nur der vertragsbrüchige Mieter zu erstatten. *Winterdienst durch Mieter*

Anders gestaltet sich die Sachlage, wenn der Mieter aufgrund von Krankheit, Alter oder Gebrechlichkeit die Reinigung nicht mehr durchführen kann. In diesem Fall wird der Mieter von seiner Verpflichtung frei (LG Hamburg v. 11.7.1989, 16 S 87/88, WuM 1989, 622). Der Vermieter darf die Arbeiten an eine Firma vergeben und die Kosten auf alle Mieter als neu eingeführte Betriebskosten umlegen.

Umlegbare **Müllkosten** sind nur solche, die laufend entstehen, unabhängig davon, ob es sich um gemeindliche Müllabfuhrgebühren oder Kosten einer privaten Müllentsorgung handelt. § 2 Nr. 8 BetrKV ermöglicht nun, dass auch die Kosten für den Betrieb von Müllkompressoren, Müllschluckern, Müllabsauganlagen und Müllmengenerfassungsanlagen direkt unter den Kosten der Müllabfuhr geltend gemacht werden können. Neu eingefügt wurde außerdem, dass die bei der Müllmengenerfassung anfallenden Kosten der Berechnung und Aufteilung angesetzt werden dürfen.

Sperrmüll

Einmalig oder in nicht vorhersehbaren Zeiträumen entstehende Müllabfuhrkosten (z. B. Sperrmüll oder Entfernung von Bauschutt) gehören nicht dazu (LG Siegen v. 23.4.1992, 3 S 43/92, WuM 1992, 630, LG Berlin v. 21.8.2001, 64 S 476/00, NZM 2002, 65). Ist eine **Sperrmüllabfuhr** notwendig, weil nur einzelne Mieter vertragswidrig Sperrmüll abstellen, sind die Kosten nicht ansetzbar, da die Mietergemeinschaft nicht für das vertragswidrige Verhalten einzelner Mieter haftet. Die Kosten einer Hofentrümpelung sind nur umlagefähig, wenn sie trotz ordnungsgemäßer Geschäftsführung regelmäßig anfallen (LG Berlin v. 15.2.2002, 64 S 289/01, GE 2002, 595). Die Kosten für die Miete von Abfallbehältnissen sind nicht umlegbar (LG Neuruppin v. 23.1.03, 4 S 241/02, WuM 03, 153).

Nach Auffassung des AG Frankfurt (v. 18.9.2001, 33 C 1595/01–29, WuM 2001,631) ist der Vermieter im Rahmen der Geringhaltung der Müllentsorgungskosten sogar verpflichtet, gelbe Mülltonnen für Plastik und braune für Kompost zur Verfügung zu stellen.

9. Die Kosten der Gebäudereinigung und Ungezieferbekämpfung

§ 2 Nr. 9 BetrKV: *„Unter die Kosten der Gebäudereinigung fallen die Kosten für die Säuberung der gemeinsam genutzten Gebäudeteile wie Zugänge, Flure, Treppen, Keller, Bodenräume, Waschküchen, Fahrkorb des Aufzugs."*

Die Kosten umfassen sowohl Personalkosten als auch Kosten für Reinigungsmittel, jedoch nicht die Anschaffungskosten für Reinigungsgeräte. Mit der Durchführung der Arbeiten kann auch ein Reinigungsinstitut beauftragt werden. Nicht dazu gehören allerdings die Kosten der Reinigung der Fassade, die Entfernung von Graffitis (AG Köln v. 22.5.2000, 222 C 120/99, WuM 2001, 515) und die Reinigung von Marmorverkleidungen im Treppenhaus mit chemischen Stoffen (AG Köln v. 16.12.1980, 214 C 301/80, WuM 1985, 368). [Gebäudereinigung]

Die Kosten der **Ungezieferbekämpfung** sind nur umlagefähig, wenn sie z. B. aufgrund behördlicher Anordnung zur regelmäßigen Ungezieferbekämpfung **laufend** entstehen, z. B. Material- und Personalkosten zur Rattenbekämpfung (AG Hamburg v. 14. 4.1999, 40A C 715/98, WM 1999, 485; LG Berlin v. 15.2.2002, 64 S 289/01, GE 2002,595). Setzt der Vermieter Kosten für die Ungezieferbekämpfung an, ist er für einen erforderlichen, u. U. jährlichen Turnus beweispflichtig (KG Berlin v. 8.4.2002, 8 U 8/01, GE 2002,801). Das AG Offenbach (v. 20.9.2001, 34 C 132/01, NZM 2002,214) ist dagegen der Auffassung, dass auch Kosten einer einmaligen Schädlingsbekämpfung umlagefähig sind. [Ungezieferbekämpfung]

Umlagefähig sind aber nur Maßnahmen, die sich auf Gemeinschaftsflächen beziehen und prophylaktisch sind (AG Hamburg v. 15.8.2001, 45 C 35/01, WuM 02, 265). Einmalige Kosten der Ungezieferbekämpfung in der einzelnen Mietwohnung, z. B. Entwesung einer verseuchten Wohnung, sind nicht ansetzbar (LG Siegen v. 23.4.1992, 3 S 43/92, WuM 1992, 630; AG Köln v. 13.7.1992, 213 C 164/92, WuM 1992, 630). Die Kosten für die Beseitigung von Ameisen und Wespen sind nicht umlagefähig, weil es sich bei Ameisen und Wespen nicht um Ungeziefer i. S. dieser Vorschrift handelt (LG

Berlin v. 27.10.2000, 63 S 2/00, GE 2000, 1687; LG Hamburg v. 21.5.2001, 311 S 42/01, GE 2001, 991).
Die Bekämpfung von Holzbock ist eine Instandhaltungsmaßnahme (Langenberg, A 83).

10. Die Kosten der Gartenpflege

§ 2 Nr. 10 BetrKV: *„Zu den Kosten der Gartenpflege gehören die Kosten der Pflege gärtnerisch angelegter Flächen einschließlich der Erneuerung von Pflanzen und Gehölzen, der Pflege von Spielplätzen einschließlich der Erneuerung von Sand und der Pflege von Plätzen, Zugängen und Zufahrten, die nicht dem öffentlichen Verkehr dienen."*

Die Gartenpflege umfasst das Rasenmähen und Nachsäen, das Schneiden von Bäumen etc., die Beseitigung von Unkraut, das Vertikutieren, die Abfuhr der Gartenabfälle sowie das Bewässern der Flächen. Nach LG Berlin (v. 24.1.1989, 16 S 148/88, WuM 1989,191) fallen die Kosten der Neuanlegung des Rasens ebenfalls unter die Kosten der Gartenpflege. Die Kosten für die erstmalige Anlage eines Gartens dürfen dagegen nicht als Betriebskosten umgelegt werden (LG Berlin v. 5.2.1999, 64 S 366/98).

Die durch die Pflegearbeiten verursachten Personalkosten sind grundsätzlich ansetzbar. Zu den umlagefähigen Materialkosten gehören Dünger sowie Betriebs- und Wartungskosten für Geräte, sofern durch sie höhere Personalkosten eingespart werden (LG Hamburg v. 13.7.1989, 7 S 185/88; WuM 1989, 640).

Gartengeräte Die Umlage der Anschaffungskosten maschineller Geräte wurde von der älteren Rechtsprechung überwiegend abgelehnt. So entschied das LG Hamburg, dass die Anschaffungskosten für einen Rasenmäher nicht umlegbar seien (v. 30.5.1985, 7 S 326/84, WM 1985, 390). Da sich jedoch die Kosten für die Beauftragung von Fremdunternehmen in der letzten Zeit erheblich erhöht haben, wird von den Gerichten neuerdings auch die Umlage der Anschaffungskosten maschineller Arbeitshilfen anerkannt mit der Begründung, dass diese Kosten auf Dauer immer noch niedriger seien als diejenigen, die bei einer Beauftragung einer Fremdfirma oder bei einer Umlage der Lohnkosten für eine rein manuelle Ausführung entstehen (AG

Lichtenberg v. 30.1.2003, 10 C 281/02, NZM 04, 96). So gestattet z. B. das LG Berlin die Umlage der Kosten für einen Laubsauger (v. 9.3.2000, 62 S 463/99, GE 2000, 539), das AG Schöneberg (v. 20.12.2000, 6 C 206/00, NZM 2001,808) die Umlage der Kosten für ein Schneeräumgerät und das AG Starnberg für einen Häcksler (v. 17.9.2002, 1 C 1209/02, NZM 2002,910, wonach die Anschaffungskosten jedoch nicht gleich im Anschaffungsjahr in voller Höhe umgelegt werden können).

Vergibt der Vermieter die Gartenpflegearbeiten an eine Fremdfirma, muss er dies in der Betriebskostenabrechnung begründen, wenn die Kosten dadurch wesentlich höher ausfallen als vorher bei Erledigung durch eigene Arbeitskräfte (AG Kiel v. 18.4.2001, 113 C 490/00, WuM 2001, 418).

Die Kosten der **Erneuerung von Pflanzen** können nur angesetzt werden, wenn es um das notwendige Auswechseln abgestorbener Pflanzen geht. Die Rechtsprechung bejaht die Umlage der Kosten für die Baumfällung, sofern die Bäume durch Alter, Witterungs- oder Umwelteinflüsse schadhaft geworden sind (AG Köln v. 19.7.2002, 33 C 6544/02, WuM 2002, 498; AG Düsseldorf v. 19.7.2002, 33 C 6544/02, ZMR 2002, 828). Auch die Kosten für die notwendige Stabilisierung eines windbruchgefährdeten Baumes sind umlegbar (LG Landshut v. 8.10.2003, 12 S 1677/03); ebenso die Baumfällkosten, wenn der Baum zu nah an dem Wohngebäude steht (AG Sinzig v. 18.2.2004, 14 C 879/03, ZMR 2004, 829).

Erneuerung von Pflanzen

Die Kosten für das Auslichten oder Fällen von Bäumen sind umlagefähig, auch infolge Sturmschadens (LG Hamburg v. 14.2.1992, 311 S 254/90, WuM 1994, 695; AG Köln v. 27.9.2000, 207 C 213/00, NZM 2001, 41). Es kommt darauf an, ob es sich um eine Maßnahme im Rahmen einer ordnungsgemäßen, laufend ausgeführten Gartenpflege handelt.

Die Kosten infolge jahrelanger Vernachlässigung (LG Tübingen v. 18.10.2004, 1 S 29/04, WuM 2004, 669) scheiden ebeno aus wie Maßnahmen zur völligen Umgestaltung des Gartens (AG Köln v. 27.9.2000, 207 C 213/00, NZM 2001, 41) oder Maßnahmen aufgrund von Nachbarbeschwerden (AG Hamburg-Wandsbek v. 9.9.1985, 712 C 193/85, WuM 1986, 123).

Nutzungs-möglichkeit des Gartens	Die Frage, ob die Umlage der Gartenpflegekosten voraussetzt, dass der Mieter die Gartenflächen auch nutzen kann, ist vom BGH (v. 26.5.2004, VIII ZR 135/03) entschieden worden. Danach kommt es für die Umlegbarkeit nicht darauf an, ob der Mieter selbst einen unmittelbaren Nutzen an der Gartenfläche hat. Es reicht aus, wenn der Gartenanteil allgemein den Gesamteindruck des Anwesens günstig beeinflusst. Anders verhält es sich bei Gartenflächen, die dem Vermieter oder anderen Mietern zur alleinigen Nutzung überlassen sind. An den Kosten für die Pflege solcher Gartenanteile dürfen die „ausgeschlossenen" Mieter nicht beteiligt werden.
Spielplatz	Zur Pflege von **Spielplätzen** gehören neben der Erneuerung von Sand in zeitlichen Abständen das Sauberhalten des Spielplatzes sowie die Überwachung und Instandhaltung von Spielgeräten. Die Erstausstattung gehört zu den Baukosten, die Ersatzbeschaffung zu den Instandhaltungskosten des Eigentümers (Langenberg A 92).
Plätze, Zugänge, Zufahrten	Die Kosten für die Pflege von **Plätzen, Zugängen und Zufahrten** umfassen die Kosten der Pflege von Höfen, Mülltonnenhäuschen, Wäschetrockenplätzen, Zugängen und Zufahrten sowie dort aufgestellter Ausstattungsgegenstände wie Bänke, Abfallkörbe, Teppichstangen u. Ä. Die Umlagefähigkeit setzt voraus, dass diese Flächen allen Mietern zugänglich sind. Die Pflege beinhaltet die Reinigung einschließlich der Schnee- und Eisbeseitigung, nicht aber die Gullyreinigung (AG Köln v. 16.12.1980, 214 C 301/80, WuM 1985, 368).

11. Die Kosten der Beleuchtung

§ 2 Nr. 11 BetrKV: „Dazu gehören die Kosten des Stromes für die Außenbeleuchtung und die Beleuchtung der von den Hausbewohnern gemeinsam genutzten Gebäudeteile wie Zugänge, Flure, Treppen, Keller, Bodenräume und Waschküchen."

Ausschließlich Gemeinschafts-flächen	Es handelt sich hierbei ausschließlich um Stromkosten für die Beleuchtung der Gemeinschaftsflächen. Die Kosten umfassen die Grundgebühr, den mittels Arbeitspreis errechneten Verbrauch und gegebenenfalls die Zählermiete.

Die Kosten für den Ersatz von Glühlampen, Leuchtstoffröhren, Lichtschaltern und Sicherungen fallen nicht unter die Betriebskosten, sondern unter Instandhaltungskosten (OLG Düsseldorf v. 8.6.2000, 10 U 94/99; NZM 2000, 762).

12. Die Kosten der Schornsteinreinigung

§ 2 Nr. 12 BetrKV: „Hierunter fallen die Kaminkehrergebühren, soweit sie nicht bereits bei den Kosten der Zentralheizung Nr. 4a berücksichtigt wurden."

Diese Betriebskostenart liegt nur vor, wenn das Gebäude nicht mit einer Zentralheizung ausgestattet ist. Nr. 12 betrifft daher nur Einzelfeuerstätten, d. h. Einzelöfen, die an einen Schornstein angeschlossen sind. Fallen Schornsteinfegerkosten für einen Einzelofen an, handelt es sich um umlagefähige Kosten. — *Nur Einzelfeuerstätten*

Die Kosten der Schornsteinreinigung sind auch dann auf alle Mieter umlegbar, wenn ein Teil der Wohnungen mit Fernwärme versorgt wird (AG Charlottenburg v. 25.1.2001, 10 C 11/00, GE 2001,775).

13. Die Kosten der Sach- und Haftpflichtversicherung

§ 2 Nr. 13 BetrKV: „Hierzu gehören namentlich die Kosten der Versicherung des Gebäudes gegen Feuer-, Sturm- und Wasser- sowie sonstige Elementarschäden, der Glasversicherung, der Haftpflichtversicherung für das Gebäude, den Öltank und den Aufzug."

Der Begriff „namentlich" bedeutet, dass die Aufzählung nicht abschließend ist. Allerdings sind nur Versicherungen ansetzbar, die dem Bereich der Sach- und Haftpflichtversicherung zuzurechnen sind und das Gebäude betreffen.

§ 2 Nr. 13 BetrKV erweitert den Umfang der umlagefähigen Sach- und Haftpflichtversicherungen um die Elementarschädenversicherungen. Die Elementarschädenversicherung deckt neben Feuer-, Sturm- und Wasserschäden regional unterschiedlich auftretende Elemen- — *Elementarschädenversicherung* tarschäden aufgrund von Erdbeben, Erdrutschen u. Ä. ab. Die Kosten von Schwamm- und Hausbockversicherungen (LG Hamburg v. 24.1.1989, 16 S 148/88, WuM 1989,191) sind ansetzbar. Auch die Kosten für Versicherungen wegen Schäden an Fermelde-, Alarm- und Brandanlagen (Langenberg, A 102) sowie bei Beschädigung von Antennen/Parabolschüsseln und Versicherungskosten für die Aufzugsprechanlage und Aufzugsignalanlage (LG Berlin v. 10.4.1987, 64 S 402/86, GE 1987, 517 und 781) dürfen umgelegt werden.

Nicht umlagefähig sind die Kosten einer Rechtsschutzversicherung (OLG Düsseldorf v. 2.2.1995, 10 U 39/94, ZMR 1995, 203), einer Mietausfallversicherung und einer privaten Hausrat- oder Haftpflichtversicherung.

14. Die Kosten für den Hauswart

§ 2 Nr. 14 BetrKV: „Hierzu gehören die Vergütung, die Sozialbeiträge und alle geldwerten Leistungen, die der Eigentümer (Erbbauberechtigte) dem Hauswart für seine Arbeit gewährt, soweit diese nicht in die Instandhaltung, Instandsetzung, Erneuerung, Schönheitsreparaturen oder die Hausverwaltung betreffen.
Soweit Arbeiten vom Hauswart ausgeführt werden, dürfen Kosten für Arbeitsleistungen nach den Nummern 2 bis 10 nicht angesetzt werden."

Sie dürfen den Hauswart (Hausmeister) nicht mit dem Hausverwalter verwechseln, dessen Kosten nicht absetzbar sind. Ebenso wenig dürfen Kosten für Wartungs- oder Reparaturarbeiten des Hausmeisters dazugerechnet werden.
Erledigt der Hausmeister auch Verwaltungs- oder Instandhaltungsaufgaben, ist ein Vorwegabzug notwendig (LG Berlin v. 4.2.2002, 67 S 185/01, GE 2002,736).

Typische Hausmeistertätigkeiten

Zu den typischen Hausmeistertätigkeiten zählen:

- laufende Reinigungsarbeiten,
- Winterdienst,
- Gartenpflege,
- Bedienung und Überwachung der Heizung/Wasserversorgung,
- Kontrolle der Gemeinschaftsflächen und –einrichtungen,

- Überwachung der Hausordnung,
- Betreuung und Bedienung des Aufzugs,
- Kontrolle der Wartungsfirmen.

Zu den Kosten des Hausmeisters zählen die Vergütung, die Sozialbeiträge, Zahlungen an die Berufsgenossenschaft (Unfallversicherung) und alle geldwerten Leistungen, die der Eigentümer dem Hausmeister für seine Arbeit gewährt, auch die Dienstwohnung (AG Köln, WuM 1997, 273).

Zu den Sachleistungen gehören insbesondere der Mietwert einer unentgeltlich oder verbilligt überlassenen Mietwohnung sowie anteilige Kosten für Telefon und Telefax.

Nach dem **Grundsatz der Wirtschaftlichkeit** (vgl Kap. K) dürfen die Kosten des Hausmeisters nur umgelegt werden, wenn dessen Beschäftigung sachlich gerechtfertigt ist. *Grundsatz der Wirtschaftlichkeit*

Unangemessen hohe Vergütungen hingegen sind nicht umlagefähig (LG Karlsruhe v. 28.4.1995, 9 S 199/94, WuM 1996, 230). Kosten, die weit über dem ortsüblichen Durchschnitt liegen, können nur mit ihrem durchschnittlichen Satz auf die Mieter umgelegt werden (AG Köln v. 10.7.1997, 215 C 7/97, NZM 1998, 305 und v. 27.4.1999, 201 C 18/99, WuM 2000, 680, und v. 2.10.2000, 222 C 176/00, WuM 2001, 469; LG München I v. 30.11.2001, 20 S 6719/01, NZM 2002, 286).

Die Darlegungs- und Beweislast für die Angemessenheit trifft den Vermieter (AG Westerburg v. 17.3.1994, 23 C 44/94, WuM 1995, 120). Der Beweis wird in der Regel durch ein Sachverständigengutachten zu führen sein (LG Karlsruhe a. a. O).

Eine Betriebskostenabrechnung kann beanstandet werden, wenn einzelne typische Hausmeistertätigkeiten wie Gartenpflege, Winterdienst oder Hausreinigung gesondert abgerechnet und daneben noch Hausmeisterkosten in nicht unerheblichem Umfang umgelegt werden, ohne zu erläutern, welche Tätigkeiten des Hausmeisters damit abgerechnet werden und ob und gegebenenfalls wie die Kosten für Instandsetzungs- und Verwaltungstätigkeit herausgerechnet wurden (AG Berlin-Mitte v. 31.10.2001, 18 C 259/01, NZM 2002, 523).

15. Die Kosten für Antenne oder Kabelanschluss

a. Die Kosten des Betriebs der Gemeinschaftsantennenanlage

§ 2 Nr. 15a BetrKV: *„Hierzu gehören die Kosten des Betriebsstroms und die Kosten der regelmäßigen Prüfung ihrer Betriebsbereitschaft einschließlich der Einstellung durch eine Fachkraft oder das Nutzungsentgelt für eine nicht zu den Gebäuden gehörende Antennenanlage sowie die Gebühren, die nach dem Urheberrechtsgesetz für die Kabelweitersendung entstehen."*

Die Kosten der Erstausstattung sind Baukosten, die Kosten der Ersatzbeschaffung sind Instandhaltungskosten des Eigentümers.

Von den Kosten des Hausstroms muss der Betriebsstrom der Antennenanlage in Abzug gebracht werden. Fehlt ein Zwischenzähler, kann der Verbrauch nach den Leistungsdaten des Verstärkers ermittelt werden.

Schließt der Vermieter einen Wartungsvertrag für die Antennenanlage ab, muss beim Vollwartungsvertrag ein Abzug wegen Reparaturanteils vorzunehmen.

Least oder mietet der Eigentümer die Antennenanlage, sind die Leasingkosten ansetzbar.

Nach § 20b Urheberrechtsgesetz, der durch das 4. Urheberrechtsänderungsgesetz vom 8.5.1998 (BGBL I, S. 902) eingefügt worden ist, besteht für Kabelweitersendungsvorgänge eine Gebührenpflicht. Diese Gebühren sind nun umlagefähig.

b. Die Kosten des Betriebs der mit einem Breitbandkabelnetz verbundenen privaten Verteileranlage

§ 2 Nr. 15b BetrKV: *„Hierzu gehören die Kosten entsprechend Buchstabe a, ferner die laufenden monatlichen Grundgebühren für Breitbandanschlüsse."*

Wird nach Einzug des Mieters ein Kabelanschluss in die Wohnung installiert, können die einmaligen Kosten dafür zwar nicht im Rahmen der Betriebskostenabrechnung, aber als Modernisierungsumlage gemäß § 559 BGB geltend gemacht werden (AG Karlsruhe-Durlach v. 19.2.1987, 2 C 672/86, DWW 1987, 165).

Wird die Verteilanlage geleast, können die monatlichen Leasinggebühren als Betriebskosten umgelegt werden.

Die monatlichen Grundgebühren für den Breitbandkabelanschluss sind ansetzbar, auch wenn der Mieter von dem Kabelanschluss keinen Gebrauch machen will (AG Münster v. 7.2.1989, 4 C 471/88, WuM 1989, 190; AG Schöneberg v. 17.11.2004, 103 C 350/04, GE 2004, 1595).

Die laufenden Kosten für einen Sperrfilter, der verhindert, dass der Mieter, der dem Kabelanschluss nicht zugestimmt hat, unberechtigterweise Programme aus dem Kabelnetz empfangen kann, sind dagegen nicht umlagefähig (AG Freiburg v. 20.2.1996, 51 C 367/95, WuM 1996, 285).

Ist nach Einführung des digitalen TV die zusätzliche Anschaffung eines Decoders erforderlich, trägt der Mieter die Kosten (LG Berlin v. 21.8.2003, 67 T 79/03). *Digitales TV*

16. Die Kosten des Betriebs der Einrichtungen für die Wäschepflege

§ 2 Nr. 16 BetrKV: „Hierzu gehören die Kosten des Betriebsstromes, die Kosten der Überwachung, Pflege und Reinigung der Einrichtung, der regelmäßigen Prüfung ihrer Betriebsbereitschaft und Betriebssicherheit sowie die Kosten der Wasserversorgung, soweit sie nicht schon unter Nr. 2 berücksichtigt sind."

Es kommen hier die Betriebskosten der hauseigenen maschinellen Wascheinrichtungen wie Waschmaschinen, Wäscheschleudern, Trockenmaschinen und dgl. in Betracht, die allen Bewohnern zur Verfügung stehen. In Nr. 16 der Anlage 3 zu § 27 II. BV lautete der Begriff noch „maschinelle Wascheinrichtung". Durch die Ersetzung in „Einrichtung der Wäschepflege" ist klargestellt, dass auch Trocken-

geräte wie Wäschetrockner, Wäscheschleudern oder Bügelmaschinen dazugehören.
Die Betriebskosten umfassen die Stromkosten einschließlich der Zählermiete, die Wartungs- und Prüfungskosten sowie die Wasserkosten. Wird der Wasserverbrauch nicht durch einen Zähler separat erfasst, dürfen die Wasserkosten nicht unter Nr. 16 umgelegt werden.

Münzwaschautomat
Bei einem Betrieb der Waschgeräte mit Münzen dürfen die Einnahmen nur die laufenden Kosten für Wasser und Strom decken. Kosten für die Anschaffung, Abschreibung und Kapitalverzinsung dürfen darin grundsätzlich nicht enthalten sein, da diese nach dem Urteil des AG Hamburg (v. 20.8.2003, 39 A C 56/03, WuM 2003, 565) mit der Miete abgegolten sind; es sei denn, dass im Mietvertrag etwas anderes vereinbart wurde.
Wird der Betrieb der Waschmaschinen mit Münzzählern geführt, ist zur Entlastung der Mieter, die die maschinelle Wascheinrichtung nicht benützen, die Münzeinnahme allen Mietern gutzubringen (AG Hamburg v. 30.7.1993, 40b C 2437/92, WuM 1993, 619; AG Pinneberg v. 25.9.2002, 69 C 59/02, ZMR 2003, 121). (Zum Verteilerschlüssel vgl. Kap. F 5.4.)

17. Sonstige Betriebskosten

§ 2 Nr. 17 BetrKV: *„Hierzu gehören Betriebskosten im Sinne des § 1, die von den Nummern 1 bis 16 nicht erfasst sind."*

Die Regelung zeigt, dass die Aufstellung der Betriebskosten in § 2 BetrKV nicht abschließend ist. Hier können also noch weitere Positionen umgelegt werden, insbesondere Betriebskosten von Nebengebäuden (z. B. Garagen), Anlagen und Einrichtungen.
Die sonstigen Betriebskosten dürfen aber nur auf den Mieter umgelegt werden, wenn die einzelnen Positionen im Mietvertrag genau bezeichnet wurden. Nicht ausreichend ist die pauschale Anführung von „sonstigen Betriebskosten" (LG Osnabrück v. 31.5.1995, 11 S 160/94, WuM 1995, 434; LG Hannover v. 6.12.1990, 16 S 216/90; WuM 1991, 358).

Einzelne sonstige Betriebskosten

- Zu den Kosten für Feuerlöschgeräte gehören nicht die Anschaffungskosten von Feuerlöschern (AG St. Goar v. 14.12.1989, 3 C 180/89, DWW 1990, 152), sondern die Wartungskosten der Löschgeräte. Damit ist auch der notwendige Austausch des Löschmittels umfasst (LG Berlin v. 17.10.2000, 64 S 257/00, NZM 2002, 65). *Feuerlöschgeräte*
- **Das Reinigen von Dachrinnen** ist in wiederkehrenden Abständen vor allem dort erforderlich, wo das Laub von hohen Bäumen in die Dachrinnen fällt und den Abfluss des Regenwassers behindert (BGH v. 7.4.2004, VIII ZR 146/03, WuM 04, 292 u. VIII ZR 167/03, WuM 04, 290). *Reinigen der Dachrinnen*
Erfolgt die Reinigung allerdings nur in langen, unregelmäßigen Abständen, wird sie zum Teil der Instandhaltung zugerechnet (LG Berlin vom 24.8.1999, 64 S 120/99; GE 1999, 1428 und vom 18.8.1994, 64 S 75/94; GE 1994, 1381).
- Die Dachrinnenheizung verhindert Personenschäden durch herunterfallende Eiszapfen (AG Lüdenscheid v. 6.11.1986, 8 C 818/86, WuM 1987, 87; LG Berlin v. 17.10.2000, 64 S 257/00, NZM 2002, 65; Pfeifer 2.23.2.1 und Stürzer, Vermieterlexikon B 39). Die Entscheidung des AG Hamburg-Altona (v. 3.1.2002, 317 C 474/00, GE 2001,773), die Kosten der Dachrinnenheizung als Kosten der Entwässerung anzusetzen, sodass es keiner besonderen Vereinbarung für die Umlage von Dachrinnenkosten bedarf, dürfte wohl verfehlt sein. *Dachrinnenheizung*
- Blitzschutzanlagen müssen regelmäßig durch Sachverständige überprüft werden. Da die Prüfung dem Erhalt des Gebäudes und der Sicherheit der Bewohner dient, sind die Kosten umlegbar (AG Bremervörde v. 25.2.1987; WM 1987, 198; LG Berlin v. 17.10.2000, 64 S 257/00, NZM 2002, 65). Nach Auffassung des AG Berlin-Mitte dagegen (v. 31.1.2002, 19 C 176/01, WuM 2002, 186) gehören die Wartungskosten für Blitz- und Brandschutzanlagen nicht zu den umlagefähigen Betriebskosten. *Prüfung von Blitzableiteranlagen*
- Mietkosten der Brandmeldeanlage
- Telefonkosten der Brandmeldeanlage
- Wartung eines Presscontainers

Anhang 1

- Wartung von Überladebrüchen an den Rampen für LKW
- Wartung von Rolltoren an Rampen
- laufende Kosten einer Rolltreppe (gewerbl. Mietverhältnis)

Wartung einer Lüftungsanlage
- Die Wartungskosten für eine Lüftungsanlage sind ansetzbar (LG Frankenthal v. 19.5.1999, 2 S 7/99; NZM 1999, 958, LG Berlin v. 17.10.2000, 64 S 257/00; NZM 2002,65).

Bewachung
- Ob die Kosten für Bewachung, Videoüberwachung und Revierdienstpauschalen umgelegt werden können, hängt davon ab, worin der Hauptgrund für die Einschaltung eines Bewachungsdienstes liegt.
  - Soll in erster Linie das Gebäude geschützt werden, sind die Kosten nicht ansatzfähig (AG Berlin-Mitte v. 14.5.2004, 6 C 164/03, MM 2004, 266).
  - Hat die Bewachung die Aufgabe, vornehmlich das Eigentum der Mieter zu schützen (z. B. bei teuren Ladeneinrichtungen oder Luxuswohnungen; LG Köln v. 28.1.2004, 10 S 134/03, WuM 2004, 400), ist der Ansatz gerechtfertigt (bei Gewerbe, OLG Celle v. 16.12.1998, 2 U 23/98; NZM 1999, 501).

Gemeinschaftseinrichtung
- Die Kosten für Wasser und Entwässerung, Wartung und Reinigung einer Gemeinschaftseinrichtung (z. B. Schwimmbad, Sauna, Fitnessraum, Spiel- oder Hobbyraum) sind umlegbar, soweit die Anlage allen Mietern zur Verfügung steht (LG Osnabrück, WuM 1995, 434).

Abflussrohre
- Die vorbeugende Reinigung von Wasserrohren ist nicht umlagefähig, weil es sich hierbei nicht um eine Wartungsarbeit handelt, sondern um eine Maßnahme, die Verstopfungen verhindert, also dem Erhalt des Hauses dient (AG Lörrach v. 31.1.1995, WuM 1995, 593).

Brandmeldeanlagen
- Bei automatischen, elektronischen Brandmeldern sind eine vierteljährliche Inspektion und eine jährliche Wartung Pflicht. Die Kosten sind ansatzfähig.

Druckerhöhungsanlage
- Die Strom- und Wartungskosten für eine Druckerhöhungsanlage sind umlagefähig, fallen aber unter § 2 Nr. 2 BetrKV.

Überprüfung von Elektroanlagen
- Der Vermieter ist im Rahmen der ihn treffenden Instandhaltungspflicht gehalten, die elektronische Anlage des vermieteten Gebäudes nach Maßgabe der anerkannten Regeln der Technik regelmäßig zu prüfen (OLG Saarbrücken v. 4.6.1993, 4 U 109/92, NJW

1993, 3077). Nach Auffassung des LG Berlin (v. 17.10.2000, 64 S 257/00, NZM 2002, 65) sind diese Prüfkosten nun auch umlegbar (a. A. AG Schwendt v. 3.2.2004, 14 C 302/03, MM 2004, 411).

- Nach dem Urteil des LG Berlin (a. a. O.) sind die Kosten für die Wartung von Pumpen ansetzbar. <!-- Wartung von Pumpen -->
- Die Überprüfung der Gegensprechanlage verursacht keine umlagefähigen Wartungskosten (AG Hamburg v. 16.12.1987, 39 B C 1698/87, WuM 1988, 308; a. A. Pfeiffer, 22.23.2.6). <!-- Gegensprechanlage -->
- Die Rückstausicherung verhindert das Eindringen von Wasser aus Kellerabläufen, wenn das Wasser durch heftige Regengüsse nicht mehr ordnungsgemäß ablaufen kann. Die Kosten für das Prüfen und Reinigen der Anlage sind ansetzbar (LG Braunschweig, ZMR 1984, 243). <!-- Rückstausicherung -->
- Bei Prüf- und Nachstellkosten für Schließanlagen handelt es sich nicht um Wartungskosten, sondern um nicht ansetzbaren Instandhaltungsaufwand. <!-- Schließanlagen -->
- Die Stromkosten fallen unter § 2 Nr. 11 BetrKV. Das Notstromaggregat muss nach öffentlich-rechtlichen Vorschriften (z. B. bei Hochhäusern) regelmäßig auf seine Funktions- und Betriebssicherheit überprüft werden. Diese Wartungskosten sind umlagefähig. <!-- Sicherheitsbeleuchtung/ Notstromaggregat -->
- Sprinkler, die nur in gewerblich genutzten Gebäuden eingebaut werden, sind regelmäßig zu warten. Die Wartungskosten können somit umgelegt werden. <!-- Sprinkleranlagen -->
- Da eine gesetzliche Verpflichtung zur Wartung einer Sprühwasser-Löschanlage besteht, handelt es sich auch hier um umlagefähige Betriebskosten. <!-- Sprühwasser-Löschanlage -->
- Liegt eine klare Vereinbarung vor, dürfen bei Gewerberaummietverhältnissen Kontogebühren angesetzt werden (OLG Düsseldorf, 14.5.2002, 24 U 126/01). <!-- Kontogebühren -->

Anhang 1

Nicht umlagefähige Betriebskosten

Verwaltungskosten

Die Verwaltungskosten sind gemäß § 1 Abs. 2 BetrKV nicht ansetzbar. Die Umlage dieser Kosten kann auch individualvertraglich nicht vereinbart werden, da der Betriebskostenkatalog des § 2 BetrKV abschließend ist.

Nach Ansicht des OLG Koblenz (RE v. 7.1.1986; ZMR 1987, 87) ist eine Vereinbarung unwirksam, nach der der Mieter andere Nebenkosten als die in der Anlage 3 zu § 27 II. BV genannten Betriebskosten zu leisten hat (OLG Karlsruhe, RE vom 6.5.1988; WM 1988, 204).

Bei Geschäftsraummietverträgen hingegen dürfen diese Kosten ausnahmsweise umgelegt werden, wenn dies ausdrücklich mietvertraglich vereinbart wurde (KG Berlin v. 27.2.1995; GE 1995, 563).

Nach dem **Transparenzgebot** muss die entsprechende Vereinbarung im Gewerbemietvertrag aber klar formuliert sein. Die Umlagefähigkeit von Kostenpositionen wie „Center-Manager", „Raumkosten", „allgemeiner Service" oder „Verwaltungskosten" verneint das KG Berlin (v. 8.10.2001, 8 U 6267/00, NZM 2002, 954).

Durch eine individualvertragliche Vereinbarung kann auch festgelegt werden, dass der Gewerberaummieter die Kosten einer rechtlich nicht mit dem Vermieter identischen Hausverwaltung (OLG Nürnberg v. 21.3.1995; WM 1995, 308) oder eine Verwaltungspauschale zur Abgeltung des Verwaltungsaufwands des Vermieters trägt (AG Schöneberg v. 29.3.2000, 7 C 499/99, ZMR 2000, 685).

Instandhaltungs- und Instandsetzungskosten

Instandhaltungskosten sind lediglich in begrenztem Umfang, z. B. als Wartungskosten unter den einzelnen Positionen umlegbar (vgl. Wartungskosten des Aufzugs, von Gartengeräten oder der Gemeinschaftsantenne).

Die Instandsetzungskosten beinhalten Kosten aus Reparatur und Wiederbeschaffung. Diese sind grundsätzlich keine Betriebskosten, § 1 Abs. 2 BetrKV.

Kapitalkosten

Kapitalkosten sind keine Bewirtschaftungskosten und somit nicht umlagefähig. Erbbauzinsen (LG Osnabrück v. 19.5.1987, 12 S 46/87, WuM 1987, 267) und Erbbaupacht (AG Osnabrück v. 4.3.1985, 40 C 396/84, WuM 1985, 344) sind ebenso Kapitalkosten wie die Abschreibung.

Anhang 2: Wohn- und Nutzfläche

Im Folgenden sollen die wesentlichen Bestimmungen und Änderungen der Wohnflächenverordnung dargestellt werden.

1 Allgemeines

Die Wohnfläche spielt im Rahmen der Vermietung und wirtschaftlichen Verwendung einer Immobilie eine große Rolle. Sie kommt u. a. auch als Verteilerschlüssel für Betriebskostenabrechnungen in Frage, § 556a Abs. 1 S. 1 BGB.
Die **richtige Ermittlung und Berechnung der Wohnfläche** gab daher stets Anlass zu Streitigkeiten zwischen den Mietvertragsparteien und führte zu zahlreichen gerichtlichen Auseinandersetzungen. War die Ermittlung der Wohnfläche für den Bereich des sozialen Wohnungsbaus gesetzlich in den §§ 42 ff. der Zweiten Berechnungsverordnung (II. BV) geregelt, so existierte bis dato keine entsprechende Rechtsgrundlage für nicht der Preisbindung unterliegende Wohnungen. Die Ermittlung der Wohnfläche erfolgte hier grundsätzlich nach den Umständen des Einzelfalls, wobei die Bestimmungen der §§ 42 ff. II. BV in der Regel entsprechend herangezogen wurden. Daneben wurden vereinzelt auch die Regelungen der DIN 283 angewandt. Dies führte in der Praxis dazu, dass sich für ein und dieselbe Wohnung je nach Berechnungsmethode unterschiedliche Ergebnisse bei der Wohnflächenermittlung ergeben konnten.
Dieser Missstand war von der Praxis oft angemahnt und eine einheitliche Regelung für alle Wohnungstypen gefordert worden. Mit In-Kraft-Treten der Wohnflächenverordnung (WoFlV) zum 1. Januar 2004 ist nun eine eigene Verordnung zur Ermittlung der Wohnfläche geschaffen worden. Ob diese jedoch ohne ausdrückliche Bezugnahme in einem Mietvertrag für nicht preisgebundene Wohnungen unmittelbar Anwendung findet, ist fraglich.

Anhang 2

Wohnfläche als Verteilerschlüssel

Mit **In-Kraft-Treten der Mietrechtsreform** zum 1. September 2004 wurden erstmals Regelungen zu den Betriebskosten, deren Vereinbarung, Umlage, Veränderung und Abrechnung in das BGB aufgenommen. In diesem Zusammenhang wurde auch die Wohnfläche als **allgemeiner Verteilerschlüssel** gesetzlich festgelegt, § 556a Abs. 1 S. 1 BGB. Eine Definition der Wohnfläche enthält das BGB jedoch nicht.
Der BGH hat mit einem Urteil vom 24.3 2004 (AZ.: VIII ZR 44/03,WuM 04, 337) entschieden, dass zur Berechnung der Wohnfläche von frei finanziertem Wohnraum die Bestimmungen der §§ 42 bis 44 II. BV, bzw. ab 1. Januar 2004 die Bestimmungen der Wohnflächenverordnung zur Berechnung der Wohnfläche herangezogen werden können. Das Gericht erkennt zwar, dass die genannten Vorschriften ihrem Wortlaut nach nur auf den öffentlich geförderten Wohnraum und nicht auf den frei finanzierten Wohnungsbau anzuwenden sind. Dennoch bestehe ein erhebliches praktisches Bedürfnis für die Anwendung eines allgemein anerkannten Maßstabes für die Wohnflächenberechnung im Mietrecht. Diesem Interesse könne durch die Heranziehung der II.BV in angemessener Weise Rechnung getragen werden. Dies gilt dann, wenn die Parteien im Mietvertrag eine bestimmte „Wohnfläche" vereinbaren. Etwas anderes könne nur dann gelten, wenn es „ortsüblich" sei, zur Berechnung der Wohnfläche eine andere Grundlage heranzuziehen, z. B. die DIN 277.
Es empfiehlt sich daher für die Berechnung der Wohnfläche, falls diese der Verteilermaßstab für die Weitergabe der Betriebskosten sein soll, eine Bezugnahme auf die WoFlV in den Mietvertrag aufzunehmen.
Inhaltlich sind die Bestimmungen der WoFlV stark an diejenigen der II. BV angelehnt worden, die materiell-rechtlichen Änderungen sind gering.

2 Einzelheiten

Eine wesentliche Neuerung ist die Darstellung des Gesetzestextes, der im Vergleich zu den Regelungen der §§ 42 ff. II. BV übersichtlicher und klarer gestaltet wurde.

§ 2 WoFlV enthält, wie bisher § 42 II. BV, die Definition der Grund-   Grundfläche
flächen, die zur Wohnfläche gehören. Darüber hinaus sind in § 2 Abs.
2 nunmehr Räume aufgezählt, deren Grundflächen ebenfalls zur
Wohnfläche gerechnet werden, was andernfalls streitig sein könnte.

- Wintergärten, Schwimmbäder und ähnliche nach allen Seiten geschlossene Räume sowie
- Balkone, Loggien, Dachgärten und Terrassen.

Neu ist, dass nunmehr auch die Flächen von **Terrassen** bei der Er-   Terrasse
mittlung der Wohnfläche Berücksichtigung finden, was bisher
grundsätzlich nicht der Fall war.

Nicht mehr in das Gesetz übernommen wurde der „gedeckte Freisitz". Die Anrechnung von Flächen gedeckter Freisitze spielte in der Praxis eine eher untergeordnete Rolle. Ob der vorhandene Sichtschutz ausreichend und somit die Freifläche bei der Wohnflächenermittlung zu berücksichtigen ist oder nicht, spielt nun keine Rolle mehr, da jetzt Terrassenflächen grundsätzlich bei der Wohnflächenermittlung berücksichtigt werden.

Die Einbeziehung der Terrassenfläche ist jedenfalls praxisgerecht, da der Wert einer Wohnung und deren Vermietbarkeit jedenfalls höher bzw. besser ist, wenn eine entsprechende Freifläche zur Verfügung steht.

Allerdings wird es in diesem Zusammenhang wiederum Streitigkeiten geben, da die Größe einer Terrasse – anders als die einer Balkonfläche – verändert werden kann und somit auch die Wohnfläche.

Nicht zu berücksichtigende Räume

§ 2 Abs. 3 WoFlV enthält eine Aufzählung derjenigen Räume, deren Grundflächen **nicht** zur Wohnfläche gehören:

- Zubehörräume, insbesondere Kellerräume, Abstellräume und Kellerzusatzräume **außerhalb** der Wohnung, Waschküchen, Bodenräume, Trockenräume, Heizungsräume und Garagen,
- Räume, die nicht den an ihre Nutzung zu stellenden Anforderungen des Bauordnungsrechts der Länder genügen, sowie
- Geschäftsräume.

Zubehörräume sind solche, die nicht dem dauernden oder vorübergehenden Aufenthalt zu unmittelbaren Wohnzwecken, gleichwohl

aber mittelbar Wohnzwecken dienen und außerhalb des engeren Wohnbereichs liegen.
Abstellräume, die sich jedoch **innerhalb** der Wohnung befinden, zählen zur Wohnfläche.
Wird ein Zimmer innerhalb der Wohnung zu beruflichen oder gewerblichen Zwecken genutzt, so liegt gleichwohl kein Geschäftsraum im Sinne des § 2 Abs. 3 WoFlV vor. Die Flächen derart genutzter Räume zählen jedenfalls zur Wohnfläche.

Ermittlung der Grundfläche

§ 3 WoFlV enthält die **technischen Vorgaben**, wie die Ermittlung der Grundflächen zu erfolgen hat. Danach muss die Berechnung grundsätzlich zwischen den **lichten Bauteilen** erfolgen, wobei von der Vorderkante der Bekleidung auszugehen ist. Ein **Putzabschlag** von drei Prozent, wie in § 43 II. BV noch vorgesehen, ist nicht mehr vorzunehmen. Hier wurde berücksichtigt, dass im Bauwesen zunehmend Fertigbauteile verwendet werden und es daher eines Abschlags für den Putz nicht mehr bedarf.

§ 3 Abs. 2 WoFlV enthält eine Auflistung derjenigen Bauteile, die bei der Ermittlung der Grundfläche mit einzubeziehen sind.

§ 3 Abs. 3 WoFlV entspricht im Wesentlichen den Bestimmungen des § 43 Abs. 4 und Abs. 5 S. 1 Nr. 1 S. 2 II. BV.

Raumteile

Neu ist allerdings, dass solche **Raumteile** (z. B. Konsolen, Vormauerungen etc.) bei der Ermittlung der Grundfläche unberücksichtigt bleiben, die eine **Höhe von über 1,50 Metern** aufweisen.

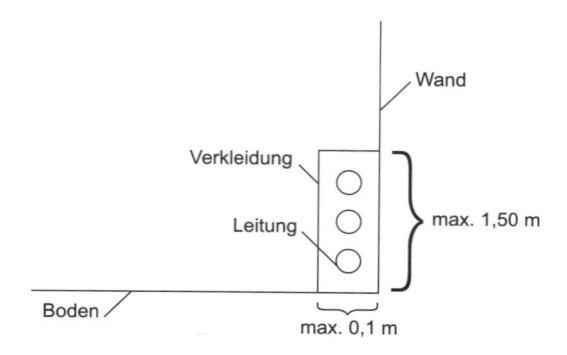

Dadurch soll sichergestellt sein, dass nur diejenigen Raumteile zur Grundfläche gerechnet werden, die auch tatsächlich nutzbar sind.

Dies wurde vom Gesetzgeber bei einer Höhe bis 1,50 Meter noch bejaht. Zu denken ist hierbei an Verkleidungen von Installationen, deren Oberfläche z. B. noch als Ablage genutzt werden kann.

§ 3 Abs. 4 WoFlV regelt, dass die Ermittlung der Grundfläche durch Ausmessen im fertig gestellten Wohnraum oder aufgrund einer **Bauzeichnung** zu erfolgen hat. War bisher nach den Bestimmungen der Zweiten Berechnungsverordnung noch die Ermittlung der Grundflächen aus den Fertig- oder den Rohbaumaßen möglich, so bedarf es nun grundsätzlich einer Bauzeichnung, wenn anhand der lichten Maße eine Grundflächenermittlung nicht möglich ist, weil z. B. der Bau noch nicht fertig gestellt ist. Auch eine vom Bauplan abweichende Bauweise erfordert eine Neuvermessung.

Vorgaben, wie die Bauzeichnung auszusehen hat, werden von der WoFlV nicht gemacht. In der Praxis werden sich die Gerichte damit auseinander setzen müssen, ob die vorgelegten Bauzeichnungen im Zweifel ausreichen, um die Wohnflächenberechnung darstellen zu können.

Eine Vereinfachung bringt diese Regelung im Vergleich zur II. BV nicht, denn danach konnte unschwer aus den für die Baugenehmigung vorzulegenden Plänen die Ermittlung der Rohbau- oder Fertigmaße erfolgen. Nach der neuen Regelung der WoFlV müsste ein weiterer Plan vorgelegt werden, der die Wohnflächenermittlung erläutert. Dies führt unweigerlich zu Kostensteigerungen.

§ 4 WoFlV enthält die Bestimmungen, welche Grundflächen, die nach den §§ 2 und 3 WoFlV zu ermitteln sind, für die Wohnfläche angerechnet werden. Es werden nunmehr auch die Raumteile unter Treppen entsprechend den Raumteilen unter Dachschrägen berücksichtigt. Danach sind die Grundflächen

- von Räumen oder Raumteilen mit einer lichten Höhe von mindestens zwei Metern vollständig,
- von Räumen und Raumteilen mit einer lichten Höhe von mindestens einem Meter und weniger als zwei Metern zur Hälfte anzurechnen.

Anhang 2

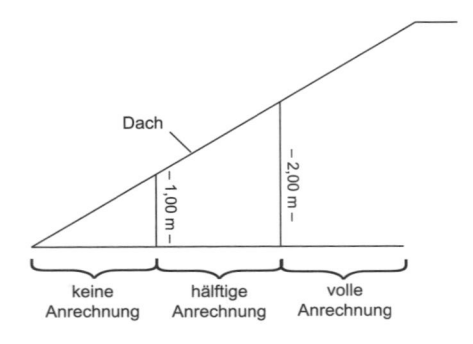

```
          keine        hälftige      volle
       Anrechnung   Anrechnung   Anrechnung
```
(Dach, –1,00 m–, –2,00 m–)

Die Angleichung der Bestimmung auch auf Raumteile unter Treppen ist nur interessengerecht, ein sachliches Unterscheidungskriterium lag nicht vor.

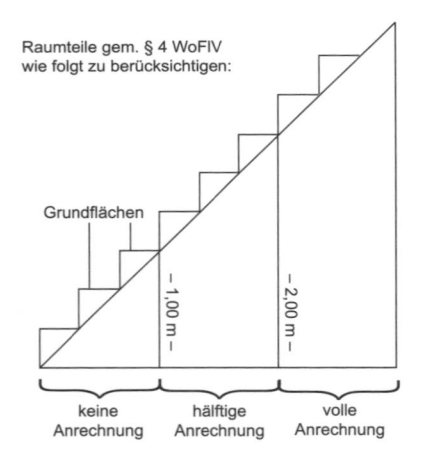

Raumteile gem. § 4 WoFlV wie folgt zu berücksichtigen:

Grundflächen

```
          keine        hälftige      volle
       Anrechnung   Anrechnung   Anrechnung
```
(–1,00 m–, –2,00 m–)

Wintergärten/ Hobbyräume

Des Weiteren wird nunmehr bei **Wintergärten** danach unterschieden, ob diese beheizt werden können oder nicht. Fehlt eine Beheizungsmöglichkeit, so erfolgt eine hälftige Anrechnung der Grundfläche, ist der Wintergarten beheizbar, wird seine Grundfläche vollständig berücksichtigt.

Schwimmbäder und ähnliche nach allen Seiten geschlossene Räume sind dagegen grundsätzlich zur Hälfte bei der Wohnfläche anzurechnen. Hierunter fallen auch die **Hobbyräume**. Es ist allerdings nicht ersichtlich, warum ein Hobbyraum, der in der Regel beheizbar ist, nicht auch vollständig mit seiner Grundfläche bei der Wohnfläche Berücksichtigung findet, vergleichbar mit dem beheizbaren Wintergarten. Hier eine unterschiedliche Wertung zuzulassen ist sachlich nicht gerechtfertigt.

Die in der Praxis so bedeutungsvolle Berücksichtigung von Balkonen, Loggien, Dachgärten und Terrassen hat nunmehr durch die WoFlV eine Änderung erfahren. Zum einen werden jetzt auch Terrassenflächen berücksichtigt, zum anderen sieht § 4 Nr. 4 WoFlV, anders als die Zweite Berechnungsverordnung, eine **Regelanrechnung** dieser Flächen von **einem Viertel**, höchstens jedoch der Hälfte vor.   Regelanrechnung von Balkonen u. Ä.

War bereits in der Vergangenheit die Bewertung solcher Flächen äußerst umstritten, so bringt die neue Regelanrechnung nur auf den ersten Blick eine Erleichterung. Denn die Verordnungsbegründung lässt für besondere Einzelfälle, bei besonders guten Lagen oder aufwändigen Balkon- und Terrassengestaltungen, die zu einem höheren Wohnwert des Balkons oder der Terrasse als im Normalfall führen, eine Abweichung von der Regelanrechnung zu.

Folgende beispielhaft aufgeführten Kriterien können bei der Bewertung der Grundflächen von Balkonen, Loggien, Terrassen und Dachgärten eine Rolle spielen:

- Ausrichtung nach Süden, Westen, Südwesten,
- Ausstattung mit Markise, Pflanztrögen, Wasseranschluss,
- Blick ins „Grüne", ruhige Lage,
- guter Grundriss, der es gestattet, Stühle und Tische aufzustellen.

Positive Bewertungskriterien

- Ausrichtung nach Norden, Nordosten,
- starke Lärm- und Geräuschbelästigung,
- erhebliche Verschattung durch Bäume u. Ä.,
- Ausblick auf Kreuzung, Fabrikanlage o. Ä.

Negative Bewertungskriterien

Die Gerichte werden sich also weiterhin mit den Umständen des Einzelfalls befassen müssen, um eine interessengerechte Anrechnung dieser Flächen zu erreichen.

Zu beachten ist hierbei, dass eine Abweichung von der Regelanrechnung auch nach unten in Frage kommt, wenn z. B. der Balkon auf eine sehr verkehrsreiche Straße oder frequentierte Kreuzung ausgerichtet ist.

§ 5 WoFlV, Überleitungsvorschrift

Für Wohnflächen, die nach § 46 Abs. 3 WoFG bis zum 31.12.2003 auf der Grundlage der §§ 42 bis 44 II. BV berechnet wurden, bleiben diese Berechnungen verbindlich. Eine Neuberechnung von Wohnflächen allein durch das In-Kraft-Treten der WoFlV ist nicht geboten. Für sog. Altfälle soll es bei den bisherigen Berechnungen der Wohnfläche bleiben.

Werden jedoch in den in Satz 1 genannten Fällen nach dem 31. Dezember 2003 bauliche Veränderungen an dem Wohnraum vorgenommen, die eine Neuberechnung der Wohnfläche erforderlich machen, sind die Vorschriften der WoFlV anzuwenden.

Vorliegend soll auf einzelne Probleme eingegangen werden, die sich im Hinblick auf Abweichungen von Wohnflächen im Zusammenhang mit Betriebskosten ergeben.

3 Auswirkungen der Flächenangaben auf die Miete und die Betriebskosten

Miete

Ist im Mietvertrag eine **bestimmte Wohnungsgröße** vereinbart worden und stellt sich diese hinterher als falsch heraus, handelte es sich bisher nicht um eine Zusicherung einer Eigenschaft, § 536 Abs. 2 BGB, so jedenfalls bisher OLG Dresden, RE v. 15. 12. 1997, 3 AR 0090/97, NZM 98, 184).

Der BGH sah dies jedoch anders. In einem Wohnraummietvertrag war eine Wohnfläche mit einer „Ca.-Fläche" angegeben worden. Die tatsächliche Fläche jedoch eine um mehr als 10 % unter der im Mietvertrag angegebenen Fläche auf. Der BGH bewertete diese Abweichung als einen Mangel i. S. d. § 536 Abs. 1 S. 1 BGB, mit der Folge, dass die Mietpartei zur Mietminderung berechtigt ist. Einer zusätzlichen Darlegung des Mieters, dass infolge der Flächendifferenz die Tauglichkeit der Wohnung zum vertragsgemäßen Gebrauch gemindert ist, bedarf es nicht. Eine Flächenabweichung um mehr als 105 der vereinbarten vertraglichen Fläche erachtet der BGH als erheblich, sog. **Erheblichkeitsgrenze**. Eine darüber hinausgehende – auch nicht eine nur geringfügige – Maßtoleranz ist nicht anzuerkennen (BGH, U.v. 24.3.2004, VIII ZR 133/03, NZM 04, 456; WuM 04, 336).

- Ist die Fläche kleiner als im Mietvertrag ausgewiesen, steht dem Mieter ein Rückzahlungsanspruch hinsichtlich der überzahlten Betriebskosten gem. §§ 812, 818 BGB zu.
- Bei größerer Fläche als angegeben kann der Vermieter die Abrechnung nur für die Zukunft auf die größere Fläche abstellen (strittig). Er trägt grundsätzlich die Beweislast für die Richtigkeit der Flächen.

Betriebskosten

> **Achtung:**
> Sie müssen auf jeden Fall für alle Wohnungen in einem Gebäude dieselbe Flächenberechnung zugrunde legen. Verfügt z. B. ein Anwesen über Wohnungen mit unterschiedlich großen Balkonen und solchen ohne Balkon, so ist der Flächenmaßstab nur dann rechnerisch richtig, wenn die Flächen der Wohnungen auf die umbaute Fläche oder auf die Flächen reduziert werden, welche die Wohnung z. B. mit dem kleinsten Balkon hat.

4 Beispiele aus der Rechtsprechung

Anhand von Beispielen aus der Rechtsprechung sollen häufige Streitpunkte in Bezug auf die Ermittlung der Wohnflächen erläutert werden:

- Übersteigt die in einem Mieterhöhungsverlangen angegebene und der Berechnung zu Grunde gelegte Wohnfläche die tatsächliche Wohnfläche, so kann der Mieter unter dem Gesichtspunkt der ungerechtfertigten Bereicherung die Rückzahlung der in der Folgezeit auf Grund fehlerhafter Berechnung überzahlten Miete verlangen, wenn die Abweichung der tatsächlichen von der angegebenen Wohnfläche mehr als 10 % beträgt (BGH, U.v. 7.7.2004, VIII ZR 192/ 03, NZM 04, 699).
- Wenn Sie als Vermieter während der Vertragslaufzeit durch **Neuvermessung** feststellen, dass die Flächenangaben falsch sind, können Sie grundsätzlich die **korrigierten Flächengrößen** zur Grundlage Ihrer Abrechnungen machen. Dies gilt sowohl dann, wenn die Neuvermessung eine Abweichung zugunsten des Mie-

Falsche Flächenangaben

ters ergibt, als auch dann, wenn sie zulasten des Mieters geht. In letzterem Fall sind Sie sogar verpflichtet, der Abrechnung die korrigierte Fläche zugrunde zu legen (OLG Düsseldorf v. 8.6.2000, 10 U 94/99, DWW 2000, 194).

Heizung und Warmwasser
- Die Wohnfläche, die für die Berechnung einer Mieterhöhung zugrunde gelegt wird, ist nicht unbedingt identisch mit der Fläche, die für die Heiz- und Warmwasserkostenabrechnung maßgeblich ist. Entscheidend sind immer die Umstände des Einzelfalls (BayObLG v. 20.7.83, a. a. O.).
- So bleiben Terrassen und Balkone außer Betracht, denn sie werden ja nicht mitbeheizt (AG Münster v. 23.2. 83, 6 C 28/83, WuM 83, 207).
- Hat dagegen der **Mieter selbst** durch Schaffung eines Bades die Mietfläche vergrößert, so ist diese bei der Wohnflächenberechnung nicht zu berücksichtigen. Das heißt, bei denjenigen Betriebskosten, bei denen als Verteilerschlüssel die Wohnfläche zugrunde gelegt wird, kann nur die bisherige kleinere Fläche herangezogen werden (LG Berlin v. 10.2.98, 64 S 182/97, NZM 99, 307).

Geringfügige Abweichungen
- Nicht jede Flächenabweichung berechtigt den Mieter zur Erhebung von Einwänden. Denn **geringfügige Abweichungen** bei der Flächenermittlung lassen sich grundsätzlich nicht vermeiden (LG Berlin v. 9.3.2000, 62 S 463/99, Grundeigentum 2000, 539). Auch eine Vereinbarung im Mietvertrag, wonach der Heizkostenabrechnung die auf volle Quadratmeter aufgerundete Wohnfläche zugrunde zu legen ist, ist nicht zu beanstanden, wenn die Flächen aller abzurechnenden Wohnungen in dieser Weise aufgerundet werden. Eine **offensichtliche Ungerechtigkeit**, die zur Unzulässigkeit der Abrechnung führt, ist dann nicht ersichtlich (AG Köln v. 15.8.2000, 209 C 8/99, WuM 2001, 470).

Keller
- Die **Fläche eines Kellerraums**, in dem sich ein nicht betriebener Heizkörper befindet, braucht nicht zur Wohnfläche bei anteiliger Heizkostenabrechnung gezählt zu werden (AG Köln v. 28.11.2000, 205 C 146/00, WuM 01, 449).

Saldoanerkenntnis
- Eine beglichene Betriebskostenabrechnung gilt dann als **Saldoanerkenntnis** des Mieters, wenn die behauptete Unrichtigkeit der Wohnfläche unschwer erkennbar ist (AG Tiergarten v. 17.6.2002, 5 C 229/02, Grundeigentum 02, 998).

Anhang 3: Die WoFlV

Die wesentlichen Regelungen über die Anrechnung von Raumteilen nach der WoFlV im Vergleich mit den Regelungen der §§ 42 bis 44 der II. BV und der DIN 283 sind folgende (in alphabetischer Folge):
(Abdruck aus Organisationshandbuch „Vermieten & Verwalten", WRS Verlag)

Raumteil	Regelung nach WoFlV	Regelung nach II. BV	Regelung nach DIN 283
Abstellraum außerhalb der Wohnung	zählt nicht zur Wohnfläche	wie WoFlV	keine Regelung
Badewanne	Stellfläche gehört zur Wohnfläche	wie WoFlV	wie WoFlV
Balkon	anrechenbar i. d. R. mit ¼ der Grundfläche	anrechenbar bis zu ½	wie WoFlV
Bauordnungswidrige Räume	zählen nicht zur Wohnfläche	wie WoFlV	keine Regelung
Bodenraum	zählt nicht zur Wohnfläche	wie WoFlV	keine Regelung
Dachgarten	anrechenbar i. d. R. mit ¼ der Grundfläche	anrechenbar bis zu ½	wie WoFlV
Duschwanne	Stellfläche gehört zur Wohnfläche	wie WoFlV	wie WoFlV
Einbaumöbel	Stellfläche gehört zur Wohnfläche	wie WoFlV, falls Grundfläche mind. 0,5 m^2	wie WoFlV
Fensterbekleidung/-umrahmung	zählt zur Wohnfläche	wie WoFlV	wie WoFlV
Fensternischen, nicht bis zum Fußboden reichend und weniger als 0,13 m tief	zählen nicht zur Wohnfläche	wie WoFlV	wie WoFlV
Garage	zählt nicht zur Wohnfläche	wie WoFlV	keine Regelung

Anhang 3

Geschäftsräume	zählen nicht zur Wohfläche	wie WoFlV	wie WoFlV
Heizgerät	Stellfläche gehört zur Wohnfläche	wie WoFlV	wie WoFlV
Heizungsraum	zählt nicht zur Wohnfläche	keine Regelung	keine Regelung
Herd	Stellfläche gehört zur Wohnfläche	wie WoFlV	wie WoFlV
Hobbyraum	anrechenbar mit ½ der Grundfläche	keine Regelung	keine Regelung
Keller	zählt nicht zur Wohnfläche	wie WoFlV	wie WoFlV
Klimagerät	Stellfläche gehört zur Wohnfläche	wie WoFlV	wie WoFlV
Loggia	anrechenbar i. d. R. mit ¼ der Grundfläche	anrechenbar bis ½	wie WoFlV
Öfen	Stellfläche gehört zur Wohnfläche	wie WoFlV	wie WoFlV
Pfeiler	zählt nicht zur Wohnfläche, falls die Höhe über 1,50 m und die Grundfläche mehr als 0,1 m² beträgt	zählt nicht zur Wohnfläche, falls der Pfeiler raumhoch ist und die Grundfläche mehr als 0,1 m² beträgt	zählt nicht zur Wohnfläche, falls der Pfeiler raumhoch ist und die Grundfläche mehr als 0,1 m² beträgt
Raumteile, Höhe mindestens 2 m	zählt voll zur Wohnfläche	wie WoFlV	wie WoFlV
Raumteile, Höhe unter 1 m	zählt nicht zur Wohnfläche	wie WoFlV	wie WoFlV
Raumteiler, bewegliche	Stellfläche gehört zur Wohnfläche	keine Regelung	keine Regelung
Säule	zählt nicht zur Wohnfläche, falls die Höhe über 1,50 m und die Grundfläche mehr als 0,1 m² beträgt	zählt nicht zur Wohnfläche, falls die Säule raumhoch ist und die Grundfläche mehr als 0,1 m² beträgt	zählt nicht zur Wohnfläche, falls die Säule raumhoch ist und die Grundfläche mehr als 0,1 m² beträgt
Scheuerleisten	Stellfläche gehört zur Wohnfläche	wie WoFlV	wie WoFlV

PRAXIS-RATGEBER IMMOBILIEN

Schritt für Schritt zur sicheren
Immobilienbewertung

Ob Immobilienerwerb, Veräußerung, Beleihung, Ehescheidung oder Erbauseinandersetzung — in Fällen wie diesen brauchen Sie Antworten auf die Frage: Was ist die Immobilie eigentlich wert?

- Aufbau und Anforderungen an ein Gutachten
- Ermittlung des Bodenwertes
- Wertermittlung bebauter Grundstücke: Vergleichswertverfahren, Ertragswertverfahren, Sachwertverfahren
- Kontrollen & Analysen: Sensitivitätsanalysen, Plausibilitätskontrollen
- Formeln und Hilfsmittel
- Gesetzliche Regelungen und Vorschriften

Besonders nützlich auf CD-ROM: Mustergutachten, Berechnungsbeispiele, Wertermittlungs-Software und Gesetzestexte.

Bernhard Metzger
Wertermittlung
von Immobilien
und Grundstücken

Neuerscheinung 2005
216 Seiten, Broschur
mit CD-ROM **€ 49,80***
*inkl. MwSt., zzgl. Versandpauschale € 1,90
Bestell-Nr. 06265-0001
ISBN 3-448-06004-6

NEU

Erhältlich in Ihrer Buchhandlung oder direkt beim Verlag:
Haufe Service Center GmbH, Postfach, 79091 Freiburg
E-Mail: bestellung@haufe.de, Internet: www.haufe.de/bestellung
Telefon: 0180 / 50 50 440* Fax: 0180 / 50 50 441*

*12 Cent pro Minute (ein Service von dtms)

Haufe Mediengruppe

Sicherer Umgang mit Mietern

Bereits über 25.000 mal verkauft!

Bestellen unter

✉ WRS Verlag
Fraunhoferstraße 5
82152 Planegg

☎ 089/89517-288

📠 089/89517-250

@ bestellung@wrs.de

🌐 www.wrs.de

Vermieten & Verwalten
Der Praxisratgeber für die erfolgreiche Mietverwaltung
Ordner mit ca. 800 Seiten und CD-ROM
Bestell-Nr. 06217-0001

nur € 79,–*

Aktualisierungen nach Bedarf à € 29,80

*Inkl. MwSt., zzgl. Versandkostenpauschale € 5,20

Ab sofort schließen Sie wasserdichte Mietverträge ab und legen die Betriebskosten nach aktuellem Recht um. Auch für streitträchtige Themen bestens geeignet!

- Umfassende Beiträge von renommierten **Mietrechts-Experten** mit handfesten Tipps und Beispielen, z.B. zu Lärm im Mietrecht
- 7 komfortable **Rechner:** z.B. zur Indexmiete, Betriebskosten, Kündigungsfristen
- Über 15 rechtssichere **Musterverträge:** z.B. Mietvertrag über Wohnraum, Eigentumswohnung oder Büroraum
- Mehr als 26 umfangreiche **Checklisten:** z.B. bei Mieterbeschwerden oder Instandhaltung
- Über 70 zeitsparende **Musterschreiben:** z.B. für Kündigung, Mieterhöhung
- Wichtige **Immobiliengesetze:** z.B. Betriebskosten- und Wohnflächenverordnung u.v.m.

www.wrs.de | **Jetzt 4 Wochen kostenlos und unverbindlich testen!**

wrs|verlag